GPA

Le Grand Bluff

CÉLINE REVEL-DUMAS

GPA
Le Grand Bluff

LES ÉDITIONS DU CERF

www.editionsducerf.fr
24, rue des Tanneries
75013 Paris

ISBN : 978-2-204-12868-1

Introduction

IL N'Y A PAS DE GPA FRANÇAISE

La GPA vous concerne. Qui que vous soyez. Vous pensez qu'il s'agit *seulement* d'une « technique de procréation médicalement assistée » pour les couples infertiles ? C'est inexact. Oui, la GPA donne bien lieu à la naissance d'un enfant qui sera remis à un couple dans l'incapacité d'en concevoir un. C'est son leitmotiv : la résolution d'une souffrance individuelle. Pourtant, il est déterminant de comprendre que les enjeux réels de la gestation pour autrui sont ailleurs. La GPA exige de bouleverser profondément les fondamentaux de notre société, autrement dit *qui nous sommes*, et de mettre en branle une mécanique-mastodonte unissant un Marché et une Science tout à la fois cupides et complices. Elle exige de remettre en question ce qui fait notre droit, notre conception du corps, notre définition de la maternité, la place que nous accordons à la science, les droits de l'enfant. Il ne s'agit pas d'un *petit* débat qui ne concernerait qu'une *minorité*. C'est une conception de l'humanité qui est en jeu. Ce que nous proposent les partisans de la GPA, qui se font juges et parties, touche à l'essentiel : faire se fracasser nos principes contre le mur prétendument indépassable du désir d'enfant.

Et que disent-ils, ces gépéistes ? « La GPA a toujours existé ! Dans la Bible qui plus est ! Même à Rome ! » Cette Rome qui a inspiré notre droit. « À Babylone. Et au XIXe siècle ! Pourquoi la craindre alors ? » « En plus, affirment-ils encore, elle existe presque partout dans le monde ! La France est en retard. » « D'ailleurs, la GPA, c'est la possibilité d'être égaux, la possibilité d'être libres, d'être solidaires. La GPA, c'est la possibilité du bonheur *pour tous*. Quelle drôle d'idée que de s'y opposer… » Voilà, en somme, ce que nous disent ces soi-disant révolutionnaires. Il n'est pas question ici de nier la souffrance qui peut résulter d'un désir d'enfant inassouvi. En revanche, il nous faut comprendre pourquoi un tel discours est une imposture, un *bluff*, digne des meilleures entourloupes politiques et communicationnelles.

À la faveur d'une rhétorique simpliste faisant du *pathos* le seul critère valable, les idéologues de la GPA réécrivent l'histoire à nouveaux frais et donnent un sens inédit à notre « Liberté, Égalité, Fraternité ». Pour comprendre ce qui est véritablement à l'œuvre avec la GPA, nous reviendrons aux sources du réel et ausculterons le cœur de notre société. Prétendre que la gestation pour autrui est « aussi vieille que le monde », comme l'écrivent certains, n'a aucun sens sinon celui de composer une nouvelle utopie. S'appuyer sur d'autres sociétés ou d'autres pays qui ont légalisé la GPA sans dire de quoi il retourne ici et là est mensonger. En appeler à « la liberté de procréer », à l'égalité et à l'altruisme, c'est trahir nos principes.

Pour déconstruire la rhétorique des partisans de la GPA et montrer ce qu'elle comporte de mensonges et de malentendus, nous convoquerons des témoignages d'acteurs de la GPA, mais aussi les travaux d'historiens et d'anthropologues, les enquêtes de sociologues et de journalistes du monde entier, les réflexions de philosophes, les conclusions de psychologues et de psychiatres et les analyses de juristes. Ce travail de synthèse et d'analyse a pour objectif d'énoncer clairement et distinctement ce que la plupart d'entre vous, lecteurs, ignorez peut-être encore : qu'une GPA ne peut *jamais* être « éthique ». C'est pourtant ce que certains médias, idéologues et politiciens avancent avec conviction, tout en brandissant des sondages montrant que les Français sont favorables à la GPA. Que répondre ? Les Français ne sont pas informés. Ne connaître qu'une part de la GPA – cette part montrant une « mère porteuse » heureuse de donner un enfant à un couple heureux de le recevoir –, c'est passer à côté de ce que la réalité comporte de nuance, de complexité et d'exigence.

Qu'est-ce qu'une GPA ? Pourquoi surgit-elle maintenant dans notre société ? Qu'implique cette pratique pour une « mère porteuse » ? Et qui sont ces femmes qui acceptent de porter un enfant pour s'en séparer à la naissance ? *Quid* de la « donneuse » d'ovocytes ? Saviez-vous seulement que son concours est souvent indispensable ? Quels médicaments et hormones doivent ingérer ces femmes et avec quels risques pour leur santé ? Connaissez-vous l'ampleur du marché qui s'est développé autour de la GPA dans le monde ? L'engouement suscité par l'« eugénisme libéral » ? La France est-elle véritablement exempte de « mères porteuses » ? Quelles conséquences pour la mère ? Le père ? Pour l'enfant ? Pour nos principes ? Pour l'Humain ?

1

PASSÉ

Fantasmes et histoire récente

1

Fantasmes

> L'Histoire tout entière était un palimpseste gratté et réécrit aussi souvent que c'était nécessaire. Le changement effectué, il n'aurait été possible en aucun cas de prouver qu'il y avait eu falsification.
>
> George Orwell, *1984*.

Vous l'ignoriez ? Ou feigniez-vous de ne pas le savoir ? « La GPA est au moins aussi vieille que la Bible. » L'affirmation pourrait surprendre, me direz-vous. Elle est pourtant énoncée, sabre au clair, sous la plume téméraire de Catherine Mallaval, journaliste à *Libération*, dans un article publié en mars 2018 :

> On l'ignore – ou l'on feint de ne pas le savoir – mais la GPA est *au moins aussi vieille que la Bible*, qui fait mention de plusieurs femmes porteuses. Elle a traversé les âges sans que quiconque – et encore moins la bourgeoisie en mal de descendance – ne pipe mot.

Convaincus ? Pas encore ? Qu'à cela ne tienne. Car le quotidien de gauche n'est pas le premier des grands médias à tenter d'abolir la lourde somme de nos préjugés. Convoquons donc un média – dont le slogan « Tout est plus clair » – devrait venir à bout de notre aveuglement.

France Info. 2 juin 2015. 9 h 35. Jingle… « Des cas de gestation pour autrui dans la Bible. Vrai ou faux ? », interroge la voix un brin goguenarde de la présentatrice. « C'est quand même assez gonflé », lance-t-elle avant de tendre le micro à Antoine Krempf, journaliste en charge du « Vrai du faux », chronique autoproclamée « cellule anti-fake news » de la chaîne de radio. La réponse du journaliste expert en vérité ? « Vrai. Il y a bien deux exemples de mères porteuses dans la Bible ».

Les deux « expériences de mères porteuses » de la Bible ? Elles se situeraient dans le livre de la Genèse – ce sacré concentré de modernité – et plus précisément dans les récits, premièrement, de Sarah, stérile, qui demande à son mari Abraham de concevoir un enfant avec leur servante Agar et, deuxièmement, dans celui de Rachel et Léa toutes deux épouses de Jacob qui sollicitent leurs servantes respectives Bilha et Zilpa.

Nous reviendrons sur le détail de ces récits, lesquels, loin de donner du crédit à une pratique très récente, participent à percer à jour ses dérives. Mais, pour le moment, continuons.

À en croire les partisans de la gestation pour autrui, la Bible est loin d'être l'unique illustration d'une GPA dans l'histoire. La Rome antique, la très ancienne Babylone, le Moyen Âge, la bourgeoisie française du XIXe siècle, mais aussi nombre de sociétés exotiques pratiquaient déjà des « préludes » de la GPA… « Vous l'ignoriez ? »…

Ces affirmations, nous allons le voir, ne sont la démonstration que d'un seul fait : la prise à partie sans vergogne de l'histoire dans la bataille politique menée par les partisans de la GPA. « Tout l'art de la guerre est basé sur la duperie », écrit le stratège militaire Sun Tzu au Ve siècle avant Jésus Christ. Il convient de faire la démonstration de cette duperie.

En quoi consiste-t-elle ici ?

À élaborer un discours ambigu reposant sur une confusion langagière qui vise à construire de toutes pièces une historicité de la pratique en réalité très récente à l'échelle de l'histoire de l'humanité ; un discours ayant pour objectif de rassurer l'opinion publique en faisant de la GPA un non-évènement, visant à discréditer tout discours contestataire. En résumé : « La GPA existe depuis longtemps, bande d'ignorants ; s'opposer à sa légalisation relève de la gageure ».

La duperie de cette guerre sociétale est en réalité double. La première est d'ordre langagier et consiste en un regroupement de situations multiples sous un seul et unique terme : « GPA ». La seconde relève purement et simplement de l'idéologie, voire du perspectivisme, la manœuvre consistant à essentialiser des pratiques sociales dont on a délibérément évincé tout contexte historique et culturel.

Pour mieux appréhender cette double manœuvre, saisissons-nous de quelques exemples, non exhaustifs, mais révélateurs.

La nouvelle exégèse

Les prétendus progressistes d'aujourd'hui ne seraient-ils pas des conservateurs qui s'ignorent ? Le doute est permis lorsqu'on les entend déclamer l'Ancien Testament à hue et à dia. Car enfin, si l'on voulait être plus royaliste que le roi, et plus progressiste que ceux-là, on pourrait presque y voir une nouvelle exégèse conférant à la Bible une prescience biotechnologique. Certes, Descartes concluait, dès le XVIIe siècle, à la nécessité de faire une lecture plus métaphorique que littérale de la Genèse. Mais rien ne laissait présager pareille révélation.

Si la référence au Livre a quelque chose de détonant lorsqu'on ambitionne de déficeler la « famille traditionnelle » – comme ils disent –, force est de souligner que la référence à la Bible, et qui plus est à la Genèse, apporte à la revendication progressiste une historicité toute singulière et très éloignée de la GPA elle-même.

Surprenant de prendre la Bible à témoin ? Bien au contraire. « Le diable cite la Bible à ses fins[1] », écrivait Shakespeare… Rien de nouveau sous le soleil. On pourrait même rapprocher la lecture progressiste actuelle de la GPA du « Croissez et multipliez » de la Genèse revu et corrigé par… les libertins érudits du XVIIe siècle.

La facétie des libertins d'alors prit au pied de la lettre l'encouragement nataliste de la Genèse pour laisser libre cours à l'imagination licencieuse la plus féconde et aux pratiques sexuelles les plus fantasques au point de faire de l'injonction biblique un véritable signal du libertinage. Non sans sous-entendu politique.

Le récit inspiré de Louis Machon en est l'éclatant exemple. Non sans sarcasme, l'auteur libertin relate l'histoire vraie d'une jeune religieuse napolitaine condamnée par le Saint-Office romain en 1615 pour s'être adonnée à des pratiques sexuelles défiant toute morale. À tel point que sous la plume imaginative de l'auteur, la malheureuse est érigée en égérie libertine menant qui croise sa route à la débauche, tenant ferme le slogan « croissez et multipliez[2] ». La légèreté amusée de l'auteur dissimule pourtant une pensée autrement plus austère. Loin de réduire les aventures de la jeune séductrice à un chapelet de plaisirs sensuels, le récit concentre une critique acerbe contre le pouvoir de l'Église et l'« imposture » religieuse.

Un parfum d'irrévérence embaume alors le Grand Siècle. À l'image du *Don Juan* de Molière, qui déclare à son serviteur : « Je crois que deux et deux sont quatre, Sganarelle, et que

---

1. W. Shakespeare, *Le marchand de Venise*, I, 3, 43.
2. S. Houdard, « Les libertinages de Beata Julia », *Les Dossiers du Grihl* [Online], consulté le 13 janvier 2021, www.journals.openedition.org/dossiersgrihl/6172 ; DOI : www.doi.org/10.4000/dossiersgrihl.6172

quatre et quatre sont huit », le rationalisme libertin entend abolir le surnaturel, le mystérieux, le superstitieux. Parmi les thèmes principaux de la pensée libertine : la contestation des bien-fondés du christianisme et de l'immortalité de l'âme mais aussi l'imposture du pouvoir et de l'Église. Les libertins – dont une part d'entre eux est athée – s'érigent contre une orthodoxie religieuse dont le rôle serait de contenir « la plèbe ignorante [...] dans l'esclavage par la crainte d'un Dieu qui voit tout, et qui compense tout par des peines ou des châtiments éternels[1] ». Les Écritures deviennent à cet égard une cible très à propos : « La Bible est alors la référence obligée qui donne tout son poids à la transgression ou encore est sollicitée pour autoriser les points de vue les plus hétérodoxes », relève la philosophe Françoise Charles-Daubert[2]. Détourner la Bible devient un jeu – si ce n'est un enjeu, quitte à convertir le « Croissez et multipliez » en hymne à l'amour charnel pour détrôner l'Église.

Cinq siècles plus tard, la Bible est à nouveau convoquée au rendez-vous des corps – celui de la femme, cette fois –, et de la politique. De la politique des corps. Mais le texte sacré a désormais acquis, au cours du XXe siècle, une valeur purement documentaire. Et à cet égard participe à éclairer une part de l'histoire de l'humanité. « Tout homme véritablement homme est probablement de la descendance d'Abraham[3] », écrivait Emmanuel Levinas. La Bible a part à l'universel.

---

1. *Le Opere di Giulio Cesare Vanini e le loro fonti*, Milan-Gênes-Rome-Naples, Società editrice Dante Alighieri, s.d. et *Les Œuvres philosophiques de Jules César Vanini*, traduites pour la première fois en français, par Monsieur M.-X. Rousselot, Paris, Delahaye, 1856, dans *Le monde contemporain et la Bible*, C. SAVART, J.-N. ALETTI (dir.), Paris, Beauchesne, 1985.
2. *Ibid.*
3. E. LEVINAS, « Judaïsme et Révolution », *Du Sacré au Saint*, Paris, Éd. de Minuit, 1977, p. 19.

Et pourtant, l'argumentaire des partisans de la GPA qui voient dans la triade Sarah-Agar-Abraham ou Jacob-Léa-Zilpa un succédané de GPA tient bien plus du « croissez et multipliez » libertin que d'un exemple socio-anthropologique. L'excellence carnavalesque des libertins fondée sur une culture livresque de textes anciens se jouant des mots a disparu. Trouver des « mères porteuses » dans la Bible relève purement et simplement de l'indigence : celle de la méconnaissance du texte.

Sylviane Agacinski, philosophe opposée à la GPA, a plié en quelques mots l'argumentaire progressiste :

> Le célèbre cas biblique de la servante Agar, que Sarah pousse dans les bras d'Abraham pour qu'elle lui donne un fils [Ismaël], s'inscrit dans une relation de servitude proche de l'esclavage : encore ne lui est-il nullement demandé d'abandonner son enfant. C'est elle qui l'élève, et qui sera chassée avec lui lorsque Sarah donnera naissance à Isaac[1].

Non seulement Sarah profite de sa situation de domination socio-économique pour s'approprier l'enfant d'une autre, mais en plus, la Bible ne la désigne jamais comme la mère d'Ismaël. Bien au contraire.

Voici l'extrait de la Bible dans lequel Sarah demande à Abraham un enfant :

> Saray, la femme d'Abram, n'avait pas enfanté pour lui. Elle avait une servante égyptienne du nom de Hagar. Saray dit à Abram : « Voici que YHWH m'a empêchée d'enfanter. Va donc vers ma servante, peut-être que je me construirai[2] par elle. »

---

1. S. AGACINSKI, *Corps en miettes*, Paris, Flammarion, 2013, p. 30.
2. Jeu de mots entre *banah* (construire) et *ben* (fils) – précision proposée par T. Römer lors de sa conférence au Collège de France le 30 avril 2009.

Abram écouta la voix de Saray. Saray sa femme prit Hagar, sa servante égyptienne – il y avait dix ans qu'Abram s'était établi dans le pays de Canaan – pour la donner comme femme à Abram son mari. Il vint vers Hagar qui devint enceinte. Quand elle se vit enceinte, sa maîtresse devint méprisable à ses yeux [était légère à ses yeux]. Saray dit à Abram : « La violence qui m'est faite, qu'elle retombe sur toi. C'est moi qui ai mis sur ton sein ma servante. Dès qu'elle s'est vue enceinte, je suis devenue méprisable à ses yeux. Que YHWH juge entre toi et moi ! » Abram répondit à Saray : « Voici, ta servante est dans ta main, fais-lui ce qui est bon à tes yeux. » Saray l'opprima et celle-ci prit la fuite. L'ange de YHWH la trouva près d'une source d'eau dans le désert, celle qui est sur la route de Shour. Il dit : « Hagar, servante de Saray, d'où viens-tu et où vas-tu ? » Elle répondit : « Je fuis devant Saray ma maîtresse. » L'ange de YHWH lui dit : « Retourne vers ta maîtresse et laisse-toi opprimer par sa main. » L'ange de YHWH lui dit : « Je multiplierai tellement ta descendance qu'on ne pourra la compter. » L'ange de YHWH lui dit : « Voici que tu es enceinte et tu vas enfanter un fils, tu lui donneras le nom d'Ismaël car YHWH a entendu ta misère. Il sera un homme-onagre ! Sa main contre tous, la main de tous contre lui, à la face de tous ses frères, il s'installera. » Hagar invoqua le nom de YHWH qui lui avait parlé : « Tu es El qui me voit. » Elle avait en effet dit : « J'ai vu Dieu et je suis restée en vie. » C'est pourquoi on appelle le puits : « Le puits de Laḥay Roï » ; il se trouve entre Qadesh et Bèred. Hagar enfanta un fils à Abram ; il appela Ismaël le fils que Hagar lui avait enfanté. Abram avait 86 ans quand Hagar enfanta Ismaël pour Abram. [Genèse 16, 1-16].

Cet extrait de la Genèse est fréquemment utilisé par les partisans de la GPA. On le trouve dans nombre de thèses universitaires, notamment juridiques, mais aussi discours, rapports, conclusions, exposés et, nous l'avons vu, dans quelques médias (partisans ?).

Selon la journaliste Catherine Mallaval, il est l'illustration d'une « GPA traditionnelle ». Audace et légèreté intellectuelle… On retrouve également l'épisode remanié dans un « Que sais-je ? » intitulé *PMA et GPA*[1] :

> Si l'on en croit le récit de la Genèse, la maternité pour autrui remonte à Abraham. Son épouse Saraï, est stérile. Pour avoir une descendance, le couple décide de recourir aux services d'Agar, servante de Saraï, qui donnera naissance à un enfant dont Saraï est la mère et Abraham le père.

« Que sais-je ? »… *That is the question.*

Évacuons tout de go l'erreur consistant à voir en Saraï la mère d'Ismäel, dont la lecture concentrée et non orientée – faut-il dire probe ? – de la Bible vient rapidement à bout. Car s'il est un point que l'exégèse, d'habitude si prolixe, ne commente pas dans ce passage de la Bible, c'est bien la nature du lien entre Hagar et son enfant Ismaël. Hagar est en tout temps du récit biblique la mère de l'enfant qu'elle met au monde. Sa maternité n'est jamais remise en question :

> L'ange de l'Éternel lui dit: « Voici, tu es enceinte, et tu enfanteras un fils, à qui tu donneras le nom d'Ismaël; car l'Éternel t'a entendue dans ton affliction » [Genèse 16, 11].
>
> Agar enfanta un fils à Abram ; et Abram donna le nom d'Ismaël au fils qu'Agar lui enfanta [Genèse 16, 15].

Plus tard, devenue mère à son tour du jeune Isaac, Sarah décide de chasser Hagar et Ismaël. En Genèse 21-10, Sarah ne reconnaît pas Ismaël comme son fils, mais bien comme celui d'Hagar :

---

1. C. Mécary, *PMA et GPA*, Paris, PUF, coll. « Que sais-je ? », 2019.

> Alors elle [Sarah] dit à Abraham : « Chasse cette esclave et son fils, car le fils de cette esclave n'héritera pas avec mon fils, avec Isaac. »

C'est au titre de leur lien de filiation qu'Hagar et Ismaël seront chassés ensemble.

Mais rappelez-vous... : « Vrai. Il y a bien deux exemples de mères porteuses dans la Bible », entendait-on au micro de France Info.

Le second exemple ? Selon la nouvelle exégèse progressiste, les protagonistes seraient Rachel, seconde épouse de Jacob, sa servante Bilha, ainsi que Léa, première épouse de Jacob, et sa servante Zilpa. On peut trouver un de ces récits sur le site d'information Slate.fr[1] :

> Par ailleurs, Rachel, voyant qu'elle-même ne donnait pas d'enfants à Jacob, devient jalouse de sa sœur et elle lui dit : « Fais-moi des enfants, ou je meurs ! » Il s'emporta en se défendant : « Est-ce que je tiens la place de Dieu, qui t'a refusé la maternité ? » Elle lui conseilla alors : « Voici ma servante Bilha. Va vers elle et qu'elle enfante sur mes genoux : par elle, j'aurai moi aussi des enfants. » Jacob s'unit à sa servante Bilha qui enfanta à Jacob un fils [Genèse 30, 1-5].

Cet extrait ne révèle qu'une information écourtée. En ne prenant que ces lignes en considération, la situation semble limpide : Rachel, stérile, suggère de s'approprier l'enfant que mettra au monde Bilha après s'être unie à Jacob. Une démonstration en bonne et due forme d'une pratique assimilée à une GPA.

---

1. J. Benillouche, « En Israël, la GPA est pratiquée sans problème et est même justifiée par la Bible », 16 octobre 2014, *Slate.fr*.

L'affaire n'est pourtant pas si claire. Reprenons.

Jacob a épousé les deux filles de son oncle Laban, Léa et Rachel. Léa a déjà eu quatre enfants avec Jacob. Rachel, quant à elle, n'a toujours pas enfanté. Jalouse, et pour réparer ce qu'elle considère comme une injustice, elle suggère à Jacob, comme Sarah en Genèse 16, de s'unir à Bilha, sa servante pour s'accaparer l'enfant.

Jacob s'exécute. Bilha donne naissance à un enfant.

> Et Rachel dit : « Dieu m'a rendu justice, et même il a entendu ma voix et m'a donné un fils. » C'est pourquoi elle le nomma Dan [Genèse 30, 6].

Un second fils, Nephtali, est conçu selon ces mêmes dispositions.

C'est alors que Léa – la première épouse de Jacob – n'arrive plus à concevoir d'enfant. Comme Rachel, elle décide de conjurer le sort en demandant à Jacob de concevoir un enfant avec Zilpa, qui portera deux fils : Gad et Acer.

Le sort tourne finalement en faveur des deux épouses :

> Dieu exauça Léa ; elle conçut et enfanta à Jacob un cinquième fils [Genèse 30, 17].

Un cinquième. Pas un septième. Rappelez-vous : Léa a déjà quatre enfants lorsque naissent Gad et Acer. Pourtant, quand elle peut à nouveau concevoir, la Bible désigne l'enfant comme le cinquième fils. Alors, qui est la mère de Gad et Acer ?

Quant à Rachel, elle met au monde deux fils :

> Dieu se souvint de Rachel ; il l'exauça et la rendit féconde. Elle conçut et enfanta un fils, et elle dit : « Dieu a ôté mon opprobre. » Et elle le nomma Joseph, en disant : « Que YHWH m'ajoute encore un autre fils ! » [Genèse 30, 22-24].

Encore un autre fils ? Dan et Nephtali, seraient-ils tombés dans l'oubli ?

Bien au contraire. À plusieurs reprises, la Bible réaffirme le lien de filiation entre Dan et Nephtali et leur mère… Bilha, et celui de Gad et Acer avec… Zilpa.

> Il [Jacob] plaça en tête les servantes avec leurs enfants [Genèse 33, 2].
>
> Les servantes s'approchèrent, elles et leurs enfants [Genèse 33, 6].
>
> Fils de Bilha, servante de Rachel : Dan et Nephthali [Genèse 35, 25].
>
> Fils de Zelpha, servante de Lia : Gad et Aser [Genèse 35, 26].

Une fois encore, les liens entre la mère et l'enfant ne sont pas rompus.

La Bible est limpide. Mais Jean-Louis Touraine, député du Rhône La République en Marche et rapporteur de la commission spéciale sur la bioéthique, n'est pas de cet avis. Lors d'un débat sur l'ouverture de la PMA aux couples de femmes et aux célibataires, il déclare : « Il y a plusieurs exemples de GPA dans la Bible, avec Sarah et Abraham avec l'aide de Agar, avec Jacob et Rachel. » Heureusement pour le parlementaire, plusieurs représentants des cultes étaient présents pour le remettre dans le droit chemin. Et l'échange, fameux, n'a pas échappé à deux journalistes de l'hebdomadaire chrétien *La Vie* : « L'objectif de ces récits est de montrer la frustration, l'amertume, la souffrance », nuance immédiatement le président de la Fédération protestante de France François Clavairoly. Mais c'est le grand Rabbin de France, Haïm Korsia, qui clôt le débat : « La Bible souligne bien qu'Ismaël est l'enfant d'Agar. » Avant d'ajouter, en s'adressant à la présidente de la commission, non sans ironie : « Vous avez parmi vos rapporteurs, Madame la présidente, d'éminents biblistes[1] ! »…

C'est indiscutable. Il n'y a pas de « GPA traditionnelle », ni même de « mères porteuses » dans la Bible.

Néanmoins, une question demeure. Trois femmes – Sarah, Rachel et Léa – semblent tenter de s'approprier l'enfant d'une autre. L'enfant d'une esclave. En apparence, et en apparence seulement – mais c'est par là que s'insinue la rhétorique progressiste – Sarah, Rachel et Léa tentent de devenir mères en recourant à ce pis-aller. En réalité, ces demandes trouvent un fondement historique qui invalide la thèse selon laquelle on trouverait des mères porteuses dans la Bible. Pour mieux comprendre les demandes de Sarah, Léa et Rachel, il faut se pencher sur les trouvailles archéologiques du Moyen-Orient.

La Genèse, on le sait maintenant, fut rédigée au cours de la période assyrienne du VIIIe/VIIe siècle avant Jésus-Christ[2]. Les narrateurs s'inspirent des normes juridiques d'alors. Une lecture de type historique souligne d'ailleurs le parallélisme du récit biblique avec le contexte juridique proche-oriental du VIIe siècle avant J.-C.

Le code d'Hammurabi – découvert en 1901 sur un monolithe de basalte aujourd'hui exposé au musée du Louvre – établit près de trois cents normes, dont soixante-sept sur la famille. Un chiffre qui témoigne de l'importance du noyau familial dans la sphère babylonienne. L'enfant y tient une place décisive. Et, oh surprise !, on trouverait là

1. P. Jova, T. Serova, « Bioéthique : quand l'Assemblée devient un groupe d'études bibliques », 29 août 2019, *La Vie.fr*.
2. J.-S. Kinouani, *Ismaël. Un patriarche inattendu*, Paris, Éd. Olivétan, 2019.

aussi – selon l'auteure du fameux « Que sais-je ? » *PMA et GPA* – des « préludes » à la GPA moderne. Dans le paragraphe intitulé « Maternité pour autrui – une pratique séculaire », l'avocate note en bas de page : « Béatrice André-Salvini rappelle que le code d'Hammurabi donnait la possibilité à une femme stérile de faire appel à sa servante pour qu'elle lui assure une descendance [*Le Code d'Hammurabi*, Paris, RMN, 2008]. » Vraiment ? Regardons-y de plus près.

Dans son livre consacré au Code d'Hammurabi, la spécialiste de l'histoire du Proche-Orient Béatrice André-Salvini dessine les grands traits de la structure familiale babylonienne, et indique notamment : « Il y a une seule épouse en titre et des concubines, choisies par elle-même, notamment lorsqu'il s'agit d'assurer une descendance. »

Le terme d'« épouse » employé par l'historienne devient, sous la plume de Caroline Mécary, « une femme stérile ». Le changement pourrait sembler anodin. Il ne l'est pas. Car la transformation du vocabulaire évacue *illico* la question du père. Il est pourtant la pierre angulaire de la structure familiale babylonienne. Et, faut-il le rappeler ? – quitte à commettre un impair progressiste – les vertus de la puissance masculine sont indispensables à la procréation. À l'époque, pas de don de gamètes anonyme. Sans homme, pas d'enfant. On ne peut donc pas évacuer la question du père à sa guise.

S'il est vrai qu'un couple – et non pas une femme seule – peut contraindre une de ses servantes à faire un enfant, le code d'Hammurabi encadre précisément cette possibilité : lorsque l'esclave d'un couple infertile donne naissance à un enfant, elle ne peut être chassée ou vendue, même en cas de rébellion[1].

---

1. B. André-Salvini, *Le Code d'Hammurabi*, Paris, Somogy Éd. d'art et Musée du Louvre, 2016, p. 73, § 146.

Un article paru dans la revue *Histoire* en novembre 2017, intitulé « Mères porteuses de Babylone », assimile toutefois deux autres situations à des « maternités pour autrui ».

Dans le premier cas, il s'agirait pour un homme libre d'acquérir l'enfant d'une esclave « appartenant à une maisonnée voisine », nous apprend l'auteure. Ce premier exemple est étonnant tant il est peu probable d'y lire autre chose que le vol ou l'achat d'un enfant à une femme réduite à l'esclavage.

La seconde démonstration d'un procédé de mère porteuse à Babylone, s'il est plus argumenté, reste aisément disqualifiable. La pratique est propre à la société babylonienne. Parmi les femmes de Babylone, il existait des « religieuses » qui, n'ayant pas formulé le vœu de chasteté, étaient autorisées à se marier, mais pas à procréer.

Pour avoir une descendance, deux possibilités s'offraient donc au mari de la *naditu* : faire des enfants avec une esclave – qui devra rester au sein du foyer familial – ou prendre une épouse secondaire – la *shugitu* –, une jeune femme d'origine très modeste et dont le statut social est inférieur à celui de *naditu*.

Si le mari fait des enfants avec une esclave, ces derniers sont considérés comme les enfants du mari et de l'esclave, et non les enfants de la *naditu*. En témoigne le Code d'Hammurabi sur l'héritage qui distingue les « enfants de l'esclave » et « les enfants de l'épouse »[1].

1. Voir *ibid.*, p. 73, § 146, § 170 : « Si l'épouse d'un homme lui donne des enfants, que son esclave lui donne (aussi) des enfants, et que le père, durant sa vie déclare les enfants que l'esclave lui a donnés « mes enfants » et qu'il les compte avec les enfants de son épouse ; lorsque le père meurt, les enfants de l'épouse et les enfants de l'esclave diviseront en parts égales les biens paternels. L'héritier, fils de l'épouse, choisira en premier. » Et § 171 : « Mais si le père durant sa vie ne dit pas aux enfants que l'esclave lui a donné "mes enfants", lorsque le père meurt, les enfants de l'esclave ne partageront pas les biens paternels avec les enfants de l'épouse. La liberté de l'esclave et

Mais que sait-on exactement de la possibilité pour le mari de prendre une épouse secondaire ?

Cette seconde épouse d'un statut inférieur à la *naditu* donne naissance à un ou plusieurs enfants. « Tous les enfants qui ont été mis au monde et seront mis au monde sont leurs enfants à elles deux », précise l'historienne auteure de l'article de la revue *Histoire*. La maternité est ici à l'image de l'incarnation du féminin dans le couple. Si la *naditu* et la *shugitu* sont indissociables et ne représentent qu'un seul corps, il semble en être de même de la maternité qui unit les deux femmes. N'est-il pourtant pas hâtif de conclure ici à un procédé de « mère porteuse » ? L'auteure semble se contredire elle-même. Car, précise-t-elle plus loin :

> La jeune *shugitu* est prévenue, le jour où elle déplaira au cœur de sa maîtresse, celle-ci pourra la raser et la vendre comme esclave ! Mais l'épouse principale ne peut cependant le faire sans raison valable car alors la *shugitu* partirait de la maisonnée, emmenant avec elle ses enfants, la *naditu* perdant alors le bénéfice de sa maternité...

Comment évoquer un procédé de « mère porteuse » lorsque le code d'Hammurabi prévoit expressément qu'en cas de rupture avec la maisonnée, l'épouse secondaire emporterait avec elle ses enfants ? La séparation vient ici mettre fin non seulement au mariage, mais aussi à la bicéphalie maternelle en ne laissant le privilège de la maternité qu'à celle qui a mis l'enfant au monde. Par ailleurs, et il est essentiel de le relever,

---

de ses enfants sera assurée ; les enfants de l'épouse ne revendiqueront pas la servitude de la part des enfants de l'esclave. L'épouse prendra sa dot et le douaire que son mari lui a accordé par écrit et elle continuera à habiter dans la maison de son mari ; elle en jouira aussi longtemps qu'elle vivra, mais elle ne peut pas la vendre ; ses propres biens appartiendront (par héritage) à ses seuls enfants. »

les enfants nés dans le mariage n'ont de filiation juridique que paternelle[1].

Le problème que posent cet article mais également l'affirmation de Caroline Mécary dans son « Que sais-je ? », selon laquelle « une femme stérile fait appel à sa servante pour qu'elle lui assure une descendance », doit toutefois nous amener à nous interroger plus largement. Car il est surprenant d'affirmer que se saisir d'une servante pour s'approprier purement et simplement son enfant relève d'une « maternité pour autrui ». C'est passer sous silence une donnée pourtant majeure : celle du consentement d'une mère à donner son enfant. Car enfin, quelle esclave voudrait subir non seulement une relation sexuelle mais également les inconvénients d'une grossesse pour se voir retirer le privilège de sa maternité, et ce pour un couple ayant tous pouvoirs sur elle ? Les arguments des prétendus progressistes trouvent parfois des chemins trop sinueux pour être honnêtes. Il faut y voir bien trouble pour lire ici une « maternité pour autrui » telle qu'elle apparaît aujourd'hui, formée de contours altruistes. À moins d'y lire son versant le moins reluisant : la domination économique et sociale d'une femme qui décide de disposer du corps d'une autre à son propre bénéfice et de s'approprier son enfant.

Mais comment relier les récits de Sarah, Rachel ou Léa à ces pratiques babyloniennes ? À quoi font-ils précisément référence ?

Lorsque Rachel s'adresse à Jacob, une expression est particulièrement intéressante :

---

1. B. Lion, « Mariages paléo-babyloniens typiques et atypiques », *Anabases*, 22 | 2015, p. 11-26.

Elle lui conseilla alors : « Voici ma servante Bilha. Va vers elle et qu'elle *enfante sur mes genoux* : par elle, j'aurai moi aussi des enfants ! »

« Prendre sur ses genoux. » À Babylone, cette pratique indique non une « maternité pour autrui » mais… le rite de l'adoption. Une adoption faisant peut-être fi du consentement de la mère de l'enfant lorsqu'elle est esclave.

Et si la Bible tire parti des institutions babyloniennes, sa lecture peut s'avérer dangereuse pour ceux qui espèrent retirer les fruits de l'arbre sans en regarder la cime. Que l'on croie ou non à son message, que l'on adhère ou non à sa morale, la Bible délivre une interprétation, oriente le regard, vers un horizon notamment moral. Le cardinal Joseph Ratzinger éclaire ainsi l'exigence avec laquelle il convient, selon lui, d'aborder la Bible :

> L'originalité de la Sainte Écriture, dans le domaine moral, ne consiste pas dans l'exclusivité des contenus proposés, mais dans la purification, le discernement et la maturation par rapport à tout ce que la culture ambiante proposait[1].

À citer la Bible, les tenants de la biotechnologie pourraient donc se voir opposer une morale autrement plus pernicieuse : celle du *Tel est pris qui croyait prendre.*

Que cherche donc à nous dire la Bible avec les récits de Sarah, Abraham, Agar et les autres ? Sans entrer dans les subtilités de l'exégèse, on peut tirer à grands traits ce qu'il

---

1. J. Ratzinger, « Il rinnovamento della teologia morale », p. 39-40 dans Artus O., « Bible et morale. Quels critères pour discerner ? Le document de 2008 de la Commission biblique pontificale », *Revue d'éthique et de théologie morale*, vol. 260, n° 3, 2010, p. 51-68.

ressort de ces épisodes pour les théologiens. L'un d'entre eux, André Wénin, spécialiste de l'Ancien Testament, a consacré plusieurs travaux au sujet de nos protagonistes[1], dont il ressort un discours sans ambages.

On y croise la passivité masculine – celle d'un Abraham qui cède sans mot dire aux volte-faces de Sarah lui imposant sa servante pour ensuite lui demander de la chasser ; la convoitise féminine – qui conduit Sarah à faire d'Agar un moyen et fait de l'homme l'enjeu central de la relation entre femmes ; le mensonge à soi – celui d'une Sarah aveugle aux dangers que peut représenter ce stratagème pour son couple ; une sacralisation de la maternité – Sarah ne peut se penser femme sans être mère et Hagar pense être plus puissante enceinte ; le franchissement de la limite des ressources humaines – en s'appropriant le fruit du corps d'une autre, l'impuissance de la volonté face au hasard et à la loi. Et la violence qui malmène les trois protagonistes.

Sans le savoir, en s'appropriant un texte sans tenter de le comprendre, les soutiens de la GPA ont créé un adversaire en bonne et due forme. Les convictions sont des ennemis de la vérité plus dangereuse que les mensonges, écrivait Nietzsche. Aveuglément, les partisans de la GPA se sont jetés dans la gueule du loup. Que voir dans le chapitre 16 de la Genèse sinon les dérives d'un stratagème bancal ?

Voici la réponse imaginaire de la Bible à ceux qui la détournent : vous entrez là dans la convoitise, l'impuissance masculine, la dérive de l'ego, la glorification de la femme-mère, la perte d'identité, la fin du couple, le désir sans limite

---

1. Wénin A., « Saraï, Hagar et Abram. Une approche narrative et contextuelle de Gn 16,1-6 », Revue théologique de Louvain, 2001, p. 24-54 ; Id., *Abraham ou l'apprentissage du dépouillement.* Gn 11, 27 – 25,18, Paris, Éd. du Cerf, 2016.

– cette limite qui va permettre de faire face à soi et donc à l'autre.

On ne saurait mieux conseiller aux partisans de la maternité pour autrui de se trouver d'autres alliés, et d'autres paraboles...

À Rome, fais comme les Romaines ?

La Rome antique est souvent citée parmi les exemples historiques de gestation pour autrui. J'ai moi-même souscrit à l'évidence énoncée de cette information après la lecture d'un article paru dans la revue *Histoire*, au titre catégorique, « Mères porteuses : le choix de Rome », et au sous-titre évocateur : « Doit-on légaliser la pratique des mères porteuses ? Les leçons du Droit romain ».

Dans cet article, l'historien Yann Rivière dessine une volonté : celle d'éclairer le débat autour de la légalisation de la gestation pour autrui à la lumière de l'Histoire. Une lumière d'autant plus légitime que le droit occidental n'est en effet que le « rejeton », *dixit* Max Weber, du droit romain. Et l'article remplit son office car il est repris dans de nombreuses thèses et livres traitant de la GPA. Cependant, en l'étudiant de plus près, et notamment sa bibliographie, on peut s'interroger sur l'évidence énoncée.

Si la grande majorité du texte s'appuie sur le travail de Yan Thomas – « À Rome, pères citoyens et cités des pères[1] » –, certains des passages et exemples repris sont tronqués ou détournés de leur finalité. Pour étudier la gestation pour

1. Y. Thomas, « À Rome, pères citoyens et cité des pères (IIe siècle avant J.-C.-IIe siècle après J.-C.) » dans *Histoire de la Famille*, A. Burguière, C. Klapish-Zuber, M. Segalen, F. Zonabend (dir.), t. I : *Mondes lointains*, Paris, Armand Colin, 1986, p. 253-302.

autrui à l'aune de l'exemple romain, il est essentiel d'analyser la pratique romaine dans son contexte historique, social et juridique afin de se prémunir contre toute méprise.

Dans la Rome de la fin de la République, au Ier siècle avant J.-C., la « circulation des épouses » est une pratique reconnue. Essentiellement parmi les classes dirigeantes, des femmes en âge de procréer sont parfois prêtées par leur mari, puis leur sont « rendues » après la naissance d'un ou plusieurs enfants. Pour cela, un homme prête officiellement sa femme par le divorce ; cette dernière épouse alors un autre homme, puis, le ou les enfants mis au monde, elle divorce à nouveau du mari provisoire pour revenir à son premier mari.

Pour illustrer cette pratique, l'auteur de « Mères porteuses : le choix de Rome », rapporte le célèbre *Laudatio Turiæ*, épitaphe latine datant du Ier siècle avant J.-C. retrouvée sur une stèle funéraire faisant l'apologie d'une épouse par son mari :

> Doutant de ta fécondité et désolé que je n'aie pas d'enfants, afin de ne pas me voir perdre l'espoir d'en avoir en te gardant pour femme ni être pour cette raison malheureux, tu as parlé de divorcer et tu as voulu vider les lieux pour laisser la maison à la fécondité d'une autre… Tu affirmais que les enfants à venir seraient (en commun) et les considérerais comme à toi…

L'auteur arrête là sa citation. À lire ces lignes, on pourrait en conclure que l'épouse aurait considéré les enfants nés d'une autre femme comme les siens. Des enfants « communs » du couple, dont le mari serait le père, et dont Turia se considérerait comme la mère, enfants nés d'une femme dont on ne connaîtrait ni le statut ni le rôle à la suite des naissances.

Après un court commentaire sur l'indignation du mari à l'idée de devoir se séparer de son épouse et sur son amour pour elle, l'auteur s'interroge : « Qui étaient les mères porteuses ? » Affirmatif quant au fait d'assimiler cette pratique à une maternité pour autrui, l'historien poursuit, interrogeant cette fois le critère déterminant le choix d'une de ces « mères porteuses » : « l'*amicitia* », expose-t-il, illustrant sa démonstration par le cas du citoyen Hortensius demandant la main de Porcia, fille de Caton, avant de jeter son dévolu sur Marcia, l'épouse même de Caton.

L'analyse de Yann Rivière semble limpide : à Rome, une épouse provisoire, sélectionnée selon un critère, celui de l'amitié, permet à un couple d'avoir un ou plusieurs enfants communs. Une démonstration en bonne et due forme d'une pratique de « mère porteuse ».

Pourtant, nous allons le voir, la société romaine est autrement plus complexe. Une réalité qui ne permet en aucun cas d'affirmer l'existence d'une pratique assimilable à une maternité pour autrui telle que ses partisans actuels l'entendent.

Pour venir contredire cette théorie, il convient en premier lieu de citer la fin de l'extrait du *Laudatio Turiæ* rapporté par Yann Rivière. Car le texte a été, délibérément ou non, tronqué. Voici donc ce qui suit à propos de Turia :

> Tu remplirais désormais pour moi les devoirs et la piété d'une sœur ou d'une belle-mère.

Cette phrase est essentielle, car la dissimulation de cette partie du texte conduit à croire que Turia a été reconnue comme la mère des enfants du foyer.

Une théorie renforcée par des écrits de saint Augustin, que cite l'historien :

> Chez les Anciens, il était permis à un homme sur la volonté exprimée de son épouse de prendre une autre femme d'où naîtraient des enfants communs : issus de l'union et de la semence de l'un, ils relevaient aussi du droit et du pouvoir de l'autre.

Mais, là encore, le diable est dans les détails. En ne recontextualisant pas ce texte, Yann Rivière omet une réalité juridique que Yan Thomas, pourtant présent dans sa bibliographie, ne manque pas d'interroger dans le récit d'Augustin :

> La seule difficulté réside dans ce « droit », que vraisemblablement, après le départ de la prestataire de services – matrice apparemment provisoire –, l'épouse dévouée conservait sur les fils ; « anachronisme » que ce pouvoir des mères !

Yan Thomas précise : « Ce n'est qu'en 390 que le droit romain consacra le droit des mères à être tutrice de leur enfant légitime » (ce qui, nous allons le voir, n'est de surcroît pas le cas ici, car c'est le mariage qui fonde la filiation légitime à l'époque romaine). Un droit de tutelle maternelle, apparu donc après la période tardo-républicaine et venu expliquer, aux yeux de Yan Thomas, l'abus de langage de saint Augustin. Un anachronisme juridique tout bonnement éludé par Yann Rivière. Énonçons-le clairement : non, Turia n'avait juridiquement pas de « droit » ni de « pouvoir » sur les enfants nés d'une autre. D'ailleurs, les termes « sœur » et « belle-mère », que l'auteur de la revue *Histoire* n'a pas jugé bon de prendre en compte, sont là pour le rappeler.

Ceci nous conduit à opposer un premier argument – juridique – au raccourci proposé par l'auteur, et qui vient contredire une « maternité pour autrui » romaine. À Rome, « la légitimité de l'enfant découle des justes noces des parents, c'est-à-dire des noces conformes au droit[1] » : l'enfant légitime est le fruit d'un mariage. *Mater semper*

---

1. M. Corbier, « Construire Sa Parenté à Rome », *Revue Historique*, vol. 284, n° 1 (575), 1990, p. 3-36.

certa est, pater est semper incertum, pater is est que quem nuptiæ demonstrant, dit l'aphorisme : « La mère est toujours certaine, le père toujours incertain, le père est celui que le mariage désigne. » C'est parce que la femme accouche dans le mariage que le père voit sa paternité établie. Celui-ci est présumé père parce qu'il est l'époux de celle qui accouche. Il est déterminant de le souligner, car si le lien de filiation venait à être rompu entre la mère et l'enfant – comme ce pourrait être le cas dans une GPA moderne –, le lien de filiation entre le père et l'enfant serait, par incidence, rompu également. Or, il n'en est pas question ici, car un des objectifs de l'échange d'épouses est notamment – mais pas seulement nous le verrons – de donner une descendance au *pater familias*.

Ainsi, bien que l'enfant soit le fruit d'une union passagère, programmée, et dissoute dans le cadre du stratagème d'échange d'épouses, les filiations, elles, ne sont pas successives. L'enfant né n'a qu'une seule mère : celle qui a accouché.

Le *Laudatio Turiæ* nous éclaire sur un autre point. Le mari de Turia utilise à plusieurs reprises la première personne du singulier : « que je n'aie pas d'enfants » et « me voir perdre l'espoir d'en avoir ». Il ne s'agit pas là de l'enjeu d'un couple, mais bien celui du *pater familias*, désireux de se constituer une descendance. L'emploi du pronom personnel n'est pas anodin : il révèle que dans la Rome du Iᵉʳ siècle avant J.-C., l'enfant est avant tout celui du père, laissant une place secondaire à la mère :

> Les enfants sont toujours étrangers à la famille de leur mère ; bien plus, ils sont devenus étrangers à leur propre mère, qui n'appartient plus au même ressort domestique qu'eux (dans

la République du Ier siècle avant J.-C., la mère dépend de son propre père et non de son mari). Plus qu'elles n'ont pu l'être dans le passé, les femmes de la société tardo-républicaine et impériale sont voie de passage pour la lignée paternelle[1].

Le *pater familias* est alors « le seul maître sur la filiation » rappelle Mireille Corbier, Directrice de recherche émérite au CNRS. Ainsi, l'enfant n'est jamais celui d'un couple, mais d'un homme, et plus encore d'un citoyen au service de la cité. Partant, le schéma parents-enfant tel que nous l'entendons de nos jours n'a pas grand sens :

> Là, c'est un patriarcat dans lequel le père commande, mais où les sentiments de l'enfant ne peuvent se nourrir de l'unité formée par les deux parents. Si la copulation qui lui a donné la vie est certaine et connue comme telle, la relation triangulaire d'un complexe d'Œdipe dramatisé n'existe pas[2].

Si l'épouse provisoire quitte le foyer où elle a mis l'enfant au monde après un mariage temporaire, ce n'est pas pour autant qu'elle cesse d'être la mère légale de l'enfant. Cette maternité licite ne lui confère cependant aucun droit et on ne saurait dire si ces mères conservaient un lien relationnel avec l'enfant. Ce dernier est confié au foyer du *pater familias*, qui, comme dans toute famille romaine, exerce seul l'autorité. En aucun cas l'enfant n'est celui d'un couple. L'épouse initiale, la « belle-mère », peut au mieux participer à l'éducation de l'enfant avec son époux et sous son égide.

---

1. *Ibid.*, p. 3-36.
2. Y. Thomas, « À Rome, pères citoyens et cité des pères (IIe siècle avant J.-C.-IIe siècle après J.-C.) » dans *Histoire de la Famille*, A. Burguière, C. Klapish-Zuber, M. Segalen, F. Zonabend (dir.), t. I : *Mondes lointains*, Paris, Armand Colin, 1986, p. 253-302.

Selon Yann Rivière, pourtant, la mère porteuse serait « choisie » selon un « critère » particulier : l'*amicitia*.

Pour illustrer son propos, l'historien rapporte, tout comme Yan Thomas, le récit fait par Plutarque de la relation de Caton le Jeune avec un certain Quintus Hortensius dans les années cinquante avant J.-C.

Dans un premier temps, Quintus Hortensius, alors âgé de vingt-huit ans, tente d'obtenir la main de Porcia, fille de Caton et mariée à Bibulus. Hortensius, rapporte Plutarque, « entreprit de lui accorder à lui-même sa fille Porcia, mariée à Bibulus à qui elle avait donné deux enfants, comme un champ fertile pour y semer de nouveau une descendance[1] ». Plutarque l'indique : Caton « trouva étrange de l'entendre parler d'épouser sa fille mariée à un autre homme ».

Le récit se poursuit ainsi :

> Alors, Hortensius changeant de projet, n'hésita pas à dévoiler toute sa pensée et à demander la femme de Caton lui-même, qui était encore assez jeune pour enfanter, alléguant que la succession de Caton était assurée.

Caton, comprenant le « désir et la passion » d'Hortensius pour Marcia, « n'y fit point d'opposition mais déclara qu'il fallait aussi l'approbation de Philippus, le père de Marcia ». Que Marcia soit alors enceinte de Caton ne semble être qu'un détail pour les protagonistes. Marcia donna naissance à l'enfant une fois mariée à Hortensius, qui fut, *de jure*, reconnu comme le père.

Plutarque justifie la démarche d'Hortensius :

> Dans l'opinion des hommes, c'était là disait-il, une proposition étrange, mais suivant la nature, elle était belle et politique :

1. Plutarque, *Caton le Jeune*, chap. xxv.

> une femme dans la fleur et la vigueur de l'âge ne devait pas rester inutile et laisser éteindre sa fécondité ni procurer plus d'enfants qu'il ne convenait à une maison qui n'en n'avait pas besoin et s'en trouverait gênée et appauvrie ; mais en se donnant successivement à des hommes méritants, elle rendrait la vertu abondante, la propagerait dans les familles et fondrait la ville elle-même en un seul corps par ces unions.

Si Yann Rivière en conclut qu'une maternité pour autrui se fonde sur l'unique critère de l'*amicitia*, cet extrait, qu'il cite pourtant, vient démontrer que le procédé est bien plus complexe. Les finalités de cette pratique sociale sont en réalité multiples et consubstantielles.

Multiples, en ce que l'échange d'épouses répond à un double objectif : mettre au monde un ou plusieurs enfants pour pérenniser la lignée d'un homme et créer une alliance entre « hommes méritants » pour constituer – *stricto sensu*, c'est-à-dire par le sang – une « fraternité » entre futurs citoyens.

Consubstantielles, en ceci que l'alliance et l'enfant s'apportent réciproquement une légitimité. Car si un homme avait voulu une descendance, pourquoi aurait-il sollicité l'épouse d'un autre et non pas une femme célibataire ? De même, l'alliance n'aurait-elle pas pu se forger sans la création d'une descendance à cette fin ? Un simple accord n'aurait-il pas suffi ?

C'est par la descendance que l'alliance – incarnée par la mère – est rendue irréfragable dans le temps présent et, dans le temps futur, par l'enfant, si tant est qu'il survive. L'existence de l'enfant n'est justifiée que dans la mesure où il permet l'alliance politique, sans quoi l'homme en quête de descendance se serait marié avec une femme conjugalement disponible et n'aurait pas sollicité l'épouse d'un autre avec lequel il était en lien d'une quelconque façon.

L'*amicitia* – l'amitié « qui lie les hommes entre eux » – est en partie un « critère » assimilable au moyen, comme nous l'indique Yann Rivière, mais il est avant tout une des finalités du stratagème. Plus trivialement, l'échange d'épouses permet au *pater familias* de faire « d'une pierre deux coups ». Ce qui lie incontestablement et définitivement les hommes entre eux, c'est l'échange d'épouses. Et c'est de la naissance d'un enfant que va surgir l'alliance.

Si la pratique d'échange d'épouses répond à un double objectif, le cas de Caton le Jeune et de Quintus Hortensius se singularise pourtant. Dans un article publié dans la très scientifique *Revue Historique*, Mireille Corbier analyse ainsi le récit de Plutarque :

> Il ne s'agissait pas comme on l'écrit parfois de se donner une descendance. Hortensius avait déjà un fils, même si, nous dit-on, il envisagea un moment de le déshériter pour inconduite. Si Plutarque laisse entendre que le motif réel était l'amour d'Hortensius pour Marcia [...], du moins la justification officielle était-elle l'alliance avec Caton.

En effet, Plutarque rapporte ainsi l'épisode :

> Parmi les nombreux admirateurs fanatiques de Caton, certains étaient plus en vue et plus marquants que d'autres ; c'était le cas de Quintus Hortensius, homme de réputation brillante et d'un noble caractère. Désireux de n'être pas seulement l'ami et l'intime de Caton, mais de mêler en quelque sorte et d'unir par une alliance toute leur famille et leur sang...

Cet épisode, venu selon Yann Rivière illustrer un cas de mère porteuse romaine, n'est-il pas particulièrement incongru ? Car si Hortensius légua à sa mort tous ses biens à l'enfant qu'il avait eu avec Marcia, les raisons qui le poussèrent à s'unir à elle paraissent éloignées de l'objectif de créer une descendance. Sinon un amour pour Marcia, le motif d'un pareil arrangement semble bien plus être, pour le brillant et ambitieux orateur qu'était Hortensius, le désir de créer une alliance avec Caton.

Mais, en dehors de ce cas exotique, dans quel domaine « la circulation des épouses » s'inscrit-elle et pourquoi n'est-elle pas assimilable à une maternité pour autrui ?

Il faut le souligner, dans la Rome de la fin de la République, la pratique de l'échange d'épouses répond à la fois à une stratégie d'alliances politiques et à une forme d'urgence démographique. La mortalité infantile est très élevée. Un tiers des nouveau-nés ne survit pas et la moitié des enfants meurent avant l'âge de la puberté ; l'espérance de vie est courte (en moyenne de 45 ans) et la mortalité des jeunes femmes en couches reste importante.

Celles qui survivent participent, d'une part à alimenter la « pépinière de la cité » selon l'expression de Cicéron rapportée par Augustin et, d'autre part, à renforcer un système d'alliances entre citoyens, d'une importance capitale dans le contexte d'affrontements et de crises politiques successives de la fin de la République romaine.

Lorsqu'une épouse est échangée, il s'agit donc autant de créer une alliance que de répondre à un problème de fécondité. Mais l'un ne peut aller sans l'autre. L'épouse, nœud gordien de l'alliance qui se noue, met au monde un enfant, à la fois conséquence – l'enfant matérialise l'alliance –, et finalité – en ce que son existence consolide la lignée du *pater familias* et participe à la pérennisation de la vie de la cité.

Il n'est en aucune manière question de « mère porteuse ». L'épouse première, qui laisse « le foyer vide à la fécondité d'une autre » du *Laudatio Turiæ*, puis reprend sa place après la naissance de l'enfant, ne peut pas être « la mère » et n'est jamais désignée comme telle. Car sinon, cela équivaudrait à contredire un pan essentiel de la pratique de l'échange d'épouses, à savoir la création d'une alliance. Turia, comme les autres dans son cas, ne participe au mieux qu'à l'éducation du fils du *pater familias* tout puissant. Et, comme l'indique le *Laudatio Turiæ* dans l'extrait qu'omet de présenter Yann Rivière, son rôle se résume à celui d'une « belle-mère ».

Loin de révéler l'existence de « mères porteuses », qui, nous l'avons vu, n'a aucun sens à l'époque de la Rome du Iᵉʳ siècle avant J.-C., l'échange d'épouses met bien davantage en lumière la place occupée par la femme au sein de la société romaine. Dans cette Rome-là, toutes les femmes aristocrates – prêtées ou non – sont mises à disposition de la cité en ce qu'elles mettent des futurs citoyens au monde. Elles sont rendues solidaires de leur classe sociale et de la vie politique de la cité. Cette dimension politique est déterminante dans la compréhension de la pratique de l'échange d'épouses. Les femmes échangées ne font pas tant des enfants pour autrui en tant qu'individu – dérive individualiste anachronique de l'analyse – mais pour elles-mêmes et pour leurs époux en tant que membres d'une classe sociale garante de la vie politique au service de la cité.

L'usage de l'expression *ventrem locare* qu'on trouve parfois pour désigner cette pratique romaine est particulièrement révélateur quand il s'agit de comprendre de quelle manière les tenants d'une légalisation de la GPA tentent de légitimer cette pratique en s'appropriant l'Histoire, quitte à lui faire dire ce qu'elle ne dit pas. On retrouve ainsi le *ventrem locare* ici et là, comme constituant la preuve d'une pratique de

« location d'utérus » dans la Rome antique. Chez Caroline Mécary, évidemment, mais aussi dans le rapport du Sénat rendu en 2008, intitulé : « Contribution à la réflexion sur la gestation pour autrui », dans des thèses universitaires, sur les sites internet de certains cabinets d'avocats, et même au sein de revues pourtant réputées sérieuses. À force de répétition, l'expression a fait son chemin. L'utilisation du latin porte d'autant plus à croire que son origine est nécessairement ancienne. D'ailleurs, ceux qui usent de cette formule convoquent leur latin pour traduire les deux termes qui la composent. *Ventrem* signifierait ainsi ventre et *locare* louer. Simple, efficace. Et par là même, facile à retenir. Un argument en or pour qui veut se targuer d'un propos aux allures quelque peu scientifiques et érudites. « Les romaines louaient leur ventre. C'est une évidence. Il y a même une expression latine pour le certifier ! », pourrait-on entendre. Pourtant, rien dans ces affirmations n'est vrai. D'ailleurs, aucun de ceux qui citent cette expression ne font référence à une source, à moins qu'elle ne mène nulle part. Le rapport du Sénat de 2008 tente bien de donner du crédit à l'usage de l'expression, mais cite un projet de rapport du 5 juillet 2005 de la Commission des affaires sociales, de la santé et de la famille du Conseil de l'Europe, qui n'évoque pas une seule fois l'adage inventé.

Après avoir fait de nombreuses recherches demeurées infructueuses pour trouver l'origine de l'expression, l'historienne spécialiste de l'Antiquité romaine Mireille Corbier, m'a finalement éclairé :

> Si aucun des auteurs qui la répètent à l'envi ne donne de référence antique pour l'expression *ventrem locare*, cette lacune ôte tout crédit scientifique à celle-ci. Dans le contexte de la maternité le mot *venter* peut désigner le ventre de la mère mais il désigne le plus souvent chez les juristes l'enfant à naître, celui

que nous appelons *foetus* ; *venter* ne désigne pas à mon sens chez les juristes la femme enceinte elle-même, comme l'avait écrit Yan Thomas. La conception et la naissance ont suscité beaucoup de fantasmes masculins. L'article sur les « mères porteuses » à Rome, même avec point d'interrogation, m'a choquée par son titre et son contenu. Le fait que Françoise Héritier, que j'ai bien connue et estimée, ait repris au passage l'expression *ventrem locare*, qu'elle avait dû lire, ne donne pas plus de crédit à cette formule : son article est très intéressant en ce qu'il présente les résultats des travaux des anthropologues africanistes et de ses propres recherches sur les Samo, sujets sur lesquels elle était particulièrement à l'aise.

Le XIXe altruiste ?

Le prochain otage des progressistes ? Le XIXe siècle ! Après avoir convoqué la Bible, il n'y a plus lieu de s'étonner. Revenons donc au *vade-mecum* progressiste de la GPA – le fameux « Que sais-je ? », *PMA et GPA*.

Voici ce qu'on y trouve :

> Le XIXe siècle voit apparaître « la supposition d'enfant », soit le fait, pour une femme, de se faire passer pour celle qui a accouché et de voir un lien de filiation établi avec l'enfant auquel elle n'a jamais donné naissance[1].

L'avocate pro-GPA poursuit peu après :

> Ce comportement, qualifié juridiquement de « crime », n'était pas, dans les faits, sanctionné par les juridictions, lorsque la femme stérile était mariée et lorsque l'époux était « complice »

1. C. Mécary, *PMA et GPA*, Paris, PUF, coll. « Que sais-je ? », 2019, p. 44.

du procédé, c'est-à-dire le savait; la famille bourgeoise stérile était en quelque sorte sauvée et perpétuée, fût-ce au prix d'une fiction juridique qui convenait à tout le monde[1].

La conclusion de ce passage mérite qu'on s'y attarde encore un peu:

> D'où venait l'enfant? Le plus souvent de femmes enceintes mais non mariées, qui pouvaient ainsi trouver une solution à une grossesse suivie d'une naissance qui les auraient renvoyées au statut, peu enviable, de «fille-mère», et pour l'enfant, de «bâtard».

Dans un même paragraphe, Maître Mécary réussit en un tournemain:

1. À assimiler la supposition d'enfant non à un crime – elle place le mot entre guillemets – mais à un simple «comportement»;
2. À faire de la supposition d'enfant une coutume juridique venant renforcer la «famille bourgeoise» grâce à la complaisance des tribunaux et l'hypocrisie de l'État («fiction juridique qui convenait à tout le monde»);
3. À ériger la supposition d'enfant en «solution» pour une mère et son enfant menacés d'être mis en marge de la société.

D'où parles-tu, camarade? Voilà ce qu'aurait pu rétorquer un soixante-huitard ahuri en entendant un tel discours. Bien entendu, l'avocate spécialisée dans le «droit des familles» ne vient pas défendre celle du XIXe siècle. Quoique... À lire ces lignes, on distingue comme un léger entre-deux. Un

1. *Ibid.*

flou contradictoire. Voire… la nécessité, pour l'avocate, de suivre une ligne de crête entre la condamnation implacable d'une famille bourgeoise-patriarcale honnie et la nécessité de trouver des racines à la GPA en prouvant son existence – et donc sa légitimité – dans l'histoire récente de notre société. Il y a de quoi être tiraillé… Caroline Mécary tente l'exploit de condamner la famille du XIXe – la cause – tout en valorisant ce qu'elle identifie comme « maternité pour autrui » – la conséquence. Une belle démonstration qui sacrifie la connaissance sur l'autel de l'idéologie.

Pour mieux saisir l'absurdité d'un tel discours, tirons donc à grands traits les « comportements » sociaux du XIXe dans lesquels les partisans de la GPA viennent piocher à l'envi de nouveaux arguments progressistes.

Nous sommes au lendemain de la Révolution française et de l'Empire. Partout en Europe, les sociétés sont en proie à de profondes mutations. La première révolution industrielle, qui a commencé en Angleterre à la fin du XVIIIe, redessine le paysage social. La bourgeoisie est en pleine ascension, tandis qu'apparaît, en bas de l'échelle sociale, un prolétariat urbain réunissant artisans, ouvriers et en grande part une domesticité dévolue au service des familles bourgeoises désireuses de s'affirmer face à l'ancienne noblesse.

La révolution est aussi démographique. La France est le premier pays à entamer ce processus en Europe, dès le milieu du XVIIIe siècle. Fait original, il a pour particularité de s'engager par une raréfaction des naissances – une baisse de la fécondité normalement censée survenir après, et non pas avant la baisse de la mortalité infantile. Pour le sociologue Paul Yonnet, cette exception française est la conjonction d'une baisse de la mortalité et d'une révolution « idéologique et culturelle » qu'il identifie comme la résultante « d'un travail de personnalisation de l'enfant» autrement formulée comme la «naissance de l'enfant».

On trouve là un indice précieux dans la compréhension du noyau familial qui apparaît au XIXe siècle. L'enfant y tient une place centrale. Cette attention particulière qui lui est portée va donner corps à un noyau familial resserré autour du père, de la mère et de l'enfant. L'historienne Michèle Perrot le décrit ainsi:

> Le XIXe siècle est le grand siècle de la famille. Alors se structure et s'épanouit un modèle de la famille bourgeoise, caractérisé par l'importance de la formation du couple, où l'intérêt se teinte progressivement de sentiment et de sexualité, par une forte division des rôles sexuels, même si l'autorité du père est minée en sourdine par l'influence croissante de la mère, par un renforcement de l'intimité dans l'espace privé de la maison et par une extrême ritualisation du quotidien[1].

Au cœur de cette famille réduite et organisée autour de la triade Père-mère-enfant(s), ce dernier prend une importance jusque-là jamais atteinte. Pour le sociologue Marcel Gauchet, l'enfant, autrefois relégué à exister entre deux mondes – celui de la vie et de la mort – avant de savoir s'il allait survivre, devient au XIXe un «être pour la vie[2]». Il est désormais au cœur de toutes les attentions. Il fait l'objet d'investissements affectifs, économiques, éducatifs et devient un individu à part entière.

Cette focalisation sur l'enfant va donner lieu à un phénomène de masse tout à fait paradoxal: celui des abandons.

1. M. PERROT, «L'enfance révolutionnée par la révolution? parents et enfants au XIXe siècle», dans M.-F. LEVY (éd.), *L'enfant, la famille et la Révolution française*, Paris, Plon, 1989, p. 401-412.

2. M. GAUCHET, «L'enfant imaginaire», *Le Débat*, vol. 183, n° 1, 2015, p. 158-166.

Le sociologue Paul Yonnet, qui souligne ce phénomène, l'analyse ainsi :

> Le cœur de l'abandon d'enfant n'est pas le désintérêt ni l'indifférence à son égard : c'est au contraire l'élévation du niveau d'exigences à son égard, l'apparition d'une sorte d'idéal d'enfant, d'idéal d'éducation et d'élevage [...][1].

« On abandonne un nouveau-né parce qu'on estime ne pas pouvoir l'élever convenablement », résume le sociologue. Le phénomène du tour – cylindre de bois inséré dans un mur où l'on déposait son enfant pour l'abandonner – devient si intense que l'Empire décide, par décret du 19 janvier 1811, de l'institutionnaliser en créant un service pour les « enfants trouvés ».

Malgré ces abandons en masse, le Code pénal de 1810 inscrit le crime de supposition d'enfant dans son article 345 :

> Les coupables d'enlèvement, de recélé, ou de suppression d'un enfant, de substitution d'un enfant à un autre, ou de supposition d'un enfant à une femme qui ne sera pas accouchée, seront punis de la réclusion criminelle à temps de cinq à dix ans.

Pourquoi, dans un contexte d'abandon massif de nouveau-nés, dans lequel – comme le suggère l'auteure du « Que sais-je ? » – la supposition d'enfant aurait pu apparaître comme une « solution », le Code pénal persiste-t-il à considérer le procédé comme un crime ? Pourquoi dissimuler l'identité de la mère d'un enfant est-il alors criminel ?

Pour le comprendre, il faut connaître la grande obsession du XIXe siècle : l'hérédité. Tournons-nous un instant

1. P. Yonnet, « Mères porteuses, père écarté », *Le Débat*, vol. 36, n° 4, 1985.

vers la littérature, dont la glaise n'est autre que le réel. D'ailleurs, comment évoquer le XIXe sans fréquenter les Rougon-Macquart ?

Un roman d'Émile Zola, *Le Rêve*, se démarque de l'ensemble de la célèbre série, et apporte un éclairage très à propos pour comprendre les enjeux de la filiation au XIXe. « Le Rêve répond à la philosophie de mon œuvre entière », assurait Émile Zola[1]. Il répond aussi, nous allons le voir, à la philosophie du XIXe siècle. Le récit est celui de la fille adoptive d'un couple d'artisans qui, éperdue d'amour pour le fils d'un évêque, l'épouse et meurt après son premier baiser lors de la cérémonie du mariage.

Loin de se réduire à un conte naïf voire simpliste, le récit révèle l'obsession héréditaire de toute la bourgeoisie du XIXe à laquelle appartient l'auteur. Angélique, l'héroïne du roman, a été adoptée. Elle est éduquée par ses parents d'adoption dans l'obsession de la chasteté avant le mariage. Son histoire d'amour avec le fils d'un évêque, Félicien de Hautecœur – plus riche et d'une classe sociale plus élevée qu'elle – répond au fantasme individualiste qui naît au XIXe et qui est incarné par d'autres personnages de la littérature tels « Bel Ami » ou Julien Sorel. Mais Angélique est une femme. Ses desseins doivent être purs. Zola la dessine en jeune fille modèle. Alors pourquoi tue-t-il son personnage après son premier baiser, lors de la cérémonie du mariage ?

Malgré une éducation exemplaire, Angélique est une de ces « enfants trouvées ». Une enfant dont on ne connaît pas l'ascendance. Sa mort après la cérémonie du mariage traduit le contrôle absolu de la société du XIXe siècle sur le ventre des

1. P. Carles, B. Desgranges, « Le cauchemar de l'éducation des filles : Notes sur Le Rêve de Zola », *Romantisme : Revue du dix-neuvième siècle*, vol. 18, n° 63, 1989, p. 23-28.

femmes. Éduquées pour arriver chastes devant l'autel, elles incarnent la respectabilité d'une classe sociale entière qui cherche à trouver une pureté héréditaire. Adoptée, Angélique a une hérédité bancale, impure. Elle n'a pas d'ascendance, elle n'aura donc pas de descendance. Telle est la morale secrète du *Rêve*.

Quel rapport avec la future GPA? Le devenir de l'individu moderne prend quelques-unes de ses racines ici. Précisément ici. Dans la lutte de la bourgeoisie pour supplanter l'ancienne noblesse que va décrire Michel Foucault dans *La Volonté de Savoir*. Car si la bourgeoisie l'a emporté sur la noblesse en prenant une plus grande part dans l'industrialisation, la noblesse garde une prééminence dans la haute administration, notamment l'armée et la magistrature et conserve en grande partie la main mise sur les grandes propriétés foncières. Pour asseoir son autorité, la bourgeoisie va donc mener une nouvelle bataille, idéologique. « Le souci généalogique est devenu préoccupation de l'hérédité », analyse Foucault. Le corps sain et beau du bourgeois avance comme une arme pour dominer le sang bleu « dont les quartiers infamants étaient les maladies ou les tares de la parentèle » de l'aristocratie. Au sang bleu – celui de l'ancienneté, de l'*ascendance* – se substitue le sexe, dont le contrôle veille sur la *descendance*; à l'endogamie aristocratique, qui comporte comme revers « les tares de la parentèle », se substitue le « bio-pouvoir » organisé autour d'un corps-capital dont le patrimoine héréditaire se gère tel le patrimoine économique.

Si l'enfant est central au sein de la famille bourgeoise, – s'il est entouré, choyé, éduqué, admiré, soigné, c'est parce que la bourgeoisie fait reposer sa légitimité sur lui. Elle n'a pas d'ascendance? Elle aura une descendance. Vigoureuse, saine. Foucault l'affirme encore: la bourgeoisie développe une culture « physique ». Les ouvrages sur l'hygiène du corps se multiplient, les méthodes pour faire des enfants en bonne santé font florès. Le bourgeois est fort, en pleine possession de ses moyens. Il se distingue à la fois de la noblesse et de ses tares mais aussi du prolétariat, qui ne bénéficie pas encore de politiques publiques suffisantes pour assurer une hygiène décente. L'enfant bourgeois apporte en conséquence une nouvelle dynamique à la famille : la mère qui le met au monde est portée sur un piédestal, et le père incarne le chef d'un « gouvernement domestique » chargé de restaurer les liens familiaux et la structure familiale en miroir d'un « gouvernement civil ». Après avoir coupé la tête du roi, l'État est en quête d'autorité et réforme, dans le Code civil, la puissance paternelle comme institution républicaine. Le père de famille sera le nouveau *missi dominici*.

La lourde mission confiée à la famille va peser de tout son poids sur l'enfant. Il est essentiel de le comprendre pour saisir pourquoi la substitution d'enfant est assimilée à un crime. Considérée comme une provocation à l'abandon, la supposition d'enfant va à l'encontre de l'obsession héréditaire et hygiénique du XIXe siècle. Il faut à tout prix identifier l'origine biologique de l'enfant. Il y va de la crédibilité de la famille.

À en croire l'auteure du « Que sais-je ? », ce « comportement » – la supposition d'enfant – aurait été une « fiction juridique qui convenait à tout le monde »... On ne garde de cet extrait du « Que sais-je ? » qu'une impression vague : l'idée selon laquelle, au XIXe siècle, la pratique de la « maternité pour autrui » était une solution connue et pratiquée sans trop d'ennuis, ni juridiques ni sociaux.

C'est peu de dire qu'il n'en est rien. Dans son ouvrage *L'Empire du ventre*, la juriste Marcela Iacub, pourtant favorable à la GPA, soutient que les arrêts publiés au XIXe siècle où il est question de substitution d'enfants sont… « rares ». Cette rareté ne mérite en aucun cas le qualificatif de « comportement » brandi par Caroline Mécary – mot fourre-tout utilisé ici pour mieux tromper et qui suggère qu'il était monnaie courante. Comme c'est le cas dans notre société actuelle, et nous l'étudierons plus loin, des couples sans enfants recouraient à ce type de stratagème en en conservant à jamais le secret. Et si les quelques décisions de justice prononcées dans des affaires de supposition d'enfant tendent à privilégier le maintien de la filiation fictive, c'est non, comme l'affirme Caroline Mécary, pour « renforcer la famille bourgeoise », mais du fait d'une nouvelle notion qui *commence* à poindre dans les tribunaux sans être encore énoncée clairement : celle d'un intérêt de l'enfant conçu comme individu autonome qui mérite d'être protégé[1]. Une autonomisation qui résulte notamment du mouvement d'horizontalisation inauguré par la Révolution française dans lequel l'homologie État-famille hiérarchisée est balayée au profit d'un rapport direct entre l'État et des individus déliés entre eux, automnes et égaux. C'est ainsi que l'enfant considéré comme individu à part entière fera l'objet d'une attention grandissante, et plus tard, de droits particuliers[2].

Encore une fois, lire dans le XIXe siècle des « comportements » assimilables à une GPA moderne est une grossière erreur. Cela révèle une grande méconnaissance du contexte historique ou peut-être un manque de probité intellectuelle.

---

1. M.-S. Dupont-Bouchat, « L'intérêt de l'enfant : Approche historique », dans *Droit et intérêt – vol. 3 : Droit positif, droit comparé et histoire du droit* [en ligne], Bruxelles, Presses de l'Université Saint-Louis, 1990 (généré le 23 février 2021).

2. M. Gauchet, *La Révolution des droits de l'homme*, Paris, Gallimard, 1989.

La norme de l'amour maternel qui commence à prendre de l'ampleur au XIXe siècle, l'importance accordée à l'enfant, l'enjeu donné à l'hérédité sont des obstacles majeurs à la possibilité d'une substitution de maternité quasi-officielle. Pour le pire d'ailleurs. L'époque est vérolée par la honte de voir un enfant naître hors de l'institution du mariage. Il faut dissimuler à tout prix l'enfant « mal né ». L'adultère féminin est sévèrement réprimé par le Code civil, la « fille-mère » et le « bâtard » n'ont aucun droit. Voici le contexte peu reluisant dans lequel des arguments historiques progressistes trouvent leurs racines. Ceux-là crient au complot masculin, demandent – à juste titre – le droit d'accès aux origines des enfants nés de PMA, demandent l'« égalité des familles » et vont piocher sans gêne leurs arguments dans un siècle dont ils dénigrent la tradition.

S'il est une chose qu'il faut retenir du XIXe siècle, c'est qu'il constitue une étape déterminante dans le processus conduisant à notre société actuelle. Au travers de ses aspects les plus sombres, et parmi eux l'abandon massif d'enfants, Paul Yonnet pressent les frémissements d'une nouvelle ère :

> L'abandon d'enfants correspond au premier stade d'émergence de la logique du choix, qui s'affirme par un acte oublieux de la relation constitutive de l'individualité qui ne va se révéler que plus tard, le rendant par là même intolérable aux mères, comme à la société. L'abandon d'enfants est une pratique sociale massive de la proto-individualisation : son évanouissement dénote en une seconde phase le plein accomplissement du processus[1].

Du paradoxe qui conduit à abandonner un enfant du fait d'une incapacité à répondre aux nouvelles exigences

1. P. YONNET, « Mères porteuses, père écarté », *Le Débat*, 1985/4 n° 36, p. 33-37.

éducatives, ressort une logique nouvelle : celle du choix. Si la société du XIXe met dans un premier temps de côté ce qui consacrera cette logique, c'est-à-dire le désir formulé de faire un enfant et la sacralisation de la relation mère-enfant, elle en pose les bases.

La seconde phase du processus qu'évoque Paul Yonnet va voir apparaître l'autre terme de la logique de l'enfant désiré : l'enfant refusé.

> La dialectique de la conquête de l'enfant désiré, d'un enfant seulement acceptable et accepté s'il est désiré, voire conforme, une fois conçu, aux normes véhiculées par ce désir (donc, sans tare) a conduit à l'étanchéisation de la sphère du désir, et mécaniquement, à l'élimination de ce qui n'y correspondait pas, quel que soit le stade de la grossesse. C'est pourquoi l'apologie de l'enfant désiré ne saurait exister sans l'affirmation du droit à la contraception, mais aussi du droit à l'avortement[1].

S'il est un embryon qui est conçu au XIXe siècle, c'est celui de l'« enfant du désir ». En découle la maîtrise de la procréation qui aboutit aujourd'hui à une nécessité absolue d'enfant. Marcel Gauchet l'analyse admirablement dans un article intitulé « L'enfant imaginaire » :

> Dans le cadre de l'ancienne famille institution, dédiée à la fonction sociale de perpétuation de la lignée, c'était la famille qui faisait l'enfant. Dans le cadre des nouvelles familles affectives [...] c'est l'enfant qui fait la famille. Entendons : c'est la présence de l'enfant qui consacre la famille comme un milieu social distinct [...][2].

1. *Ibid.*
2. M. Gauchet, « L'enfant imaginaire », *Le Débat*, 2015/1 n° 183, p. 158-166.

Sans enfant, pas de famille. C'est la nouvelle donne de notre société. Nous reviendrons sur le poids considérable qui pèse désormais sur l'enfant.

Pour l'heure, il nous faut constater que les progressistes ont un talent : celui de débusquer, au fil de l'histoire, des amis infidèles. Le XIXe siècle n'est pas un ancêtre silencieux à qui on pourrait faire dire ce que l'on voudrait. Les absents n'ont pas toujours tort lorsqu'ils ont des porte-parole. Si les historiens, les romanciers et les sociologues nous enseignent une chose, c'est bien que le XIXe était profondément inégalitaire. La décence commande de ne pas s'en inspirer.

L'exotisme progressiste

La prochaine étape de notre parcours universel de la GPA ? L'anthropologie. Un terrain de jeu très apprécié des progressistes d'aujourd'hui. Et pour cause, la matière constitue un réservoir sans fin de compositions familiales multiples et variées. Polygamie, polyandrie, mariages éphémères, échanges d'enfants, maternités collectives… Il n'y a qu'à se servir dans le grand tonneau des danaïdes des études des pratiques sociales et familiales depuis la naissance du monde.

Une étude de Françoise Héritier, « La cuisse de Jupiter », est souvent invoquée pour justifier la pratique des mères porteuses telle que nous l'entendons aujourd'hui[1]. L'anthropologue et ethnologue énumère dans cet article quelques cas venant mimer les conséquences qu'entraînent les techniques modernes de procréation assistée. Sans considérer qu'il s'agit d'équivalents directs, l'anthropologue rapproche

1. F. Héritier, « La cuisse de Jupiter », *L'Homme*, n° 94, 1985, p. 5-22.

par exemple l'insémination avec donneur anonyme d'une institution sociale qui permet de masquer la stérilité d'un mari.

L'ethnologue analyse, dans sa recherche, les coutumes des Samo. Chez cette population d'Afrique de l'Ouest, établie au nord-ouest du Burkina Faso et au sud du Mali, la petite fille est légitimement mariée dès sa naissance, ou dans son enfance. Elle ne rejoindra le foyer de son époux que trois ans maximums après sa puberté. Trois années pendant lesquelles elle devra officiellement prendre un amant, qui ne pourra pas être son mari, qu'elle recevra dans la maison paternelle jusqu'à ce qu'elle tombe enceinte. À la naissance de l'enfant, la jeune mère rejoindra son mari et l'enfant sera considéré comme le premier-né du couple marié. Chez les Samo, un homme peut avoir plusieurs épouses. En cas de séparation, il restera le père de tous les enfants qu'elles mettront au monde, même dans le cadre d'unions secondaires. Le premier mariage apporte une descendance à l'homme et le même père à tous les enfants nés d'une femme, quel que soit le nombre de ses amants ou maris. Ce premier mari, même s'il est stérile, sera donc considéré comme le père d'enfants que son épouse aura conçus avec ses autres maris. La stérilité masculine, si elle survenait, serait ainsi totalement dissimulée.

Il est toutefois essentiel de noter que si les enfants nés d'un autre géniteur que le mari ne reconnaissent comme père que le mari de leur mère, la communauté, elle, a connaissance du statut de ces enfants et de l'identité réelle du ou des géniteurs : « Les premiers-nés des femmes savent aussi qu'ils sont nés, selon la métaphore usuelle, dans la maison de leur grand-père », note l'anthropologue. Et la filiation fictive, bien qu'officielle, peut être rompue dès lors qu'un tiers énonce publiquement le nom du géniteur de l'enfant, qui devra, lors d'un rituel, se rattacher volontairement, à sa nouvelle lignée.

Un autre cas est présenté par l'ethnologue : chez les Haya, population bantoue d'Afrique de l'Est, principalement répartie en Tanzanie et en Ouganda, l'institution matrimoniale conduit à des conséquences similaires : le mari obtient un droit sur les enfants à venir bien qu'il n'en soit pas nécessairement le géniteur. Une appropriation qui doit néanmoins être réaffirmée après chaque naissance par sa première relation sexuelle avec son épouse après l'accouchement. C'est ce rapport sexuel qui désigne le père du prochain enfant à naître, que la femme soit toujours l'épouse de cet homme à ce moment-là ou qu'elle en soit séparée. Il revient alors à l'épouse de désigner publiquement l'homme avec lequel elle a entretenu ce premier rapport. Une déclaration, précise l'anthropologue, qui peut cependant faire l'objet de transactions. Ainsi, des hommes mariés mais sans enfant peuvent offrir une compensation économique pour une déclaration – vraie ou fausse – d'une femme féconde afin de se constituer une descendance. Dans ce cas, précise-t-elle : « On peut voir dans cette institution aussi bien l'équivalent d'une insémination avec donneur (qui serait le mari légitime) que l'utilisation monnayée d'un ventre au profit d'un homme ou d'un couple. »

Troisième exemple : le Tibet, mais aussi le Népal et le Ladakh. Lorsqu'une femme y épouse l'aîné d'une fratrie, elle épouse également ses beaux-frères. Dans cette polyandrie fraternelle, seul l'aîné est considéré comme le père de tous les enfants du foyer bien que l'épouse ait des relations sexuelles – aussi équitables que possible – avec l'ensemble de ses maris. L'aîné est appelé « père » par les enfants tandis que ses frères sont appelés « oncle », et il détient l'autorité familiale. Dans ce cadre, la paternité est considérée comme collective, chaque mari étant tenu de veiller sur tous les enfants. Reste une nuance : en fonction des circonstances, un seul des maris, pas toujours le même donc, demeure au foyer tandis que les autres se chargent des activités commerciales ou autres. Cette « cohabitation alternée désigne à nos yeux, sans ambiguïté possible, le véritable géniteur de chaque enfant », analyse Françoise Héritier.

Retournons en Afrique. Chez les Nuer, population d'Afrique de l'Est présente au Soudan du Sud et en Éthiopie, la femme dont la stérilité est avérée après plusieurs années de mariage infécond, se voit désigner par la communauté comme… homme ! Un changement de genre, qui, loin de lui porter préjudice socialement, lui permet d'assurer une descendance sociale. Cette femme-homme appelée *bréhaigne*, peut ainsi prendre épouse. Aucune relation homosexuelle ne sera entretenue entre la bréhaigne et son épouse. La nouvelle épouse pourra néanmoins avoir des rapports sexuels avec un homme dans le but de procréer ; c'est donc un homme, le plus souvent issu d'une ethnie étrangère, qui aura pour mission de pérenniser la relation conjugale des deux femmes. Il n'est toutefois pas considéré comme père du ou des enfants. C'est bien la femme-homme qui est désignée comme mari et père. La seule manifestation de l'existence d'un géniteur extérieur se limite, pour récompenser la fécondation, soit à une rétribution matérielle soit à l'attribution d'une vache. Le géniteur n'a aucun droit sur les enfants, mais il est identifié et reconnu comme tel.

Vient enfin le cas des Ekiti, sous-groupe Yoruba du Nigéria. L'exemple est particulièrement intéressant pour le sujet qui nous concerne. Françoise Héritier y trouve l'équivalent d'une « mère porteuse avec rétribution ». Dans cet exemple ethnographique sont réunis, selon les critères occidentaux, les éléments les plus odieux et caricaturaux de cette pratique : l'exploitation du corps de la femme sans son consentement, placée en situation de faiblesse dans un unique objectif pécunier, et séparée de son enfant dont la filiation avec sa mère se voit purement et simplement niée.

Selon le principe de cette institution, le « mari » (homme ou femme, tout comme chez les Nuer) est un ou une riche commerçant(e) qui, compte tenu de sa fortune, peut prétendre à prendre plusieurs épouses ; une fois marié, il peut alors contraindre ses épouses à vivre en union libre avec un tiers, un homme ignorant tout du mariage initial. Une fois que les enfants nés de cette union libre ont atteint l'âge de cinq ou six ans, le « mari » officiel réapparaît en exigeant le retour de son épouse et les droits sur sa progéniture. Si toutefois l'homme lésé veut récupérer ses enfants, il se voit contraint de payer une somme importante. Ainsi, à chaque union libre et à chaque nouvelle grossesse, l'homme peut accroître son pécule et enrichir son capital, ce qui, s'il est stratège, lui permet de prendre de nouvelles épouses et d'espérer une croissance exponentielle.

Cette méthode est particulièrement pernicieuse pour le père de l'enfant, qui voit son couple anéanti et ses enfants enlevés dans le cadre d'un odieux chantage financier ; elle l'est tout autant pour la femme qui doit, contre son gré, s'unir à un homme qu'elle délaissera ensuite en renonçant à ses enfants, avant de renouer, selon le bon plaisir de son mari officiel, une éventuelle union libre dont ce dernier tirera à nouveau profit. Ce cas se distingue des précédents en ce qu'il y a tromperie. Ici, l'enfant est purement et simplement l'otage d'un marchandage visant à l'enrichissement d'un individu.

Que faut-il retenir de ces exemples ? Si, parmi les institutions citées, certaines démontrent qu'une filiation biologique n'établit pas nécessairement une filiation de droit, elles ne peuvent être assimilées à la pratique de maternité pour autrui en Occident. Pour ne pas tomber dans cet écueil, il est déterminant de recontextualiser et de nommer avec rigueur institutions et pratiques sociales. On trouve ainsi nombre d'exemples de coparentalité ou de parentalités sociales dans des institutions et sociétés exotiques, propres à chacune d'entre elles. Mais ne nous leurrons pas. Une institution ne s'entend que dans le cadre d'un climat particulier. « L'idée d'une greffe est absurde dans la mesure où ce qui est en jeu n'est pas seulement le fait juridique, mais l'ensemble des comportements et des représentations qui leur sont associés », prévient dans son article Françoise Héritier. Ainsi, on ne saurait plaquer *ex nihilo* dans notre législation une institution ou une pratique sociale innervée par des principes, des mythes, une culture et des repères profondément étrangers, voire diamétralement opposés aux nôtres. « Vérité en deçà des Pyrénées, erreur au-delà », écrivait Pascal en relevant la relativité de la vérité en matière de mœurs et d'institutions.

Si l'anthropologue n'était pas opposée à un don d'enfant dans notre société – elle s'était même exprimée en faveur d'une GPA « éthique » et dissociait clairement les fonctions de géniteur et de génitrice du rôle de père et de mère et l'importance de la « valence différentielle des sexes » dans la reproduction –, elle insistait dans ses travaux sur la nécessité d'un « consensus social » face à des institutions sociales qui, pour elle, ont déjà été « expérimentées dans des sociétés particulières » :

> Mais pour qu'elles fonctionnent comme des institutions, il faut qu'elles soient soutenues sans ambiguïté par la loi du groupe, inscrites fermement dans la structure sociale, et qu'elles

correspondent à l'imaginaire collectif, c'est-à-dire des représentations de la personne et de l'identité.

Elle conclut sur ce point : « En quelque sorte, le droit collectif qui fonde le social passe avant les revendications individuelles. Ces sociétés n'ont pas deux codes à effet contradictoire. » Pour l'anthropologue, qui a défendu fermement l'idée de la primauté du « lien social » sur le « lien du sang » dans l'engendrement, les droits de l'individu ne peuvent se faire au détriment d'un autre individu : l'enfant. S'ouvre ici un débat de grande ampleur. Nous arrivons au cœur des conflits qui opposent partisans et opposants à la GPA. Qui sont les parents de l'enfant qui naîtra d'une GPA ? Qui est la mère ? La « mère génétique » ? La « mère sociale » – celle qui va élever l'enfant ? La « mère porteuse », qui n'a aucun lien génétique avec lui et n'aura aucune part dans son éducation ? Les intérêts de l'enfant sont-ils préservés ? Ces questions, devenues explosives à l'heure où l'interdiction de la GPA en France pourrait être remise en cause seront développées plus loin.

Mais que dire de l'utilisation à outrance des exemples de « maternité pour autrui » dans l'Histoire et l'anthropologie ? Qu'elle relève tout bonnement du mensonge. Est-il intellectuellement honnête d'évoquer une institution ancienne sans la recontextualiser, tel l'exemple de Rome ? N'est-il pas audacieux d'affirmer la présence de « mères porteuses » à Babylone ? Dans la bataille de l'opinion publique en cours dans le débat sur la GPA, tous les coups semblent permis. Si prendre en otage l'Histoire dans le discours politique n'est pas nouveau, cela nous rappelle à la nécessité d'être vigilant face aux informations venant grossir les arguments des partisans de la gestation pour autrui.

Nous l'énoncions plus haut, dans le discours des partisans de la GPA, la duperie est flagrante. Elle consiste d'abord à relire les exemples passés sous un angle nouveau. Les vols et l'appropriation d'enfants deviennent en un tournemain, comme par magie pourrait-on dire, des « maternités pour autrui ». À en croire les soutiens de la GPA, la maternité pour autrui a donc toujours existé. « Cette pratique de la maternité pour autrui, naturelle car indissociable des rapports charnels, a ensuite *traversé les siècles*, restant tolérée sans pour autant être reconnue », trouve-t-on ainsi énoncé dans un rapport du Sénat en 2008.

On peut le supposer, les cas relevant d'un stratagème soigneusement élaboré sous le sceau du secret pour s'approprier un enfant, ont eu cours de tous temps et en tous lieux. Néanmoins aucune institution s'apparentant à une telle pratique n'a été recensée au cours de l'Histoire. Est-il crédible de penser qu'une femme aurait librement consenti à porter un enfant – qui plus est à des époques où la mortalité maternelle était élevée et les risques de la grossesse nombreux – pour l'abandonner définitivement à la naissance ?

S'il est un fait qui a eu cours dans l'Histoire, c'est l'aliénation de la personne, relève la philosophe Sylviane Agacinsky :

> Quelles que soient les formes qu'elle peut prendre aujourd'hui, l'aliénation de la personne a un air de *déjà-vu*. Elle évoque à la fois la servitude des esclaves, des serfs, des domestiques, et particulièrement des femmes. N'oublions pas que la libre disposition de leur corps est récente et représente pour tous les êtres humains une conquête juridique essentielle[1].

La maternité de substitution telle qu'elle s'entend aujourd'hui est avant toute chose la conséquence du libre

1. S. Agacinsky, *Le corps en miettes*, Paris, Flammarion, 2013, p. 27.

arbitre d'une femme de porter un enfant pour le compte d'autrui. Cette liberté ne peut être entendue qu'en l'absence de contrainte quelle qu'elle soit. Cette prétendue liberté fait d'ailleurs l'objet de débats tant il ressort que les « mères porteuses » contemporaines se trouvent, la plupart du temps, dans une situation économique et sociale plus fragile que les parents demandeurs. Mais affirmer qu'une telle pratique a été possible au cours de l'Histoire est tout simplement faux. Alors, de quoi l'usage – récent – du terme « maternité pour autrui » est-il le nom ? Pourquoi vient-il du jour au lendemain ponctuer notre Histoire ?

La tactique est efficace, et même éprouvée. Elle consiste à remodeler notre langage pour mieux remodeler notre pensée. Dans son ouvrage intitulé *L'empire du politiquement correct*, le sociologue Mathieu Bock-Côté nous éclaire sur ce mécanisme :

> Le politiquement correct est reconnaissable à travers son rapport au langage. On le sait depuis Orwell : qui veut contrôler la pensée contrôle d'abord les mots. Le propre de la novlangue consiste à créer un langage rétrécissant l'espace mental, et conséquemment l'espace des représentations et les possibilités de déploiement de l'imagination [...]. La novlangue se représente comme une entreprise de manipulation à grande échelle des consciences et des représentations de la réalité[1].

Dire, comme le font les activistes de la GPA, que des maternités pour autrui ont peuplé l'histoire, est plus qu'incongru. C'est de l'enfumage. Dans nos sociétés occidentales, la mère a toujours été celle qui met l'enfant au monde.

1. M. Bock-Côté, *L'empire du politiquement correct*, Paris, Éd. du Cerf, 2020, p. 71.

Pourtant, le discours progressiste nous intime de croire, sans même que l'on s'en aperçoive, que la maternité a été interchangeable ou transmissible. Insinuer que la maternité est détachable ou séparable de la femme elle-même – selon les mots de la philosophe Sylviane Agacinsky – entre dans une stratégie à la fois perspectiviste et constructiviste.

Ces fâcheuses habitudes prises par les sciences sociales consistent dans un premier temps à lire les faits sociaux selon un certain angle – les remettre en perspective – pour ensuite reconstruire un récit selon une certaine échelle de valeurs en opposition avec la norme communément établie.

Le fait social devient ainsi « construction sociale ». Le terme trouve son origine dans l'ouvrage publié en 1966 par deux sociologues américains, Peter L. Berger et Thomas Luckmann, intitulé *The Social Construction of Reality*[1]. Depuis les années soixante-dix, ce constructivisme social a irrigué les sciences sociales telles que l'anthropologie, la psychologie ou la sociologie et valorise l'idée que le fait social n'est pas *nécessaire* mais *contingent*. Ce qui *est* ou *a été* aurait pu *ne pas être* ou *être dit* autrement. Ce qui a été énoncé d'une certaine manière – par exemple le fait qu'un enfant soit transmis d'une femme à une autre – aurait pu être formulé autrement – comme une « maternité pour autrui ». On trouve dans cette volatilité de l'interprétation du fait social le lit d'un relativisme typique du discours postmoderniste.

Pour le philosophe italien Maurizio Ferraris, auteur du livre *Post vérité et autres énigmes*, l'idée selon laquelle on pourrait interpréter le réel repose sur une confusion entre ontologie et épistémologie – ce qui *est* et ce que *j'en sais*[2]. Une confusion

1. P. L. Berger, T. Luckmann, *The Social Construction of Reality* (1966), Londres, Penguin, 1991.
2. M. Ferraris, *Post vérité et autres énigmes*, Paris, PUF, 2019.

entre l'être et le savoir qui prend sa source à la fin du XIXe et qui n'a pour autre conséquence que la détestation d'une vérité et d'une science perçues comme toutes puissantes, et donc oppressantes, et qu'il faudrait donc démembrer. Et cela, au profit d'une vision nuancée à l'excès, euphémisée.

Selon le philosophe, trois mots illustrent à merveille l'entreprise relativiste : l'*ironisation*, qui vise à prendre tout dogme avec ironie ; la *désublimation*, « dans laquelle, nous apprend Maurizio Ferraris, le postmoderne se révèle un inguérissable romantique » – de ce romantisme actualisé qui entrevoit dans le désir de révolte contre le monde moderne la possibilité d'une émancipation. Enfin, le relativisme procède d'une *désobjectivisation* : la vérité dominatrice n'a plus de valeur – le mot est employé à propos – face à la nécessité de la solidarité, de la compréhension. À la rigueur de la vérité on substitue le sentimentalisme. « La Bienfaisance est une manière de parler, la Charité est un effet de style », déplorait Philippe Muray dans L'*Empire du Bien*. Bienvenue dans la nouvelle utopie.

Le dictionnaire GPA

Qu'entendre, au fond, dans « maternité pour autrui » si ce n'est une grosse dose de bons sentiments ? Il y a de quoi voir des éléphants roses. L'image véhiculée est celle d'une femme heureuse de donner son enfant à une autre qui ne peut pas en avoir, heureuse elle aussi de voir son désir d'enfant assouvi. La préposition *pour* suggère un don, généreux et altruiste. Une action morale qui tend vers le Bien. Que du beau. Évidemment, la réalité est autrement plus violente et plus complexe… C'est d'ailleurs là que fermente la rhétorique du bien : dans la simplification du langage. On l'a vu au travers de tous les exemples que nous avons étudiés, les contextes historiques et culturels nombreux mettent en lumière des faits sociaux très divers au cours de l'histoire. Une complexité qui s'efface pour laisser place à un unique « comportement social » : la maternité pour autrui.

Le vocabulaire subit une véritable épuration pour venir renforcer une pensée qui se radicalise d'autant plus que ses défenseurs sont minoritaires à l'échelle de la société. Les partisans de la GPA ont ainsi composé leur propre dictionnaire. On parle de mère ou de père d'« intention ». L'ajout d'un complément n'est pas anodin. Il relativise les notions de maternité et de paternité pour les rendre composites. Il n'y a plus de *mère* à proprement parler mais une *mère-quelque chose* : mère porteuse, mère d'intention, mère biologique, mère de substitution… On trouve la dénomination de « nounou », mais aussi de « cigogne », qui fait référence à la légende alsacienne selon laquelle une cigogne, symbole de fertilité local, apporterait un bébé aux parents après que la future mère a déposé du sucre au rebord de sa fenêtre. Un lexique complété par « femme porteuse », « parents commanditaires », mais aussi « co-parents » ou « pluriparentalité ». Un vocabulaire qui porte des revendications multiples, et notamment, nous y reviendrons, celle des couples homosexuels désireux d'être parents.

Pour l'heure, ce vocabulaire identitaire nous amène à l'autre versant de la duperie, qui prend l'Histoire à partie. Elle consiste à embrumer les esprits en réunissant plusieurs termes sous un seul : GPA.

Dans un article consacré au sujet, les anthropologues Geneviève Delaisi de Parseval et Chantal Collard, favorables à la GPA, déroulent une typologie des sous-pratiques de la pratique :

> La gestation pour autrui (GPA), appelée aussi « maternité de substitution », en anglais *surrogacy*, est une pratique par laquelle une femme porte un fœtus, et poursuit la grossesse jusqu'à la naissance de l'enfant avec l'intention de transférer ensuite ses droits et devoirs parentaux au(x) parent(s) d'intention. Elle comporte deux formes, l'une appelée « maternité de substitution gestationnelle » *(gestational surrogacy)* – qui a lieu par fécondation *in vitro* (FIV) – où la gestatrice n'est pas la mère génétique de l'enfant, et l'autre où la mère porteuse *(traditional surrogate ou full surrogate)* est inséminée avec le sperme du père d'intention et est donc également la mère génétique de l'enfant. Dans ce dernier cas, une intervention médicale par insémination artificielle, par ailleurs assez simple, n'est pas forcément requise, une procédure artisanale avec auto-insémination pouvant aussi bien être pratiquée. Il existe ainsi depuis l'existence de la FIV, deux types de GPA : l'une traditionnelle, l'autre gestationnelle qui, elle, permet une dissociation entre gestation et don d'ovocytes[1].

« Maternité de substitution », « surrogacy », « maternité de substitution gestationnelle », « gestational surrogacy », « gestatrice », « mère génétique » autrement appelée « traditional surrogate », « mère porteuse » ou « full surrogate », et enfin « GPA traditionnelle » et « GPA gestationnelle ». N'oubliez pas de vous équiper d'un dictionnaire bilingue ès progressisme. Et nous n'en sommes qu'au début. D'autres termes viennent enrichir le dictionnaire imaginaire. La « gestation pour autrui génétique » par exemple. Dans le livre *Comprendre et traiter l'infertilité*, trois gynécologues en donnent une définition quelque peu déroutante : « La gestation pour autrui "génétique" ne requiert en rien l'intervention du corps médical et

1. G. Delaisi de Parseval, C. Collard, « La gestation pour autrui [1]. Un bricolage des représentations de la paternité et de la maternité euro-américaines », *L'Homme*, vol. 183, n° 3, 2007, p. 29-53.

est parfois désignée sous le nom de "maternité de substitution de basse technologie"[1]. » Comprenez la maternité... L'être humain et sa « basse technologie »... S'y oppose la « gestation pour autrui de haute technologie » dans laquelle la « mère porteuse » n'a pas de lien génétique avec l'enfant. Le terme « mère porteuse » est parfois remplacé par « prêt d'utérus ». Mais, attention, nous ne sommes qu'au début d'une longue liste. Êtes-vous prêts ? C'est parti ! « Mère de remplacement, mère d'emprunt, mère par procuration, intérim-mère, location d'utérus, ventre à louer, location-ventre, maman à louer, ou encore procréation pour autrui ». Cette liste n'est d'ailleurs probablement pas exhaustive.

Cette kyrielle de termes n'a pour seule réalité que la « gestation pour autrui ». Et elle seule. La technique mise au point dans les années quatre-vingt consiste à inséminer dans le corps d'une femme un embryon conçu *in vitro*, avec lequel cette femme n'a aucun lien génétique.

La technique est inventée à la suite de l'apparition, dans les médias américains, de « surrogate mothers » dans les années soixante-dix, qui acceptent d'être rémunérées pour tomber enceintes et donner l'enfant à un couple à sa naissance. Déjà, on entre dans une distorsion de la réalité. La mère n'est plus la mère mais la « mère de substitution ».

Cette relecture de la réalité ne va plus seulement s'appliquer au présent. Sa vocation est universelle. L'expression « GPA traditionnelle » en est la parfaite démonstration. Il y aurait ainsi une « tradition » de la GPA, dont les progressistes seraient les conservateurs ? Cet amour de la tradition conduit ces traditionalistes à affirmer que la gestation pour autrui serait « vieille comme le monde ». « La GPA est au moins

1. A. Delvigne, A. Delbaere, M. Dubois, *Comprendre et traité l'infertilité*, Paris, Éd. Cortext, 2007, p. 316.

aussi vieille que la Bible », écrit Catherine Mallaval, que nous avons déjà croisée au début de cette partie.

En réalité, les partisans de la GPA réalisent un amalgame. Après un travail de déformation de la réalité et un refus de recontextualisation des faits sociaux, ces derniers subissent une essentialisation et une requalification. Ce ne sont plus des pratiques sociales singulières et propres à un contexte spécifique, mais des « maternités pour autrui », « GPA traditionnelles » ou « procréations pour autrui », dont la requalification permet ensuite d'exercer un puissant amalgame avec la GPA actuelle qui conduit à composer l'air de rien une véritable histoire de la GPA.

Le think tank libéral Génération Libre, fondé par le philosophe Gaspard Koenig, dans son rapport en faveur d'une GPA éthique de septembre 2018, tente toutefois de se montrer un peu plus scrupuleux. Après avoir fait mention du récit biblique de Bilha, le rapport tempère : « Il s'agit cependant d'une démarche bien distincte de la GPA, et l'amalgame, fréquent dans le débat public, contribue souvent à discréditer la GPA. » C'est le moins qu'on puisse dire. D'ailleurs pourquoi faire mention du récit de Bilha dans un rapport sur la GPA ?

Lorsque l'amalgame n'est pas énoncé tel quel – comme le montre l'éclatant exemple de la « GPA traditionnelle » –, il est suggéré. Comment ? En faisant la démonstration de prétendues « maternités pour autrui » pour ensuite en venir à la « gestation pour autrui ». Le premier procédé étant soigneusement énoncé juste avant le second. Ainsi, si l'amalgame n'est pas le fait de l'auteur lui-même, on laisse au lecteur le soin de le concevoir par le biais de la suggestion. Celui consistant à faire le récit de « MPA » avant d'évoquer la « GPA ». L'un précède l'autre, faisant du premier une sorte d'ancêtre du second. L'expression que l'on trouve dans le « Que sais-je ? »

faisant des « maternités pour autrui » des « préludes » à la GPA moderne tente tant bien que mal de bricoler un lien de cause à effet. La tentative est louable, mais assurément bancale.

Le long fleuve intranquille de l'Histoire est ainsi pris à partie et détourné. « L'Histoire tout entière était un palimpseste gratté et réécrit aussi souvent que c'était nécessaire. Le changement effectué, il n'aurait été possible en aucun cas de prouver qu'il y avait eu falsification », écrivait Orwell dans *1984*.

Écrivons-le une fois pour toutes : il n'y a pas d'histoire de la GPA. Si ce n'est une histoire récente. Il n'y a qu'une invention, une tentative de lire le passé au travers d'un pur fantasme. Celui de faire du monde, de l'espace et du temps un réservoir inépuisable de bons sentiments. Mieux ! De « maternités pour autrui » et de « GPA traditionnelles ».

2

La GPA, un bébé des *eighties*

À partir de quand la science s'est-elle emparée de la procréation ? Ce sont les expérimentations et découvertes successives d'esprits curieux qui ont permis d'aboutir à cette chose initialement impossible, voire illogique dans les termes : que des couples infertiles puissent concevoir un enfant.

Nous verrons ici à grands traits par quelles étapes la science est passée pour découvrir les bases du processus reproductif des êtres vivants, comment elle s'en est approprié les mécanismes pour pallier l'infertilité de certains couples et enfin aboutir, dans la deuxième moitié du XXe siècle, à l'invention et au perfectionnement de la « gestation pour autrui ». Nous verrons comment des procès retentissants ont conduit les chantres de la GPA – entremetteurs, médecins, avocats… – à déployer des trésors de créativité juridique pour se protéger de ces « mères porteuses » qui, s'apercevant que cet enfant sorti de leur ventre a peut-être partie liée à leur être et leur destin, décideraient de le garder, au mépris du contrat qu'elles ont signé… La GPA telle qu'elle est pratiquée aujourd'hui est le fruit de ce long processus, et ne constitue peut-être qu'une étape dans l'appropriation par l'humain du mécanisme reproductif naturel.

Le xviiie siècle s'ouvre aux mystères de la reproduction

Il faut se figurer qu'aux yeux de nos ancêtres du début du xviiie siècle, le mécanisme précis de la procréation restait encore un mystère. L'acte sexuel apparaissait bien évidemment nécessaire, cependant, il restait tout à découvrir du rôle exact de l'homme et de la femme. Pour certains scientifiques de l'époque, la génération est spontanée et résulte d'un mécanisme naturel. Selon cette théorie, certains êtres, et notamment les insectes et les vers, naissent spontanément, mystérieusement, *ex nihilo*. Semblant apparaître et disparaître, ces êtres sont alors considérés comme sans ascendance, résultant de la seule volonté divine. Issue de la tradition aristotélicienne, cette théorie infuse dans la tradition chrétienne l'idée selon laquelle la volonté divine est omnipotente dans la conception, dépossédant l'homme de toute possibilité d'action ou de contournement de l'ordre naturel. Tel le ver, l'homme naîtrait donc lui aussi *ex nihilo*, et selon la volonté divine.

C'est dans un xviiie siècle prérévolutionnaire, dès 1740, que des scientifiques commencent à interroger la théorie spontanée, soit pour la valider, soit pour la contredire. Trois personnages vont jouer un rôle déterminant dans l'avancée des connaissances en matière reproductive. Dans les années 1770, Lazzaro Spallanzanni, abbé italien et professeur à l'université de Pavie, réussit à recueillir le sperme d'une grenouille mâle pour ensuite le répandre sur les œufs extraits d'une femelle. Quelques jours plus tard, les œufs commencent à se développer : c'est une véritable révolution dans la communauté scientifique. Cette expérience démontre le rôle organique du sperme masculin dans la génération. Pour la première fois, une fécondation artificielle extracorporelle est menée à bien, écornant la théorie de la génération spontanée. Preuve est faite que le seul contact entre les gamètes mâles et les gamètes femelles peut provoquer l'engendrement, balayant toutes les autres interprétations. Une nouvelle ère s'ouvre pour la science et la reproduction.

Tandis que les expérimentations se poursuivent sur les animaux, le chirurgien anglais John Hunter séquence, en 1790 et pour la première fois de l'Histoire, le processus procréatif humain en inséminant une femme avec le sperme préalablement recueilli de son mari. Atteint d'une anomalie génitale appelée hypospadias, où l'urètre se situe non à l'extrémité de la verge mais ailleurs le long du canal urinaire, le malheureux ne peut pas éjaculer normalement. Selon le compte rendu d'un témoin direct, Hunter utilise une seringue préalablement réchauffée pour recueillir le sperme du mari avant de l'injecter immédiatement après dans le corps de l'épouse. On a pris soin de placer cette dernière dans un état d'excitation sexuelle juste avant car, pensait-on encore alors, point d'enfantement possible sans cette disposition. Cette fécondation artificielle est un succès et le couple donne naissance à un enfant quelques mois plus tard. Il s'agit de la première expérience connue de reproduction artificielle à but thérapeutique.

Un troisième personnage va jouer un rôle crucial dans l'émergence de ce qui constituera plus tard la médecine reproductive : Michel Augustin Thouret. Ce clinicien hygiéniste français, fondateur et premier directeur de l'École de santé de Paris, doyen de la Faculté de médecine de Paris, rédige en 1800 un document dans lequel il affirme que l'espèce humaine peut être perpétuée « avec le concours des deux sexes, mais sans leur approche[1] ». Révolutionnaire et

1. B. Betta, *L'autre genèse, histoire de la fécondation artificielle*, Paris, Hermann, 2017, p. 29.

visionnaire, sa thèse se démarque en ce qu'elle n'est pas seulement heuristique. Thouret propose d'appliquer ces nouvelles connaissances sur la génération au profit de couples inféconds. Mais le moment est mal choisi : le XIXe siècle naissant est hostile à ce projet, tant celui-ci choque la morale sexuelle et les préceptes religieux. Les travaux de Thouret sont mis au rebut et ne trouveront pas d'application avant plusieurs décennies. Il faut attendre les années 1860 pour que les journaux français commencent à évoquer des comptes rendus d'interventions à des fins de fécondation artificielle à but thérapeutique.

Merci les vaches laitières !

Faisons maintenant un grand bond en avant, dans les années 1950. L'industrie laitière a besoin de développer son cheptel pour faire face à la demande inédite entraînée par la naissance de millions de baby-boomers. Pour produire plus de lait, il faut plus de vaches, et vite. Pour répondre à cet impératif, des scientifiques s'emploient à améliorer les méthodes de conservation de la semence des taureaux. Mais certains ne s'arrêtent pas au sperme bovin. En 1953, après avoir mené de très nombreuses expérimentations sur des espèces animales de toutes sortes, deux chercheurs, Sherman et Bundge, parviennent à congeler du sperme humain. Équilibré avec 10 % de glycérol sur de la neige carbonique à –79 °C, il conserve un haut niveau de fertilité : 67 % des spermatozoïdes survivent. Peu après, les deux chercheurs annoncent que trois grossesses ont pu être menées à bien grâce au sperme congelé. Les chercheurs concentrent, à partir de cette date, leurs travaux sur la cryopréservation comme traitement contre l'infertilité.

Le même Sherman découvre, en 1963, une meilleure technique de conservation du sperme, cette fois grâce à l'azote liquide à –196 °C. L'expérience est concluante : le chercheur observe une qualité de conservation accrue et à plus long terme. Désormais, les gamètes mâles peuvent être conservés jusqu'à un an.

Mais une étape décisive reste à franchir pour ces chercheurs fascinés par la maîtrise de la reproduction humaine : concevoir un embryon en dehors du corps humain. Dès les années trente, Grégory Pincus, médecin et biologiste américain, avait tenté les premières fécondations *in vitro* sur le lapin. Néanmoins, la véritable révolution de la médecine reproductive moderne survient avec la fécondation *in vitro* humaine. À la fin des années soixante, un travail collaboratif anglo-américain mené par Robert Edwards, un médecin britannique, ambitionne de développer la fécondation *in vitro* humaine. Las, les travaux patinent et ne donnent rien. Edwards se met alors en quête d'un gynécologue prêt à reprendre les recherches là où elles se sont arrêtées. Les travaux du britannique Patrick Steptoe retiennent son attention. Celui-ci s'intéresse à une technique innovante, la cœlioscopie, qui permet notamment de ponctionner les follicules ovariens, afin d'aspirer les ovocytes qu'ils contiennent. La collaboration des deux hommes donne lieu à des centaines d'expérimentations : rapidement, ils parviennent à maîtriser la maturation ovocytaire et donc à contrôler la culture et la fécondation *in vitro* de l'ovocyte humain. Reste à définir le protocole de transfert dans l'utérus. Leurs recherches menées avec acharnement aboutissent à la naissance du premier « bébé-éprouvette » : Louise Brown, dont la mère souffre d'un blocage des trompes utérines interdisant au sperme l'accès aux ovaires. Nous sommes le 25 juillet 1978. En 2010, Robert Edwards recevra le prix Nobel de médecine pour ses recherches. Depuis Louise Brown, plus de cinq millions d'enfants sont nés grâce à la fécondation *in vitro*, la FIV.

En France, la technique se développe à partir de 1973, avec l'ouverture par le professeur Georges David, du premier Cecos – Centre d'études de conservation du sperme – à l'hôpital Bicêtre à Paris. Sa philosophie repose sur la gratuité du don. Une banque de sperme est ouverte à l'Hôpital Necker par le professeur Albert Netter. Cette fois, les recueils y sont rémunérés. Une nouvelle étape est franchie vers la future GPA.

La première génération de « mères porteuses »

Made in USA

Le premier contrat de « mère porteuse » est rédigé aux États-Unis en 1976. Son auteur : l'avocat Noel Keane. Il est aussi le créateur de la première agence américaine de « mères porteuses », dans le Michigan.

Ce contrat est intitulé « The Surrogate Parenting Contract », soit, en français : le « Contrat de substitution parentale ». Il ne prévoit alors aucune rémunération pour la mère. D'autres agences fleurissent ensuite dans le pays. En février 1980, Noel Keane indique défendre les intérêts d'une douzaine de couples. En novembre 1980, un médecin, le docteur Richard Levin, révèle, lors d'une conférence de presse, la création d'un premier contrat de substitution parentale dans lequel la mère est rémunérée. Le montant est de 10 000 dollars, soit l'équivalent aujourd'hui de 24 000 euros. La « porteuse » est la mère biologique, inséminée avec le sperme d'un homme originaire de Louisville, dans l'Illinois, dont l'épouse est infertile. En 1983, environ vingt-cinq contrats de parenté de substitution ont déjà été signés. Rien ne semble alors pouvoir faire obstacle à la mécanique naissante de la GPA, la science et le droit venant s'enchâsser tels des engrenages bien huilées.

Mais deux ans plus tard, retentit un puissant cri. C'est celui de « Baby M ». « M », pour Melissa, nourrisson plongé au cœur d'une affaire rocambolesque qui va bouleverser les États-Unis et dont l'écho retentit encore aujourd'hui. L'affaire « Baby M » est l'histoire d'un enfant, d'une femme, de deux couples. C'est aussi deux jugements aux antipodes l'un de l'autre. Deux décisions de justice dont la transparence et la limpidité résument à elles seules le débat autour de la GPA : les partisans de la primauté du contrat contre les défenseurs du caractère inaliénable du lien entre une mère et son enfant. Voici donc le récit de Mary-Beth Whitehead, la mère de « Baby M » qui, en refusant de donner l'enfant qu'elle a mis au monde à un autre couple, comme elle s'y était engagée, a marqué de manière indélébile l'histoire de la GPA.

1984. William Stern, biochimiste, et son épouse Elizabeth, pédiatre, répondent à une publicité publiée par la clinique The Infertility Center of New York (ICNY). Ce centre propose des « maternités de substitution » aux couples infertiles. Elizabeth, atteinte d'une maladie neurologique, craint pour sa santé en cas de grossesse. Le couple Stern décide, après avoir envisagé dans un premier temps l'adoption, de pousser la porte du centre. Parallèlement, Mary-Beth Whitehead, 27 ans, répond avec l'assentiment de son époux à une autre annonce diffusée par le ICNY, indiquant cette fois rechercher des « mères porteuses ».

Un contrat est signé en février 1985. Il stipule que Mary-Beth Whitehead sera inséminée avec les gamètes de William

Stern, mènera sa grossesse à terme et, à sa naissance, remettra l'enfant au couple. Elle s'engage à faire le nécessaire pour renoncer à ses droits parentaux, afin que Madame Stern puisse adopter l'enfant. De son côté, Richard Whitehead, également partie au contrat, s'engage à mener toutes les actions nécessaires à ce que rien ne puisse laisser présumer sa paternité. Quant à Elizabeth Stern, bien qu'absente des parties au contrat – « pour éviter à l'accord l'application du statut de vente d'enfant », précisera par la suite la Cour du New Jersey –, elle se voit accorder la garde exclusive de l'enfant à naître en cas de décès de son époux avant la naissance de l'enfant. Le contrat prévoit le paiement d'une somme de 10 000 dollars à Mary-Beth Whitehead, équivalent actuel de près de 24 000 dollars, lors de la remise de l'enfant à William Stern. Dans un contrat séparé, les Stern versent aussi 7 500 dollars à la clinique, soit près de 18 000 dollars aujourd'hui.

La grossesse de Mary-Beth Whitehead se déroule sans encombre. Mais la naissance inaugure un épisode digne d'un véritable thriller américain, qui tiendra en haleine l'opinion publique et se soldera par une décision de justice décisive autant pour l'avenir de la pratique aux États-Unis que pour le reste du monde.

Le 27 mars 1986, Madame Whitehead donne naissance à une petite fille. Lorsque les Stern l'informent qu'ils ont choisi de nommer la petite fille Melissa, elle éclate en sanglots, s'étant rendue compte qu'elle ne pouvait se séparer du nourrisson. Mary-Beth confie alors au couple qu'elle ne sait pas si elle pourra se séparer de l'enfant, tant « elle ressemble à sa première fille ». Car n'oublions pas que Mary-Beth Whitehead, inséminée artificiellement avec le sperme de William Stern, est la mère biologique de l'enfant. Non sans difficultés, ce dernier est finalement remis au couple Stern le 30 mars 1986. Mais dès le lendemain, la mère arrive au domicile du couple: « La profondeur du désespoir de Madame Whitehead surprit et effraya les Stern », précisera l'arrêt de la Cour suprême du New Jersey. Mary-Beth Whitehead menaçant de se suicider, ils consentent à lui remettre l'enfant pendant une semaine, après quoi elle s'engage à le leur rendre. Mais le moment venu, Mary-Beth Whitehead n'honore pas son engagement.

Les Stern réagissent immédiatement en demandant l'exécution du contrat. Dans une première décision, la Cour abonde dans leur sens. Un huissier et des agents de police se présentent au domicile des Whitehead pour récupérer l'enfant. Une dispute se déclenche alors avec Mary-Beth Whitehead. Profitant de la confusion qui règne, Monsieur Whitehead s'enfuit par la fenêtre, la petite Melissa dans les bras. Il est rejoint plus tard par son épouse, et ils décident tous deux de prendre la direction de la Floride. S'ensuivent près de trois mois de cavale dans une vingtaine d'hôtels et autres lieux pour échapper aux autorités. La police de Floride récupère finalement l'enfant chez ses grands-parents, avant de le rendre aux Stern.

Une nouvelle bataille commence alors. En première instance, le juge choisit de déclarer, purement et simplement, l'accord signé comme étant valide. William Stern se voit reconnaître, en vertu de ses droits constitutionnels, les termes de l'accord comme étant valides. C'est une application *stricto sensu* du droit des contrats américains qui l'emporte. La garde exclusive de l'enfant revient ainsi à William Stern et les droits parentaux de Mary-Beth Whitehead sont abolis par prononciation immédiate de l'adoption de Melissa par Elizabeth Stern, ceci en stricte application du contrat signé en février 1985.

Les deux arguments invoqués par la défense – le consentement non volontaire de Mary-Beth et l'assimilation du contrat à une vente d'enfant – sont balayés d'un revers de manche par le juge. Celui-ci considère qu'aucune des parties n'a usé d'une position dominante et que, de ce fait, « personne n'a été forcé ». D'autre part, pour répondre à l'objection sur le vol d'enfant, le juge affirme qu'il ne peut en être question, s'agissant aussi de l'enfant biologique de William Stern. Les 10 000 dollars destinés à Mary-Beth Whitehead « couvraient bien plus un service que l'achat d'un produit », affirme le juge américain.

Mary-Beth Whitehead interjette appel. Bien lui en prend, car la Cour suprême du New Jersey rend un jugement à l'opposé de celui de première instance : elle invalide le contrat de « surrogate mother » en rétablissant le droit parental de Mary-Beth Whitehead. Pour la Cour suprême, le consentement ne pouvait être « totalement volontaire » : « Conformément au contrat, la mère naturelle est irrévocablement engagée avant de connaître la force du lien avec son enfant. » Plus grave encore, le jugement s'insurge contre un contrat conçu dans l'indifférence totale des intérêts supérieurs de l'enfant. Pas une seule ligne n'est consacrée au profil du couple Stern, à sa capacité à prendre soin de l'enfant, ni aux conséquences pour l'enfant d'être privé du lien avec sa « mère naturelle ». Le juge va plus loin encore : « Il s'agit d'une vente d'enfant, ou, à tout le moins, d'une vente des droits d'une mère envers son enfant, la seule circonstance atténuante résidant dans le fait qu'un des acheteurs est le père. » Pour le juge enfin, « il serait douteux que la maternité pour autrui puisse continuer à exister sans argent ». Comment contredire une pareille analyse dans le cas des Whitehead ? Le juge met ici le doigt sur la question fondamentale, laquelle n'a pourtant que rarement été commentée par la suite.

Car enfin, pourquoi les Whitehead en sont-ils venus à accepter pareil contrat ? Quelles étaient leurs réelles motivations ? Quel discours rassurant ont-ils tenu auprès de l'agence mais aussi du couple Stern ?

Retour en avril 1984. L'ICNY soumet Mary-Beth Whitehead à un test psychologique pour déterminer si elle est apte, selon ses critères propres, à devenir mère « porteuse ». En effet, quelques semaines plus tôt, après avoir vu dans le journal local l'annonce de l'agence, Mary-Beth a décidé de candidater. Son mari s'y est d'abord opposé, avant d'accepter. À l'agence, la jeune femme exprime son désir « d'offrir le plus généreux des cadeaux du bonheur *(sic)* à un couple malchanceux. » Elle affirme également vouloir faire à un autre couple « cadeau de la vie ».

Des phrases souvent prononcées dans les « gestations pour autrui » actuelles, pour lesquelles les femmes utilisent, sincèrement ou non, la rhétorique du don. L'altruisme apparaît dès lors comme le seul leitmotiv d'un investissement physique et psychologique pourtant lourd. Le souci de Mary-Beth était-il véritablement de permettre à un autre couple de connaître le bonheur d'être parent ? Il convient de s'interroger, notamment lorsqu'on découvre la situation économique du couple au moment même où Mary-Beth propose « généreusement » son corps pour la conception. Nous allons le voir, les tests psychologiques se révéleront précieux pour comprendre ce qui se noue dans l'esprit de la future « mère porteuse ».

Revenons d'abord à la genèse du couple Whitehead :

1973 : Les Whitehead se marient. Lui a 24 ans, elle 16. Mary-Beth vient d'arrêter sa scolarité et préfère travailler comme serveuse dans le restaurant tenu par son frère. Richard Whitehead, lui, est de retour aux États-Unis après 13 mois passés au Vietnam. Le premier enfant du couple, Ryan, naît en 1974, puis en 1976 vient une fille, Tuesday. Pour le couple, c'est « la famille parfaite ». Richard subit une vasectomie. Depuis la date de leur mariage jusqu'à leur arrivée à leur domicile lors de l'affaire « Baby M », les Whitehead ont déménagé à douze reprises, passant du domicile d'un proche ou d'un membre de leur famille à un autre. Sans stabilité professionnelle, Richard alterne travaux précaires et périodes de chômage. Au total, sept emplois en 13 ans, et de longues périodes chômées. Une situation sociale difficile, à laquelle s'ajoute l'alcoolisme. À deux reprises, le permis de conduire de Richard Whitehead est confisqué en raison d'accidents liés à l'alcool. Il ne parvient pas à lutter contre ses démons, ce qui complique considérablement ses possibilités de trouver un emploi stable. Le couple se sépare en 1978. Mary-Beth reçoit une aide financière de l'État. Richard est condamné à lui verser une pension, ce qu'il fera grâce à l'aide d'un garant. Toutefois, le couple renoue. En 1983, soit cinq ans plus tard – et quelques mois avant de répondre à l'annonce pour maternité pour autrui du ICNY – ils sont en situation de défaut de paiement. Les remboursements d'un prêt immobilier et d'un prêt de trésorerie ne sont plus honorés, et deux procédures de recouvrement sont en cours. Leur domicile risque d'être saisi. Pour conserver un moyen de déplacement, Mary-Beth achète une voiture, sous son nom de jeune fille, en Floride. Lors du procès « Baby M », seul un des deux prêts trouve une issue favorable, le second reste pour eux une épée de Damoclès.

Faut-il aller plus loin pour démontrer l'évidence ? Lorsque Mary-Beth Whitehead et son mari répondent à l'annonce de l'ICNY, ils croulent sous les dettes et sont menacés d'expulsion. L'alcoolisme de Richard ne permet pas d'entrevoir la possibilité d'une éclaircie financière. Est-ce dans une telle détresse, celle du surendettement, que Mary-Beth a pu trouver la disposition psychologique propre à vouloir faire un « cadeau de la vie » à un autre couple ? Peut-on trouver là l'équilibre mental et intellectuel nécessaire à un choix en conscience ?

Accablée de dettes, l'esprit contraint par la menace de voir son quotidien bouleversé par la saisie de son domicile, Mary-Beth est-elle en capacité de faire un don ? D'autant qu'il est possible d'affirmer, grâce à l'évaluation psychologique réalisée avant la grossesse pour autrui de Mary-Beth, que ce choix est fait à contrecœur : « L'examinateur rapporta que Madame Whitehead anticipait des sentiments forts à l'idée d'abandonner le bébé à la naissance. » Les conclusions du psychologue sont riches de sens : si Mary-Beth semble sincère dans sa démarche, il est nécessaire d'évaluer plus avant si oui ou non elle sera capable de renoncer à l'enfant à sa naissance. L'ICNY ne suivra pas les conseils de son psychologue.

Plaçons-nous désormais du côté du couple infertile :

L'agence ICNY connaît les fébrilités de Mary-Beth quant à sa capacité à remettre l'enfant à sa naissance, mais est-elle informée des motivations financières de cette femme ? De même, le couple d'intention, bien que préoccupé à l'idée que l'enfant ne lui soit pas remis à la naissance, a-t-il l'intuition de la difficulté de cet acte ? Quoi qu'il en soit, il s'en remet exclusivement à l'agence, qui ne lui révèle pas les doutes de Mary-Beth. « Il est apparent que l'idée de profit a triomphé », analyse le juge en deuxième instance. Le vice est en partie là : non parmi les protagonistes, émotionnellement ballottés, mais au centre, chez l'intermédiaire. Nous reviendrons plus loin sur le pouvoir de l'argent dans le développement de la pratique de la gestation pour autrui.

Ici, retenons un discours, celui d'un don formulé tel « un cadeau », et une situation, la détresse économique des

Whitehead. Combien d'autres femmes, aux États-Unis ou ailleurs, ont dissimulé ou dissimuleront le caractère uniquement financier de leurs motivations ?

L'affaire Whitehead est particulièrement symptomatique tant elle met en exergue, là encore, la domination économique d'un couple sur un autre. Mais elle révèle également, dans deux jugements contradictoires – ceux de première et de deuxième instances –, des conceptions juridiques diamétralement opposées.

Dans un essai intitulé *Justice*, le philosophe américain Michael Sandel souligne les deux théories sur lesquelles repose le contrat de maternité pour autrui : le libertarisme, qui valorise la liberté de choix de l'individu – le contrat étant l'expression de cette liberté –, et l'utilitarisme, doctrine privilégiant le bien-être général de telle sorte que si un accord est trouvé entre deux parties, cet accord contribue à valoriser le bien-être des parties et, partant, celui de la société dans son entier.

Deux objections viennent néanmoins contredire, ou à tout le moins affaiblir, ces conceptions de la justice dans le cadre d'une GPA selon le philosophe américain. Examinons tout d'abord la question de la réalité de la liberté du consentement. Dans le cadre d'une « maternité pour autrui » – ou, comme nous devrions plus justement l'appeler, d'un don d'enfant indemnisé, voire d'une vente d'enfant telle que dans l'affaire « Baby M » –, le juge de deuxième instance décide d'invalider le contrat en soulignant que la volonté de Mary-Beth Whitehead, comme celle de toutes les mères dans une telle situation, n'est pas totale en ce qu'elle est « irrévocablement engagée avant même de connaître la force du lien avec l'enfant ». Combien d'autres récits de « gestation pour autrui » rapportent le refus de femmes de donner l'enfant pourtant promis, qu'elles soient la mère biologique ou non ? Une autre objection peut être opposée aux conceptions libertarienne et utilitariste, celle de la légitimité même du contrat : peut-on considérer qu'une femme, ou un enfant, puisse faire l'objet d'un contrat de vente et, de ce fait, leur donner une valeur marchande ? Recourir aux capacités reproductives d'une femme ne relève-t-il pas de l'économie tertiaire ? Un « service » permettant le gain d'un enfant ?

L'affaire « Baby M » est passionnante à deux égards : en ce qu'elle est profondément originale – c'est la première en son genre – et en ce qu'elle est particulièrement symptomatique, caricaturale même, de la « gestation pour autrui » telle qu'envisagée aujourd'hui. Bien qu'un grand nombre de GPA séquencent la conception en faisant intervenir non plus une, mais deux femmes – la donneuse d'ovocytes et la « porteuse » –, la question des véritables motivations, du discours composé ou mensonger pour bénéficier d'une contrepartie financière, du consentement quant au fait de donner l'enfant à la naissance, de la manière d'appréhender le corps humain, de l'intérêt de l'enfant à naître, est éminemment présente.

Aux États-Unis, l'affaire « Baby M » marque un tournant majeur. Voir une « mère porteuse » garder l'enfant à la naissance est devenu la hantise des agences, cliniques et « parents d'intention ». Pour contourner la jurisprudence « Baby M » et minimiser les risques que la « mère porteuse » ne développe un lien avec l'enfant à naître, une nouvelle technique tout juste mise au point est privilégiée, permettant de ne plus utiliser le « matériau génétique de la mère porteuse ». Aux États-Unis, dans 95 % des cas la « mère porteuse » n'a aucun lien génétique avec l'enfant à naître.

Des États-Unis au Vieux Continent

Le retentissement de l'affaire « Baby M » ne marque pas le coup d'arrêt d'une pratique pourtant très contestée par l'opinion. Bien au contraire. La parenté de substitution, comme elle est alors désignée, met au jour une contradiction proprement américaine : celle d'un puritanisme des mœurs malmené par un libéralisme sans scrupule. La pratique rapporte. Dès lors, pourquoi entraver le développement d'un nouveau marché ?

Un article du *Washington Post* daté du 24 janvier 1983 et intitulé « La maternité de substitution devient une industrie américaine en pleine croissance », témoigne de l'épanouissement d'une nouvelle manne financière. Les cliniques et centres de « parenté de substitution » s'ouvrent sporadiquement dans le pays. L'Américaine Harriet Blankfield décide d'ouvrir une agence dans le Maryland, avant de nourrir de nouvelles ambitions : « Avoir des agences dans d'autres endroits du pays, et peut-être en Angleterre, au Moyen-Orient et en Europe occidentale », déclare-t-elle au *Washington Post*, avant de conclure : « Je veux voir cette entreprise devenir le Coca-Cola de l'industrie de la parenté de substitution[1]. » On peut légitimement s'interroger sur le cynisme du propos, qui allie le drame de la stérilité à une solution aux dimensions industrielles, comparée à un banal produit de consommation.

Les ambitions transnationales de Harriet Blankfield atterrissent dans un premier temps au Royaume-Uni. L'agence « Miracle program Inc » ouvre en avril 1983 dans le Surrey et propose aux couples infertiles une mère porteuse aux caractéristiques physiques proches de la

1. « The Surrogate Baby-Boom », *Washington Post*, 25 janvier 1983.

femme demandeuse[1]. Décrite dans un article du *Daily Mail* de l'époque comme une « femme d'affaires cupide[2] », Harriet Blanksield perçoit 10 000 livres (environ 32 000 euros actuels) quand la « mère porteuse » est rémunérée 6 500 livres (environ 18 000 euros). L'intermédiaire américaine recrute des femmes venues d'Angleterre, d'Irlande et d'Écosse pour des couples américains ; de ce fait, l'Atlantique érige, selon une stratégie tout à fait machiavélique, un rempart entre la mère « porteuse » et le couple demandeur. Une fois nés, les nourrissons quittent le pays, laissant peu de possibilités à la « mère porteuse » de revoir l'enfant ou de le récupérer.

Le premier scandale, à l'instar de celui que traversent les États-Unis depuis une année, ne tarde pas à surgir. Le jumeau britannique de l'affaire « Baby M » éclate au grand jour sous le nom de « Baby Cotton ». En 1985, Kim Cotton, parmi les premières « mères porteuses » britanniques, est également la première à accepter d'être rémunérée. Quelques jours seulement après la signature du contrat de parenté de substitution et son insémination avec le sperme du père, l'information fuite. Kim Cotton accepte de témoigncr pour la somme de 15 000 livres sterling[3]. L'article soulève l'indignation générale. Grand cas est fait d'une « location d'un utérus » au détriment de l'intérêt de l'enfant et de la fiabilité des parents d'intention. Dès sa naissance, l'enfant est mis sous tutelle du tribunal pendant sept jours, et confié à des soignantes. La petite fille sera finalement remise au couple

1. J. Guichon, « An examination and critique of the contract model of legal regulation of preconception arrangements and an alternative proposal for law reform in Ontario » [microform], Thesis (S.J.D.), University of Toronto, 1997. Includes bibliographical references. Microfiche.

2. « What a monstrous insult to women ! », *Daily Mail*, 30 juillet 1983.

3. « Now I realise how hopelessly naive I was to become Britain's first surrogate mother, admits Kim Cotton », *Daily Mail*, 14 février 2008.

d'intention suédois sept jours plus tard, après la décision du tribunal qui déclare que Kim Cotton a renoncé volontairement à ses droits parentaux. Le père suédois et sa femme sont déclarés parents de l'enfant.

Vingt-huit ans plus tard, Kim Cotton admet dans un article de presse que sa motivation était « double » :

> Dans ma vingtaine, j'étais une petite souris timide [...]. Je pensais n'être personne, mais avec l'expérience de la maternité pour autrui j'ai cru devenir quelqu'un. [...] J'ai eu deux enfants. Deux grossesses sans problème, et je pensais faire quelque chose pour laquelle j'étais vraiment douée. Lorsque vous aidez quelqu'un, vous vous sentez tellement confiant sur vous-même, et avec l'argent que j'allais recevoir, j'allais pouvoir améliorer la qualité de vie de mes enfants[1].

Si, dès 1984, l'arrivée d'agences commerciales sur le territoire britannique est devenue un fait, le Comité Warnock au Royaume-Uni s'oppose sur le plan éthique à un tel procédé, rémunéré ou non, et propose de l'interdire. La déflagration provoquée par le cas « Baby Cotton » ne reste pas sans effet : le Surrogacy Arrangement Act est publié en 1985. S'il n'interdit pas la « maternité de substitution », il limite considérablement sa pratique. La « parenté de substitution » commerciale est interdite, ainsi que les agences intermédiaires. Il définit la « mère porteuse » comme « une femme qui porte un enfant en vue d'un arrangement fait avant qu'elle ne commence à porter l'enfant, et en vue que l'enfant porté soit donné et que les droits parentaux soient exercés par une ou plusieurs autres personnes désignées comme "commanditaires" ».

1. *Ibid.*

Si The Surrogacy Arrangement Act prévoit que le nom de celle qui a porté l'enfant – qui à cette époque ne peut être que la mère biologique – figure sur l'acte de naissance, le Human Fertilisation and Embryology Act, voté en 1990 et révisé en 2008, entend permettre la modification de l'acte de naissance, sous conditions, et dans l'objectif de faire figurer le nom des commanditaires.

Le cas de la France

La médiatisation des « Surrogate mothers » anglo-saxonnes provoque, dès le début des années quatre-vingt, une réaction violente de la presse française. Les pages des journaux et hebdomadaires, loin de renouveler les sempiternelles oppositions politiques et culturelles, forment une union sacrée contre une pratique vécue comme révoltante. Le scrupuleux sociologue Paul Yonnet s'en fait l'écho en énumérant les titres de presse insurgés de l'époque[1] :

« La maternité bafouée », titre *Le Figaro* du 28 août 1980. « Six livres de chair chaude et hurlante contre une poignée de quelques dollars », titre encore *Le Nouvel Observateur*, assénant sous la plume acérée de Mariella Righini de sévères uppercuts aux arrangements américains avec la morale. « Putes », écrit la journaliste. Les « mères porteuses » américaines sont mises K. O. :

> Ce qui choque, au-delà de toute morale, dans ces opérations triangulaires [...] touche à l'instinct de vie. Révoltant, ce mépris de la femme réduite à ses ovaires, c'est le cas de le dire. L'utilisation de son corps comme d'un tiroir-caisse, d'une machine à reproduire. La négation d'une personne, reléguée au rang d'outil au profit d'une autre pour qui tout s'achète, y

1. P. Yonnet, « Mères porteuses, père écarté », *Le Débat*, vol. 36, n° 4, 1985, p. 33-37.

> compris son utérus. Révoltant aussi, ce calcul glacial, ce marché cynique passé entre les deux contractantes. D'un côté des clients qui s'offrent une pondeuse comme on se paye une pute. De l'autre une mercenaire qui prostitue son utérus[1].

« L'image française traditionnelle d'un camp du progrès toujours opposé au camp de la réaction vole en éclats », analyse le sociologue. L'union se cristallise autour de la sacralité du corps, anéantie par l'utilitarisme et le mercantilisme.

« Mère par procuration » : le thème de l'émission diffusée sur Antenne 2, le 2 décembre 1982, prend la France de court. Une jumelle, Christine, 31 ans, est inséminée avec le sperme du mari de sa sœur Magali. Les jumelles sont indissociables. À tel point que c'est Magali la première qui ressent les premiers signes de la grossesse de Christine[2]. Toutes deux décident de prévenir immédiatement la presse. « C'était pour dire la vérité », se justifie Christine dans *Le Nouvel Observateur*, « nous n'aimons pas la fraude ». En livrant leur intimité aux yeux de tous, les jumelles lancent un défi à la société française. Pourrions-nous y lire une provocation ? La presse s'insurge contre les pratiques américaines ; deux femmes, elles, percent l'abcès et déploient un débat d'alcôve à l'épreuve de l'opinion. L'enfant naît en avril 1983, et Christine le remet au couple que forment sa sœur et son beau-frère. Le déplacement de la sphère intime, celle de récits familiaux scellés par l'éthos social, à l'espace public déstabilise. D'aucuns crient au scandale. D'autres investissent la brèche tout juste ouverte. Relayé par une presse unanimement hostile, l'arrangement entre sœurs libère d'autres voix encore. Celles de femmes au désir d'enfant inassouvi, qui très vite, s'organisent.

---

1. *Ibid.*
2. « Jumelles : les deux font la mère », F. CAVIGLIOLI, *Le Nouvel Observateur*, 27 novembre 1982.

Dès 1983, deux associations en faveur de la maternité de substitution se créent : l'A.N.I.A.S., « Association Nationale pour l'Insémination Artificielle par Substitution », et « Mères d'accueil », favorable au « prêt d'utérus », idée neuve développée par Sacha Geller, médecin à Marseille. Moins d'une année plus tard, une autre association défraie la chronique lors de la publication du livre de Monique et Guy Libaudière, intitulé *Un acte d'amour*[1]. Ce couple de catholiques pratiquants y fait le récit du recours à une mère porteuse américaine et de la naissance d'un enfant en août 1982. Les époux Libaudière créent « Naissance et vie aujourd'hui », une association promouvant le procédé de « mère porteuse » dans l'Hexagone.

Au fil des percées favorables à la pratique sur le terrain médiatique, l'interdiction morale se délite. « Les petites annonces visant à rechercher une femme acceptant de porter grossesse sont devenues banales », constate Paul Yonnet, qui rapporte les premiers sondages réalisés sur le sujet. « 54 % des Français sont contre le principe des mères porteuses », souligne un sondage Ipsos de novembre 1982, publié dans le magazine *Elle*. Pourtant, en 1984 déjà, l'opinion s'autonomise vis-à-vis d'une doxa furieuse de voir naître les arrangements pavés de bonnes intentions de la triangulation conceptionnelle. Si 54 % se prononcent contre, 35 % y sont favorables, et plus particulièrement les femmes de moins de 35 ans. Enfin, 6 % admettent qu'elles recourraient à la pratique en cas de stérilité. Un mouvement de sympathie « spontané », souligne le sociologue Yonnet, qui germe « contre l'opinion des médias et les jugements dont elle se fait l'écho ». Venant contredire les institutions morales et

1. *Un acte d'amour*, Paris, La Table Ronde, 1984.

politiques, la médecine et l'ordre moral, le procédé anglo-saxon séduit, rendant impossible, relève Paul Yonnet, « de voir dans cette faveur croissante un effet de manipulation ». Plus avant, le sociologue analyse la dichotomie morale entre l'opinion publique et les institutions religieuses, morales, étatiques comme mouvement d'autonomisation croissant de l'individu : « Ce sont les acteurs sociaux eux-mêmes qui décident de la qualification morale de leurs actes. » À chacun son désir, à chacun son droit. L'anarchie morale trouve dans la technologisation de la procréation un point d'ancrage.

Un point d'ancrage que saisira le gynécologue marseillais Sacha Geller qui, prenant conscience « du faible rendement » de la fécondation *in vitro* – environ 10 % de taux de réussite dans les années quatre-vingt –, décide de lancer la « maternité de substitution » en France :

> Toutefois, il m'apparaît que l'approche commerciale du problème, si elle pouvait se comprendre aux USA, n'était cependant pas adaptée à notre contexte culturel. Il fallait donc réfléchir au problème et trouver une formule qui puisse être applicable chez nous[1].

La formule du docteur Geller ? Le « prêt d'utérus », qui procède de trois structures : deux associations, « Mères d'accueils » et « Sainte Sarah », qui défendent les intérêts respectifs des candidates à la « maternité de substitution » et des femmes stériles, et le CEFER « Centre d'Exploration Fonctionnelle et d'Étude de la Reproduction humaine », banque de sperme privée pratiquant l'insémination artificielle présidée par Sacha Geller, bras médicalisé et cœur de l'organisation du « prêt d'utérus ».

1. F. Giraud, *Mère porteuse et droits de l'enfant*, Hal-01329458V2, 2016, p. 5.

L'association « Mères d'accueil », qui se présente comme un « espoir pour les couples sans enfants » est déclarée le 8 septembre 1983. Parallèlement, le docteur Geller entreprend d'obtenir une autorisation du ministère de la Santé pour le développement d'un projet nommé SARA (Service d'Aide à la Reproduction Assistée) afin d'instruire les demandes de « prêts d'utérus ». Silence de l'État. Sans attendre l'autorisation du ministère de la Santé, le médecin procède à ce qu'il nomme le premier « prêt d'utérus », début 1984. « En mon âme et conscience, et à titre tout à fait bénévole », a-t-il confié depuis. Le 20 août, pourtant, le ministère de la Santé déclare illicite l'objet de l'Association « Mères d'accueil ». Elle est dissoute le 16 septembre.

Deux jours plus tard, le magazine *Parents* publie un reportage sur Patricia, « La première mère porteuse française ». Elle n'est pas la première, mais est médiatisée comme telle. Enceinte après trois inséminations avec le sperme du mari d'une femme stérile, la jeune femme de 21 ans, mariée et déjà mère d'un garçon de 18 mois, justifie son choix :

> Je suis jeune, je suis en bonne santé, j'ai tout pour le faire, cela ne me retire rien à moi et à eux, ça leur donne tellement. [...] si je ne le faisais pas j'aurais l'impression d'être égoïste, indifférente.

À la faveur d'un vide juridique et devant le silence du ministère de la Justice, le docteur Geller est à l'initiative : Patricia passe un test psychologique, puis un test de fertilité.

Le médecin fixe ensuite le montant d'une « indemnisation » de 50 000 francs – soit 13 000 euros : « L'indemnité forfaitaire a pour nous également la signification du contre-don permettant au couple d'exprimer sa gratitude à la mère porteuse pour le cadeau inestimable qui lui est fait. Grâce à l'indemnisation forfaitaire, le prêt d'utérus devient ainsi l'occasion d'une gratification réciproque, il est replacé dans un climat de générosité et d'entraide féminine qui nous a conduits à l'appeler offrande utérine. » En suggérant une notion de réciprocité – le contre-don – au don de la mère porteuse, Sacha Geller emprunte à la « théorie du don » telle que formulée par Marcel Mauss dans son *Essai sur le don*. Nous reviendrons sur la rhétorique du don, centrale dans l'argumentation des partisans de la GPA.

Le 23 octobre, dans un rapport cinglant, le Comité Consultatif National d'Éthique invalide d'un bloc le prêt d'utérus, et soulève des questions qui dessinent des évidences : l'exploitation matérielle et psychologique de la femme et la « question centrale », celle de l'intérêt de l'enfant, qu'elle différencie sans doute possible de l'adoption. Sans appel, le procédé est considéré comme illicite car assimilé à une cession d'enfant, tout contrat ne pouvant être considéré que comme nul car contracté en fraude au droit à l'adoption. Quant à l'intermédiaire, médical ou non, son implication est assimilée à une provocation à l'abandon d'enfant, délit condamné par le Code pénal. Pour le Comité d'éthique néanmoins, l'arsenal législatif existant ne justifie pas une nouvelle loi.

L'avis du Comité d'éthique ne freine pas les ardeurs du docteur Sacha Geller, qui redouble d'arguments. Loin d'avaliser les préoccupations morales du CCNE, le médecin marseillais contre-attaque dans une tribune publiée début janvier 1985, formulant une interprétation purement matérialiste de la levée de boucliers provoquée par la pratique : « Le véritable obstacle sur lequel butte le prêt d'utérus, […] c'est apparemment le problème de l'argent[1]. »

---

1. S. Geller, « Où sont les Tartufes ? », *Le Monde*, 16 janvier 1985.

Début 1985, l'association « Les Cigognes » est constituée à Strasbourg. Elle vient remplacer l'association « Mères d'accueil » dissoute trois mois plus tôt. Pour justifier sa nouvelle offensive sur le terrain du « prêt d'utérus », le médecin invoque le « feu orange » du ministre de la Justice, Robert Badinter, dans son discours du 18 janvier 1985 lors du colloque Génétique, Procréation et Droit.

Conforté par les déclarations du garde des Sceaux qu'il estime rassurantes, le docteur Sacha Geller insémine, début février 1985, deux nouvelles femmes. Mi-février, la bataille de l'opinion s'intensifie. Le magazine *Parents* publie un nouveau reportage : Patricia Lavisse – connue comme la « Première mère porteuse française », désormais Présidente de l'association Les Cigognes, pose, entourée du docteur Sacha Geller et de dix autres candidates à la « maternité de substitution ».

Lors de la Conférence ministérielle des pays membres du Conseil de l'Europe à Vienne, le 20 mars 1985, le garde des Sceaux apporte son credo au tumulte du débat bioéthique des années quatre-vingt : « L'homme est en train de conquérir une plus grande maîtrise de son destin. » Sans manquer à la mise en garde nécessaire face aux dérives que peut représenter la science, Robert Badinter déploie, dans son exposé, la fin d'un monde et l'avènement d'un nouveau : celui du « choix » venu justifier non seulement un droit à la vie, tel qu'inscrit dans l'article 2 de la Convention européenne des droits de l'homme, mais, dans une « portée plus large », un pouvoir à la vie : « Le droit à la vie paraît bien impliquer le droit de tout être humain de donner la vie, la liberté de choisir les moyens par lesquels il pourra donner la vie. »

Ce glissement sémantique, qualifié par la philosophe anti-GPA Sylviane Agacinski de « saisissant raccourci », mérite une attention particulière. En effet le « droit à la vie » énoncé dans la CEDH résulte d'une conception négative, ou concave, de la vie telle qu'elle s'oppose à la mort.

> Le droit de toute personne à la vie est protégé par la loi. La mort ne peut être infligée à quiconque intentionnellement, sauf en exécution d'une sentence capitale prononcée par un tribunal au cas où le délit est puni de cette peine par la loi.

Le positionnement de Robert Badinter résulte lui, et en deçà de toute considération morale, d'une considération positive ou convexe du droit à la vie, faisant d'un droit à la protection de sa propre vie un pouvoir à donner la vie. Il résulterait de cette analyse un droit en tant que substance acquise par un individu dont il pourrait disposer selon son « choix ». Or, l'article 2 de la CEDH comporte deux obligations dites matérielles : protéger le droit à la vie par la loi, et l'interdiction de donner la mort. Un droit normatif que Robert Badinter assimile à une *possibilité* et par là, à l'expression potentielle d'une liberté. Au « pas le droit de » visant à préserver les droits fondamentaux de l'individu à la vie en commun, Badinter substitue un « droit de » individuel. Un fin subterfuge langagier digne des plus grands ténors du barreau. Après sa remarquable et grande bataille contre la peine de mort, Badinter exploite jusqu'à la lie les ressources sémantiques du droit à la vie.

Plus avant, dans son allocution du 20 mars 1985, Robert Badinter procède à une véritable révolution copernicienne, relevée par Sylviane Agacinski dans son essai *Le corps en miettes* :

> D'entrée de jeu, Robert Badinter désigne la femme qui a voulu un enfant comme la vraie mère : « Voici que l'enfant n'est plus nécessairement conçu dans le ventre de la mère… »

S'appuyant sur un simple fait (l'usage de mères porteuses), il s'autorise à l'entériner et opère sans bruit une destruction de la tradition juridique, qui depuis toujours, fonde la maternité sur l'accouchement[1].

Dans les médias, le docteur Geller ne désarme pas. En avril, Patricia Lavisse, désignée par le magazine *Parents* comme la première mère porteuse de France, donne naissance à une petite fille, Isabelle. Patricia accouche sous X dans une clinique de Montpellier. L'enfant est immédiatement donné au couple demandeur. Patricia, elle, est « indemnisée » à hauteur de 50 000 francs (environ 14 300 euros actuels) et reçoit un pendentif en cadeau. Le père, mari du couple demandeur, reconnaît l'enfant et son épouse entame une procédure d'adoption.

Au mois de juin, une troisième association, « Alma Mater » vient compléter le « système Geller ». Alma Mater est une « structure intermédiaire de gestion » destinée aux « problèmes pratiques, notamment comptables » en recevant en dépôt la « compensation financière » à verser à la mère « lorsque tout est terminé », en vertu du « contrat *sui generis* » – contrat issu d'une situation juridique non répertoriée, sans aucune forme de fondement juridique – que constituerait le « prêt d'utérus[2] ».

Tout semble paré pour une légalisation du « prêt d'utérus » : l'association « Sainte Sarah » représente les couples demandeurs ; « Les Cigognes », les « porteuses » ; l'association médiatrice Alma Mater et enfin le centre médical : le CEFER. L'ensemble, chapeauté par le docteur Sacha Geller et un protocole bien rodé : les « mères porteuses », recrutées par petites annonces sont soumises à une série d'entretiens.

---

1. S. Agacinski, *Corps en miettes*, p. 10.
2. Conseil d'État, 22 janvier 1988, n° 80936.

Contre 50 000 francs – environ 13 000 euros – elles acceptent d'être inséminées avec le sperme de l'homme demandeur et de remettre au couple « d'intention » l'enfant à sa naissance, le plus souvent à la clinique de la Renaissance à Marseille. Le père reconnaît alors l'enfant, et son épouse, la « mère d'intention », fait une demande d'adoption plénière.

Un premier dérapage vient néanmoins écorner l'image en papier glacé du docteur Geller. « Cela devait bien finir par arriver[1] », soupire *Le Monde* au soir du 21 décembre 1985. Deux mois plus tôt, une « mère porteuse » refuse de donner au couple stérile demandeur l'enfant qu'elle vient de mettre au monde. La jeune femme garde l'enfant… et les 25 000 francs d'acompte versés lors de l'insémination. « C'est son droit le plus absolu », commente le médecin. « Toute femme est libre de garder son enfant. En acceptant de faire appel à une mère porteuse, un couple stérile doit savoir qu'il court un tel risque. » Si le médecin semble comme miraculeusement frappé de bon sens, c'est notamment pour balayer l'inconfort de la situation.

Mais c'est sans compter sur le cynisme du médecin, qui se saisit du fait divers pour parfaire son système : « Cela souligne la nécessité d'une structure intermédiaire qui conserve par-devers elle la totalité de cette indemnité jusqu'à la fin de la grossesse. » Un impératif catégorique contraire à toute morale. Plutôt que d'interroger la détresse potentielle d'une « mère porteuse », la filiation de l'enfant, la situation du mari du couple demandeur, père oublié de l'enfant, le docteur Geller entend perfectionner son système. Il n'est pas seul. Dans son projet de réforme du Code pénal, le ministre de la Justice Robert Badinter prévoit une peine d'un an

1. « F.N, Une mère porteuse rompt le contrat », *Le Monde*, 21 décembre 1985.

d'emprisonnement pour tout individu qui tirerait profit d'une situation d'intermédiaire entre une mère porteuse et une mère demandeuse. Tout en interdisant un quelconque intermédiaire, le ministre donne son aval au procédé.

Tentant de passer outre les préventions françaises, le médecin développe de nouvelles stratégies. En décembre 1986, il fonde une nouvelle association, Euro Mater. Objectif: harmoniser les législations européennes portant sur la procréation artificielle, et plus précisément sur le « prêt d'utérus ». En 1987, le docteur Geller annonce la naissance de 52 nouveau-nés remis à des couples demandeurs, 59 porteuses inséminées, 60 candidates prêtes à porter un enfant, et plus de 1 000 demandes émanant de couples stériles. 1987 va néanmoins venir contredire les espérances du docteur Geller de voir le « prêt d'utérus » s'épanouir à l'échelle européenne.

C'est un récit, celui d'Anne-Marie, 20 ans, qui va faire basculer l'histoire de la « maternité pour autrui » en France. Enceinte, Sophie est quittée par son compagnon. Elle ne souhaite pas garder l'enfant qu'elle porte. Ayant outrepassé les délais légaux pour interrompre sa grossesse, elle s'exprime régulièrement auprès de ses proches quant à ses regrets de devenir mère. C'est alors qu'une rencontre change le destin de la jeune femme. Une femme, stérile, et qui recherche parallèlement une « mère porteuse » *via* l'association Alma Mater, lui propose d'acheter son enfant. En octobre 1986, Anne-Marie, enceinte de cinq mois, est reçue au CEFER. Elle accepte alors d'accoucher sous X contre la somme de 50 000 francs payable en deux versements. De retour à Marseille quatre mois plus tard, à la veille de l'accouchement, Anne-Marie signe un engagement par lequel elle déclare faire don de son enfant. Le lendemain, le 6 février 1987, son fils lui est retiré dès la naissance. Trois jours plus tard, elle reçoit 25 000 francs et rentre à Lyon. Mais la jeune femme parle à son père qui décide de contacter le docteur Geller pour récupérer l'enfant, en vain. Deux mères pour un enfant. Et le droit français pour Salomon. Anne-Marie prend un avocat, reconnaît son enfant devant notaire. Le 29 juin, une plainte est déposée auprès du procureur de Marseille. À Paris, où réside le couple acheteur, le parquet bloque toutes les procédures d'adoption à la demande du ministère public de Marseille. L'enfant reste alors provisoirement auprès du couple. Le 23 octobre, le mari obtient du juge des enfants de Paris une mesure d'assistance éducative : l'enfant resterait auprès du couple qui l'a reçu. C'est finalement le juge de Lyon, où réside la mère, qui se saisit de l'affaire et aménage progressivement les rapports entre Anne-Marie et son enfant.

L'affaire fait grand bruit. Le 16 octobre 1987, Michèle Barzach, ministre délégué à la Santé et à la Famille, se saisit de l'affaire et demande à Albin Chalandon, garde des Sceaux nommé en mars 1986, la dissolution des associations ayant pour but de faciliter la « maternité de substitution ». Le ministre de la Justice ordonne alors par référé aux procureurs compétents d'assigner, sur le fondement de l'article 3 de la loi du 3 juillet 1901, la dissolution de toutes les associations ayant pour but la maternité de substitution.

À la suite du recours de l'association « Les Cigognes » devant le tribunal administratif, une première décision concernant l'association est rendue par le Conseil d'État dans l'arrêt Association Les Cigognes du 22 janvier 1988. La plus haute juridiction administrative considère comme pénalement répréhensible toute association s'attachant à promouvoir la « maternité de substitution » et déboute l'association de sa requête en excès contre le refus du Préfet du Bas-Rhin d'inscrire l'association. La même année, l'institution remet à la demande du Premier ministre le rapport

« Sciences de la vie, de l'éthique au droit », plus connu sous le nom de « le rapport Braibant » : une nouvelle voix s'élève contre la maternité de substitution.

Après la jurisprudence administrative, c'est au tour de la plus haute cour de la juridiction civile de se prononcer. La Cour de cassation déboute l'association Alma Mater et confirme les décisions du Tribunal de Grande Instance de Marseille et de la Cour d'appel d'Aix-en-Provence du 29 avril 1988. Le 13 décembre 1989, La Cour de cassation déclare « illicite » l'objet de l'association visant l'élaboration de conventions portant sur « les fonctions reproductives de la mère et sur l'enfant à naître » en ce qu'elles contreviennent à l'article 1128 du Code civil (article depuis supprimé disposant qu'« il n'y a que les choses qui sont dans le commerce qui puissent être l'objet de conventions »), mais aussi au principe d'indisponibilité de l'état des personnes. La cour de cassation déclare même la pratique comme visant à « détourner l'institution de l'adoption ».

Aux arguments avancés par la défense, ceux du droit de se marier et de fonder une famille reconnus par l'article 12 de la Convention européenne des droits de l'homme du 4 novembre 1950 et par l'article 23 du Pacte international relatif aux droits civils et politiques (PISCP) du 19 décembre 1966, la justice répond d'une seule voix : non, ces droits « n'impliquent pas le droit de conclure avec un tiers des conventions portant sur l'enfant à naître ». L'enfant, comme la femme ne peuvent faire l'objet de quelque contrat que ce soit.

Les décisions de justice n'entament pas pour autant les certitudes du docteur Geller. « Je n'abandonnerai pas les couples stériles », déclare-t-il à la presse après la décision de la cour d'appel d'Aix-en-Provence d'interdire Alma Mater :

> Si l'un d'eux se présente à mon cabinet accompagné d'une mère porteuse recrutée par petite annonce, je pratiquerai l'insémination, comme mon devoir de médecin me l'ordonne. Chacun se débrouillera désormais. Alma Mater évitait l'instauration d'un marché noir de prêt d'utérus. Je ne peux pas garantir qu'il en sera ainsi à partir du moment où les scellés sont apposés sur la porte de notre siège social. Rien ne peut étouffer le désir d'enfant. Je ne vois pas en quoi le don de gestation volontaire est plus « immoral » que le don de sperme ou la préparation médicale assistée[1].

En une déclaration, le médecin déroule les arguments qui viennent aujourd'hui alimenter les plaidoyers en faveur de la légalisation de la « GPA » : une rhétorique du don au service de la morale, le désir incommensurable d'enfant, et enfin, une mise devant le fait accompli : la pratique existe en France – conséquence non seulement des récits de « maternités pour autrui » américaines, mais aussi de l'intense médiatisation du docteur Geller lui-même.

Au début des années quatre-vingt-dix, le docteur Geller, en première ligne, n'entend donc pas renoncer. Mais cette première bataille est sur le point de s'achever. À la surprise générale, la Cour d'appel de Paris rend, en juin et novembre 1990, cinq arrêts jugeant la maternité de substitution conforme à l'ordre public. Le 15 juin 1990 en particulier, deux arrêts prononcent l'adoption plénière d'enfants nés d'une convention de « maternité de substitution ». L'un concerne un enfant né d'un contrat de mère porteuse aux États-Unis. Le juge du fond considère que la maternité pour autrui « ne heurte pas la conception française de l'ordre public international » et accepte que l'enfant reconnu par le

1. « L'association Alma Mater est dissoute par la cour d'appel. Les mères porteuses hors-la-loi », *Le Monde*, 1er mai 1988.

mari soit adopté par l'épouse[1]. Le second arrêt, quant à lui, prononce l'adoption plénière d'un enfant par l'épouse d'un homme dont le sperme sert à inséminer artificiellement une « mère porteuse ». Un couple qui dans un premier temps s'était adressé à l'association Alma Mater. Se dessine ici, à nouveau, l'ombre du docteur Sacha Geller. La cour d'appel de Paris énonce qu'« en l'état actuel des pratiques scientifiques et des bonnes mœurs, la méthode de la maternité substituée doit être considérée comme licite et non contraire à l'ordre public ». La tentative de volte-face jurisprudentielle est de courte durée. Contrairement au premier arrêt du 15 juin 1990, la maternité de substitution s'est déroulée sur le territoire français et fait expressément mention d'une maternité de substitution[2]. Le Procureur général se pourvoit en cassation dans l'« intérêt de la loi ». Il sonnera le glas de la maternité de substitution sur le terrain judiciaire.

La veille de la décision de la Cour de cassation, l'ancien sénateur Henri Caillavet et le docteur Sacha Geller fondent une nouvelle association : Marter Cordis. Celle-ci a pour but de « gérer les problèmes pratiques posés par les prêts d'utérus entre un couple contraint de recourir à ce procédé et une mère porteuse volontaire pour lui venir en aide ». Le garde des Sceaux demande immédiatement au Parquet de Paris de se saisir de l'affaire en vue de la dissolution.

Le 31 mai 1991, la cour de Cassation, qui, fait exceptionnel, auditionne le Professeur Jean Bernard, *amicus curiae*, président du CCNE, dans l'intention de donner une autorité morale à sa décision, rend un arrêt qui figure désormais

1. F. Monéger, « La gestation pour autrui », *Revue Internationale de droit comparé*, vol 62, n° 2, 2010, p. 233-244.

2. J. Rubellin-Devichi, « La gestation pour autrui devant la Cour de cassation », dans C. Marchal *et al.*, *La maîtrise de la vie*, Paris, ERES « Enfance & parentalité », 2012, p. 169-186.

parmi les grands arrêts de la jurisprudence civile. Plus que la décision elle-même, ce sont les motifs avancés par la Cour qui sont attendus. Les voici : en vertu des articles 6, 1128, et 353 du Code civil « la convention par laquelle la femme s'engage, fût-ce à titre gratuit, à concevoir et à porter un enfant pour l'abandonner à sa naissance contrevient tant au principe d'ordre public de l'indisponibilité du corps humain qu'à celui de l'état des personnes. » Dans ses attendus, la Cour souligne que de telles adoptions plénières constituent « l'ultime phase d'un processus d'ensemble destiné à permettre à un couple l'accueil à son foyer d'un enfant, conçu en exécution d'un contrat tendant à l'abandon à sa naissance par la mère ». Un « processus » relavant d'« un détournement de l'institution de l'adoption » dont la Cour rappelle également le caractère « illicite ».

La condamnation ferme de la justice n'entame pas la volonté des partisans de la « maternité de substitution ». Dans le rapport rédigé par Noëlle Lenoir, alors directrice de cabinet du ministre de la Justice, destiné à Michel Rocard, Premier ministre, sont avancés sans certitude possible les chiffres de 3 700 enfants nés dans le monde depuis le début de la pratique à la fin des années soixante-dix, dont 130 en France. Et selon ce rapport, les associations dissoutes continuent leurs activités en toute impunité, allant même jusqu'à faire la publicité d'« offrande utérine » dans les journaux de l'époque[1].

Si les conventions sont reconnues illicites par la Cour de cassation, il semble toutefois possible de contourner la jurisprudence par une demande d'adoption plénière sans mentionner les conditions dans lesquelles l'enfant a été

1. N. Lenoir, avec la collaboration de B. Sturlèse, « Aux frontières de la vie : une éthique biomédicale à la française, rapport au Premier ministre », Paris, *La Documentation française*, 1991, t. I, p. 39.

conçu[1]. Un an plus tard, la Cour d'appel de Poitiers tente de faire valoir l'adoption simple « pour protéger l'enfant contre les erreurs des adultes[2] ». Mais le 29 juin 1994, la Cour de cassation rappelle les mêmes attendus énoncés lors de l'Assemblée plénière.

Un mois plus tard, la loi bioéthique du 29 juillet 1994 inchangée par les révisions du 6 août 2004 et du 7 juillet 2011, dispose dans l'article 16-7 du Code Civil : « Toute convention portant sur la procréation ou la gestation pour le compte d'autrui est nulle. » L'interdiction explicite du législateur est assortie, quel que soit le cas de figure, de sanctions pénales prévues par l'article 227-12 du Code pénal :

> Le fait de provoquer soit dans un but lucratif, soit par don, promesse, menace ou abus d'autorité, les parents ou l'un d'entre eux à abandonner un enfant né ou à naître est puni de six mois d'emprisonnement et de 7 500 euros d'amende.

Une peine portée à un an d'emprisonnement et 15 000 euros d'amende pour des personnes se constituant intermédiaires de manière habituelle ou dans un but lucratif. La loi ajoute à la jurisprudence. Pour la première fois, les intermédiaires sont directement visés. Le docteur Sacha Geller compris.

« Procréation » et « gestation ». Le législateur n'omet pas une distinction désormais essentielle, permise par les nouvelles techniques de procréation. Une nouvelle « technique »

---

1. I. Arnoux, *Les droits de l'être humain sur son corps*, Bordeaux, Presses universitaires de Bordeaux, 1995, p. 496.
2. Cours d'Assises de Poitiers, 22 janvier 1992, RTD civ.1992, p. 553, obs. J. Hauser, dans J. Rubellin-Devichi, « La gestation pour autrui devant la Cour de cassation », p. 169-186

médicale est en effet mise au point en 1985 aux États-Unis. Pour la première fois, une femme est inséminée avec un embryon qui n'a aucun lien génétique avec elle. *C'est la première GPA*. Désormais, une femme peut porter un enfant sans qu'aucun lien génétique ne les lie. Cette technique ouvre la voie à ce que Sylviane Agacinski qualifie de « séquençage » de la grossesse. Les ovules d'un côté, le ventre, l'utérus, de l'autre. La maternité, traditionnellement fondée dans le droit français sur l'adage, *Mater semper certa est*, qui fait de la mère l'accouchée est profondément mise à mal.

À la faveur de cette « technique » nouvelle – nous reviendrons sur cette expression concernant la GPA – qui se développe aux États-Unis dès la fin des années quatre-vingt, le débat va refaire surface en France. Dès la fin des années quatre-vingt-dix, des couples de Français se rendent aux États-Unis et demandent la transcription des actes de naissance des enfants nés de GPA à l'étranger à l'état civil français. Les couples désireux de recourir à la pratique se tournent vers des pays aux législations plus souples, quitte à mettre la justice française devant le fait accompli. Dès le début des années 2000, et à bas bruit, une nouvelle bataille s'engage en France.

2

PRÉSENT

Le tour du monde de la GPA

1

Une mosaïque étrangère

C'est un des arguments massue des gépéistes. Il est utilisé en 2013 par la philosophe et féministe Élisabeth Badinter, favorable à une GPA « éthique », dans une interview au magazine *Elle*. « Il faut aussi tenir compte d'un aspect pragmatique : la GPA existe ailleurs, elle ne va pas s'arrêter parce qu'on la refuse. » Puisque cette pratique existe ailleurs, qui plus est depuis plusieurs années, pourquoi persister à s'y opposer et ne pas l'autoriser, en lui donnant un cadre ?

Les partisans de la GPA brandissent ici ou là des listes de pays autorisant ou tolérant la pratique comme argument d'autorité, et ce sans rapporter ce qu'elle comporte de dérives et d'oppositions dans chacun d'entre eux. En résulte l'impression vague d'une pratique acceptée partout ailleurs, sauf en France. C'est peu de dire que l'on est loin du compte. Dans un rapport qui défend la légalisation de la GPA en France daté de septembre 2018, le think-tank libéral Génération Libre fondé par le philosophe et essayiste Gaspard Koenig recense ainsi une quarantaine d'États pratiquant la gestation pour autrui :

> La GPA est légalement encadrée dans la plupart des États des États-Unis et des provinces du Canada, en Australie, au Royaume-Uni, en Israël, en Russie, en Géorgie, en Ukraine, en Biélorussie, aux Pays-Bas, au Danemark, en Nouvelle-Zélande, en Corée du Sud, en Iran, au Brésil, en Argentine, en Arménie,

en Afrique du Sud, en Thaïlande et en Grèce. Dans des pays comme la Hongrie, l'Irlande, le Cameroun, la Côte d'Ivoire, le Ghana, le Kenya, le Niger, l'Ouganda, la Colombie, le Mexique, le Panama, le Pérou, le Salvador, le Venezuela, le Liban, la Roumanie, la Pologne, la République tchèque, la Bulgarie, la Belgique et l'Inde, la loi autorise la GPA sans l'encadrer mais laisse la régulation des pratiques se faire au travers des Codes de la Santé quand ils existent.

Une telle liste ne laisse personne de marbre. Une pratique si répandue dans le monde peut-elle véritablement être contestable ? La question est légitime. Pourtant, cette énumération, comme beaucoup d'autres, mérite que l'on s'y attarde. Car à travers le monde, aucune « GPA » ne se ressemble. Chaque législation modèle sa propre gestation pour autrui : parfois encadrée, parfois commerciale, parfois dite « altruiste » ou « éthique ». Qu'elles divergent ou non les unes des autres, que la femme qui porte l'enfant à naître soit sa mère biologique ou non, seul un terme prédomine : « GPA ». À ce maelström juridique s'ajoute le fait que certains pays changent de législation en cours de route, certains allant jusqu'à faire volte-face après la survenance de scandales sur leur territoire. Pour sortir de ce discours lisse présentant la GPA comme une méthode éprouvée, répandue, voire largement acceptée à travers le monde, regardons de plus près quelques-unes de ces GPA internationales, leurs zones grises, et parfois leurs dérives.

Amériques : des Nords aux Suds

Les États-Unis

C'est la mère-patrie de la GPA commerciale et une des destinations phares de la gestation pour autrui à l'international. 18 400 enfants seraient nés par GPA dans le pays entre 1999 et 2013[1]. Et parmi eux, 10 000 depuis 2010. De 727 naissances par an en 1999, le nombre de naissances par GPA a grimpé jusqu'à atteindre 3 432 en 2013. Les futurs parents ? La moitié des couples demandeurs sont d'origine étrangère. Ils n'étaient que 20 % au début des années 2000[2]. Dans le même temps, le nombre de centres de traitement de l'infertilité a grimpé de 25 %[3]. Sur une période relativement courte, et à la faveur d'une clientèle cosmopolite, les GPA sont devenues monnaie courante outre-Atlantique.

Comment expliquer cette croissance, que l'on pourrait qualifier de *Tech baby-boom*, à partir de 2010 ? Principalement par le développement d'Internet. En 1999 encore, les annonces pour des procréations assistées sont diffusées dans la presse papier. Seule 40 % de la population de seize ans et plus a accès à Internet. Dix ans plus tard, le chiffre grimpe à 74 %. Et durant la même période, l'industrie de la reproduction assistée, estimée à 164 millions de dollars aux États-Unis, s'envole jusqu'à atteindre 1,7 milliard[4] en 2010. 80 % des internautes recherchent alors des informations médicales en ligne, et les questions portant sur la médecine reproductive comptent parmi les plus fréquentes. D'autant que les réseaux sociaux révolutionnent désormais

---

1. 1. J. Merchant, « Le cadre juridique et politique gouvernant la gestation pour autrui aux États-Unis », *Ethnologie française*, 2017/3 (vol. 47), p. 421-424.

2. L. Tamar, « Coming to U.S. for Baby, and Womb to Carry it », *New York Times*, 5 juillet 2014.

3. Toujours selon les Center for Disease Control (CDC), les États Unis comportaient alors 243 cliniques sur tout le territoire.

4. Swink D. R., Reich B., « Outsourcing Reproduction : Embryos and Surrogacy Services in the CyberProcreation Era » (2011), *Ethics and Business Law*, Faculty Publications, 14.

les échanges. MySpace est fondé en 2003, Facebook et Flickr en 2004, Twitter en 2006[1].

Désormais, en 2020, 2 000 enfants en moyenne naîtraient chaque année par GPA sur le sol américain. Mais toutes ces statistiques ne révèlent que la partie émergée de la pratique. Selon un article du *New York Times*, de nombreux arrangements entre couples et « mères porteuses » ayant fait connaissance sur Internet ne sont pas pris en compte, car aucun contrat officiel n'a été établi.

Pour comprendre les enjeux que recouvre la GPA outre-Atlantique, il faut regarder au travers de ces chiffres et en convoquer d'autres. Aux États-Unis, donc, la GPA est dite « commerciale ». Qu'est-ce que cela implique ? Dans la plupart des cas, les « mères porteuses » sont rémunérées, en moyenne, à hauteur de 20 000 à 35 000 dollars[2]. Mais pour les plus « expérimentées », les paiements peuvent atteindre 50 000[3] dollars. Les futurs parents doivent aussi régler les honoraires de l'agence de « mères porteuses », les frais de voyage, les coûts liés au don d'ovules et/ou de sperme, les frais de la clinique, les soins juridiques, les démarches juridiques et l'assurance santé. Pour un seul enfant, une GPA peut rapidement coûter de 110 000 à 170 000 dollars. Un prix qui grimpe en cas d'échecs successifs de la fécondation *in vitro*. Selon le Fertility Center de Las Vegas, principalement tourné vers une clientèle internationale, et notamment française, à elle seule, une fécondation *in vitro* représente un coût d'environ 40 000 dollars. Ce tarif comprend les

1. D. Cardon, *La culture numérique*, Paris, Les Presses de Science Po, 2019.
2. H. Jacobson, *Labor of Love, Gestationnal surrogacy and the work of making babies*, New Jersey, Rutgers University Press, 2016.
3. H. Jacobson, *Labord of Love*, New Jersey, Rutgers University Press, 2016, p. 59.

médicaments, les frais et tests de laboratoire, les procédures et « le temps du médecin[1] ».

Bien qu'aucune loi fédérale n'encadre spécifiquement la pratique, la plupart des États américains autorisent ou tolèrent la GPA, selon des réglementations très hétérogènes. Contrairement aux idées reçues, la « surrogate mother » – littéralement, la « mère de substitution » – n'est d'ailleurs pas toujours rémunérée. Mais ces cas sont extrêmement rares. Dans certains États, peu nombreux, la contrepartie financière n'excède pas les frais engendrés par la grossesse et la compensation pour la perte de salaire engendrée par le congé maternité. Les États qui admettent la GPA commerciale sont l'Alabama, l'Arkansas, la Californie, le Connecticut, l'Illinois, l'Iowa, le Maryland, le Massachusetts, le Minnesota, le Nevada, le Dakota du Nord, l'Ohio, l'Oregon, la Pennsylvanie, la Caroline du Sud, le Tennessee, le Texas, l'Utah, la Virginie occidentale et le Wisconsin. Ils ont soit légiféré, soit laissé aux tribunaux le soin d'édicter une jurisprudence pour encadrer la pratique. Seuls le Michigan et l'Indiana l'interdisent explicitement. Une loi fédérale, votée en 1982, se contente d'imposer la publication d'un rapport d'activité annuel à tous les centres et cliniques en activité traitant l'infertilité[2].

En résulte un véritable patchwork réglementaire[3]. Les États-Unis sont en somme « un microcosme du reste du

1. Site internet du Fertility center de Las Vegas. www.fertilitycenterlv.com/fr/traitements-de-fertilite/le-prix-de-la-gestation-pour-autrui-gpa/

2. Voir J. MERCHANT, « Le cadre juridique et politique gouvernant la gestation pour autrui aux États-Unis », p. 421-424.

3. Sous la coordination de V. BOILLET, M. ROCA I ESCODA et E. DE LUZE, *La Gestation pour autrui. Approches juridiques internationales*, Paris, Anthemis, 2018.

monde, avec toute la gamme des positionnements mondiaux à l'égard de la gestation pour autrui représentés au sein de ses frontières[1] ». Pour la chercheuse américaine en sociologie Heather Jocobson, auteur d'un ouvrage de référence sur la GPA américaine, *Labor of Love*, « la forte orientation néolibérale qui domine aux États-Unis, s'ajoutant au fait que le gouvernement reste mutique sur ces sujets, fait des États-Unis un cas unique de GPA différentes [...] ».

Pourquoi un tel mutisme de la part du gouvernement central ? Un autre auteur, que nous croiserons à plusieurs reprises dans cet essai, nous éclaire. Pour Debora Spar, professeur à Harvard, la « réticence » de l'État fédéral résulterait non seulement de la politique traditionnelle américaine du « laisser-faire », mais également de la « peur profonde » de toucher de près ou de loin aux questions politiques et religieuses, et notamment à celle de l'avortement, sujet explosif outre-Atlantique. Même parmi les acteurs de la GPA aux États-Unis, la question n'est pas tranchée. Certaines « mères porteuses » sont fermement opposées à l'avortement et réalisent une GPA au nom d'un discours « pro-vie », à mille lieux des revendications libertaires qui défendent également la GPA.

Mais la clientèle internationale n'a que faire de ces débats. Les États-Unis offrent aux couples et célibataires infertiles du monde entier – dès lors qu'ils en ont les moyens – un encadrement juridique rassurant donnant accès à des techniques médicales de procréation assistée de pointe. Dans ce pays où

1. R. F. Storrow, Surrogacy American Style, dans *Surrogacy, Law, and Human rights* 191, 200, P. Gerber, K. O'Byrne (éd.), 2015, cité par D. S. Hinson, M. McBrien, « Surrogacy Across America », *Family Advocate* 32, 34, 2011, dans A. Finkelstein, S. M. Dougall, A. Kintominas, A. Olsen, *Surrogacy Law and Policy in the U.S. : A National Conversation Informed by Global Lawmaking*, Columbia Law School Sexuality & Gender Law Clinic, 2016.

la pratique des « mères porteuses » existe depuis le milieu des années soixante-dix, les juristes sont plus rodés que partout ailleurs dans le monde. Les scandales qui ont éclaté ont seulement contribué à épaissir les contrats liant « mère porteuse » et « parents d'intention », autrement appelés « IP » *(Intented parents)* dans le jargon anglo-saxon. Une « tradition » de la GPA qui a permis l'émergence d'un marché mastodonte. Aux États-Unis, 88 % des cliniques déclarent pratiquer la GPA, alors qu'elles se trouvent dans des États aux législations diamétralement opposées. Mais ne nous y trompons pas, dans les faits, seule une poignée de ces structures – environ une dizaine –, principalement situées en Californie, en Floride, dans le New Jersey, le Nevada et l'Oregon monopolisent la pratique de la GPA. Des GPA commerciales, qui, à ce titre, rémunèrent la « mère porteuse ».

Selon une étude menée en 2015 par le cabinet Harris Williams & Co[1], le marché américain dans son ensemble, qui regroupe la gestation pour autrui, les dons et la conservation de gamètes, ainsi que les traitements pour la fertilité, représenterait entre 3 et 4 milliards de dollars par an[2]. Des profits considérables, portés en partie par le secteur pharmaceutique, qui se taillerait une part d'environ 1,5 milliard de dollars, principalement grâce aux médicaments et aux hormones permettant de favoriser l'ovulation. À elles seules, les techniques de reproduction assistée – insémination, chirurgie reproductive, gestation pour autrui et fécondation *in vitro* – rapporteraient entre 1,7 et 2,5 milliards de dollars. La GPA rémunère donc la *surrogate mother*, mais elle permet surtout le développement d'un marché gigantesque, d'autant plus

1. Harris Williams & Co *Fertility market overview*, mai 2015.
2. Un chiffre confirmé par la chercheuse H. Jacobson dans l'ouvrage *Labor of Love*.

porteur qu'il concerne aussi le sperme et les ovules, qui font eux-mêmes l'objet d'échanges commerciaux. C'est un fait peu connu en Europe, mais une loi fédérale est censée encadrer les techniques de reproduction assistée aux États-Unis – sans toutefois mentionner la GPA. Dès 1984, le National Organ Transplant Act a interdit la vente d'organes et autres produits du corps humain. Pour contourner cette législation, les « dons » de gamètes sont donc officiellement indemnisés au titre du temps passé, de la perte de salaire engendrée et à hauteur des éventuels dangers encourus par les donneurs[1]. Un détournement au su et au vu de tous auquel l'administration ne semble pas voir d'inconvénient.

Pourquoi les dons de gamètes concernent-ils particulièrement la GPA américaine ? Depuis l'affaire « Baby M », rappelons-le, la plupart des « mères porteuses » américaines n'ont aucun lien génétique avec l'enfant qu'elles portent. C'était le cas dans 95 % des cas en 2018[2]. Cette manœuvre consistant à séparer la grossesse de la conception a pour objectif d'éviter que la « mère porteuse » ne garde l'enfant à la naissance ou ne développe un lien affectif trop fort avec lui. Dans sa quête d'enfant, le couple d'intention doit donc prendre le temps de choisir une donneuse d'ovocytes – sauf lorsque la mère désignée comme « mère d'intention » est en mesure d'utiliser ses propres ovocytes. Une fécondation *in vitro* est ensuite réalisée pour créer un embryon à partir du sperme du père et des ovules sélectionnés, embryon qui est ensuite inséminé dans l'utérus de la « mère porteuse ».

Si la question de la rémunération des « mères porteuses » est régulièrement médiatisée, on connaît beaucoup moins le

1. J. Merchant, « Le cadre juridique et politique gouvernant la gestation pour autrui aux États-Unis », p. 421-424.

2. S. Kalantry, « Regulating Markets for Gestational Care : Comparative Perspectives on Surrogacy in the United States and India », *Cornell Journal of Law and Public* Policy, vol. 27 : Iss. 3, Article 8, 2018.

marché des ovocytes. Pourtant, comme le rappelle la philosophe américaine Donna Dickenson, « les ovules ne poussent pas dans les arbres[1] ». Parmi les récits de parcours de GPA, peu évoquent la rémunération et les conditions de sélection des donneuses d'ovocytes. Dans son livre-témoignage *Qu'est-ce qu'elle a ma famille ?*, dans lequel il fait le récit de la naissance de ses deux filles par GPA en 2011 et 2013 aux États-Unis, le journaliste Marc-Olivier Fogiel évoque ainsi la donneuse d'ovocytes, qui se prénomme Jane :

> J'étais ravi de faire la connaissance de cette jeune femme, si vive, si énergique, mais ce n'est qu'en la quittant que j'ai eu la preuve de son implication. Ce *don d'ovocyte* – je souligne – n'était pas qu'une opération abstraite pour elle, aussi éprouvante soit-elle physiquement. Elle avait conscience qu'une vie allait naître de son acte de générosité. Après le dîner, elle nous a donné une carte qu'elle avait dessinée ; elle y avait écrit ces mots : « I feel so happy to be a small part of this »[2].

Ce récit est intéressant, tant il met au jour le besoin des parents d'intention de construire un récit valorisant leur démarche ainsi que toutes les parties prenantes. Il s'agit à n'en pas douter d'un ressenti sincère. D'ailleurs, Jane n'a-t-elle pas elle aussi exprimé sa joie de « faire partie de cela » ?

Mais ce récit occulte une partie de la réalité, moins heureuse : le « don » américain est toujours rémunéré. Et d'une manière peu « éthique » : les jeunes femmes sont rémunérées très différemment selon leur physique, leur âge, leur niveau d'études. Et, de fait, le prix des ovocytes oscille aussi selon ces critères…

---

1. Dans C. Lafontaine, *Le Corps-marché, la marchandisation de la vie humaine à l'ère de la bioéconomie*, Paris, Éd. du Seuil, 2014.
2. M.-O. Fogiel, *Qu'est-ce qu'elle a ma famille ?*, Paris, Grasset, 2018, p. 31.

Comment en est-on arrivé là ? La professeure d'Harvard Debora Spar nous éclaire. À partir des années quatre-vingt-dix, dès lors que les médecins ont su comment créer un embryon *in vitro* et l'insérer dans un utérus tiers, la question d'utiliser les ovules d'une autre femme s'est posée. Il fallait pour cela coordonner les cycles de l'une et de l'autre. La solution médicale est rapidement mise au point. Hormones pour la donneuse, progestérone pour la candidate au rôle de « mère porteuse ». Seul problème ? Trouver des donneuses.

Au départ, les candidates se résument à l'entourage des protagonistes. Famille, amies. Mais pour mettre au point des procédures performantes avec des taux de réussite satisfaisants, il faut des ovules jeunes, qui peuvent se multiplier facilement. Cela est d'autant plus indispensable qu'à mesure que la technique se répand, la demande augmente. Les fécondations *in vitro* (FIV) sont de plus en plus utilisées et les « bébés-éprouvette » ne font plus scandale. Mais les ovules manquent drastiquement. Et pour cause. L'intervention est lourde, sous anesthésie, plus ou moins bien tolérée physiquement et nécessite au préalable plus d'un mois de prescription médicamenteuse. « Pourquoi une jeune femme en pleine santé se mettrait-elle en danger pour aider un inconnu infertile ? », interroge Debora Spar. C'était sans compter l'audace de certains centres d'infertilité. Au début des années quatre-vingt-dix, quelques cliniques commencent à diffuser des petites annonces en vue de recruter des donneuses. Elles proposent 2 500 dollars pour couvrir « le temps et la gêne occasionnés ». Les donneuses se manifestent peu à peu : étudiantes diplômées, jeunes mères, actrices en difficultés économiques. Leur motivation est double :

> La plupart de ces femmes exprimaient un réel désir d'aider d'autres femmes en difficulté. La plupart avaient vu certains de leurs proches souffrir d'infertilité ou se sentaient reconnaissantes d'une aide qu'elles avaient reçue dans leur propre vie. Presque

toutes, en revanche, répondaient nettement aux incitations financières inhérentes au paiement forfaitaire pour quelques semaines de « travail »[1].

Peu à peu, la concurrence s'installe entre les cliniques pour attirer ces jeunes femmes. Les prix grimpent, en fonction des cliniques mais aussi du profil des donneuses. Dans un article intitulé « Billion dollar Babies », publié en mars 2017, la journaliste Lucie Robequain décrit un marché aux contours peu reluisants :

> D'argent, on en parle le moins possible : les Américains disent que les ovules sont « donnés » alors qu'ils sont vendus à des prix variables, parfois exorbitants, selon les qualités physiques et intellectuelles des donneuses. Le médecin Majid Fateh a, lui, pris l'habitude de recruter les donneuses d'ovules à l'université de Columbia, l'une des meilleures du pays. Tous les quatre mois, il publie des annonces dans le journal universitaire. Les étudiantes qui mesurent environ 1,75 m et affichent d'excellents résultats au SAT – équivalent du bac – peuvent monnayer jusqu'à 40 000 dollars leur lot d'ovules. Les femmes « normales » se contentent de 10 000 dollars[2].

Des rémunérations variables, attribuées selon une sélection très précise :

> Rien n'est laissé au hasard. Les donneuses doivent remplir un dossier d'une trentaine de pages, dans lequel elles détaillent leurs caractéristiques physiques et intellectuelles, leur vie sexuelle, leurs talents artistiques et leurs habitudes alimentaires[3].

---

1. D. L. Spar, *The baby business, How money science and politics drive the commerce of conception*, Harvard Business School Press, 2006.
2. L. Robequain, « Billion dollar Babies », Les Échos Week-end, 17 mars 2017
3. *Ibid.*

Parmi les ovules les plus recherchés on trouve ceux des jeunes femmes d'origine asiatiques, les Japonaises et les Coréennes étant peu enclines à vendre les leurs. La demande étant bien supérieure à l'offre, les cliniques et centres de fertilité vont directement chercher les donneuses là où elles se trouvent : sur les campus. Quitte à créer quelques crispations. Au mois de février 2021, le *Tech*, journal des étudiants du Massachusetts Institute of Technology (MIT), université parmi les plus sélectives de la planète, s'est agacé dans un éditorial des campagnes de démarchage menées régulièrement auprès des étudiantes d'origine asiatique, directement sur leur boîte mail[1]. Les mails, intitulés « Outstanding Asian » (« Asiatique exceptionnelle »), offraient 50 000 dollars en « compensation » d'un « don d'ovules », idéalement d'une « étudiante chinoise du MIT de 21 ans et parmi les meilleures élèves de sa classe et avec plusieurs récompenses au lycée et à l'université ». Si ces sollicitations ne sont pas nouvelles, le journal étudiant relève que les compensations financières proposées ont en revanche « presque doublé », passant de 20 000 à 50 000 dollars en quelques années. Le MIT n'est évidemment pas la seule université à être sollicitée : Columbia, Harvard, Princeton, Stanford, Yale ou encore l'université de Pennsylvanie n'échappent pas à la traque. Un démarchage intense qui inquiète la communauté du MIT, qui rappelle les « graves dangers potentiels » d'une telle pratique et s'insurge contre une rhétorique « stéréotypée et raciste ».

Toujours est-il qu'aux États-Unis, les cliniques et agences spécialisées font peu de cas des questions éthiques lorsqu'il s'agit d'obtenir un matériel génétique satisfaisant pour leurs clients. Les centres de fécondation *in vitro* vont jusqu'à

1. The Tech editorial Board, « Elitist ans racist egg donation ads have no place in student newspaper », *The Tech*, 18 février 2021.

recruter des donneuses non seulement en leur proposant de l'argent, mais aussi des iPods ou des tickets de cinéma[1].

Comment ces futures mères génétiques sont-elles présentées aux futurs parents ? Le témoignage d'un couple rencontré sur les réseaux sociaux nous en apprend davantage sur ce point. Antoine est aide-soignant, Rémi, steward. Le couple, marié, a entamé un processus de GPA en décembre 2020. Pour réaliser « leur » GPA, Antoine et son mari[2] se sont adressés à une clinique californienne, qui leur a proposé « une base de données d'ovocytes ». « Les donneuses, c'est un coût financier qui n'est pas négligeable ; c'est entre 6 000 et 15 000 euros. » Le prix dépend « de son âge, si oui ou non elle a déjà été donneuse et si ses ovocytes étaient viables. » À la clinique, on leur présente un catalogue numérique des donneuses : « C'est pas hyper agréable à faire au début. C'est un peu particulier, parce que tu es sur le site et puis tu sélectionnes : "ben *[sic]* je veux qu'elle soit blonde, je veux qu'elle ait les yeux bleus, qu'elle soit grande", etc. » Le futur père tempère : « Au-delà de ça, tu apprends plein de choses sur elle : sa couleur préférée, son style de musique, ce qu'elle a fait comme études, si elle est en couple, etc. Tu connais sa vie en fait... C'est pas qu'un catalogue. » Mais comme dans la grande majorité des cas, les « parents d'intention » ne rencontrent pas la donneuse. Antoine m'explique pourquoi, avec précision : « Les donneuses d'ovocytes, tu as trois contrats possibles. Soit un contrat anonyme – dans ce cas il n'y aura jamais de contact entre nous et la donneuse d'ovocytes, et c'est à vie. Il y a aussi le contrat "semi-open" – là il

1. C. R. Daniels, Heidt-Forsythe, « Gendered Eugenics and the Problematic of Free Market Reproductive Technologies : Sperm and Egg Donation in the United States », *Signs*, vol. 37, n° 3, 2012.

2. Les prénoms ont été modifiés.

n'y a pas de contact avec la donneuse d'ovocytes jusqu'aux 18 ans de l'enfant. À ses 18 ans, l'enfant et la donneuse reçoivent un courrier pour savoir s'ils veulent se connaître ou pas. Et il y a le contrat "open" où on a le contact de la donneuse et on garde contact avec elle si on en a envie.» Des relations très encadrées juridiquement, donc, au coût là aussi variable et plus ou moins accessible: «Le contrat "open" c'est beaucoup plus compliqué. Nous l'avions envisagé, mais peu de filles font du contrat "open". Nous on est partis sur un contrat anonyme», me confie-t-il. «On est allés sur le site, on a regardé si physiquement ça nous plaisait et puis après on regarde aussi ses traits de caractère, et aussi le risque de maladies génétiques.» Car un test génétique a été réalisé au préalable: «En fait il faut savoir qu'elles font ce qu'on appelle un prélèvement "Invitae", laboratoire basé aux Pays-Bas et aux États-Unis, pour lequel elles font un test salivaire qui permet de détecter les 300 maladies génétiques les plus fréquentes.» L'option est payante. «Ça coûte aux alentours de 200-250 euros», explique Antoine.

Aux États-Unis, les pratiques de sélection sont répandues. Selon la revue hebdomadaire de l'American Medical Association Journal of Ethics, la technique du diagnostic préimplantatoire (DPI) est utilisée par les cliniques américaines à des fins «non-médicales», à la faveur d'un vide législatif. Autorisé en France depuis 1999, le DPI est strictement encadré. Selon l'agence de biomédecine, il est proposé «aux couples qui risquent de transmettre à leur enfant une maladie génétique d'une particulière gravité au moment où la démarche de DPI est initiée». Des critères auxquels s'ajoute une procédure tout aussi stricte: seul le gène suspect fait l'objet d'investigations. Des préventions éthiques dont les cliniques traitant l'infertilité ne s'encombrent pas outre-Atlantique. Selon une étude publiée en 2017, elles étaient près de 73 % à proposer aux patients-clients de sélectionner le sexe du futur enfant, et ce même si le couple n'était pas infertile[1]. Mais les cliniques américaines réservent d'autres surprises, qui inquiètent l'Association médicale américaine, la plus importante association de médecins et d'étudiants en médecine du pays. Certains DPI auraient pour finalité de sélectionner « la couleur des cheveux, la taille, les capacités athlétiques ». Des inquiétudes bien légitimes, portant sur des pratiques bien réelles.

Aux États-Unis un endocrinologue-entrepreneur fait même des prouesses en la matière. Il y a plus de 40 ans, Jeffrey Steinberg a fondé le Fertility Center, qui comporte aujourd'hui de nouvelles antennes. Il est en mesure de déterminer le sexe du bébé dans 99,9 % des cas. Le prix ? 20 000 dollars[2]. Il faut compter le double pour sélectionner la couleur des yeux du futur bébé[3]. Bleus, verts, marrons. À vous de choisir.

Aux États-Unis, 15 % des couples sont infertiles. Et dans 18 % des cas, l'infertilité peut être attribuée à une incompatibilité au sein du couple plutôt qu'à un individu en particulier[4]. Mais l'utilisation du DPI pour déterminer la couleur des yeux et du sexe de l'enfant est peu répandue. Elle nécessite un haut niveau de technologie et de connaissances, inaccessible à la majorité des cliniques. Elle est donc réservée à une clientèle très aisée, et souvent plus exigeante.

---

1. *AMA J Ethics*, 2018, 20 (12) : E1160-1167.
2. K. Moisse, « Fertility Clinic Offers Gender Selection, Draws Women From Abroad », *ABCnews*, 12 septembre 2012.
3. Cette possibilité est mise en avant sur la page d'accueil du site internet du Fertility Center. www.fertility-docs.com/
4. Harris Williams and Co., *Fertility market overview*, mai 2015.

Le docteur Steinberg cherche même à perfectionner son art en travaillant désormais sur des critères de taille. Sa technique tend malgré tout à se répandre peu à peu au gré de l'ouverture de nouvelles antennes, dans l'Utah et au Mexique, en Inde et en Autriche[1]. Si, comme le souligne le sociologue Emmanuel Todd, « dès l'aube de la civilisation, l'accès au pouvoir suprême pousse à une perte de sens du réel et à un irrépressible besoin de repousser ce qui est possible et décent[2] », force est de constater que s'ajoutent désormais à ce besoin les moyens techniques d'y parvenir…

Dans son ouvrage *Contre la perfection – L'éthique à l'âge du génie génétique*, le philosophe américain et professeur à Harvard Mickaël Sandel fait état d'une technologie de pointe en matière de sélection sexuée développée par le Genetics and IVF Institute, situé en Virginie[3]. La clinique privée accueille une clientèle internationale infertile et pratique la GPA[4]. Elle propose une technique de tri des spermatozoïdes permettant aux clients de choisir le sexe du bébé avant même la fécondation *in vitro*. La technologie n'a rien d'un progrès récent. Elle reprend un brevet du département de l'agriculture américain développé pour l'élevage. Les spermatozoïdes porteurs du chromosome X (féminin) sont plus chargés en ADN que ceux portant le chromosome Y. Le processus qui permet de les séparer, déposé sous le nom de MicroSort, montre des taux de réussite à 91 % pour les naissances de filles et 76 % pour les garçons.

---

1. Feriel Mestri and co, *Un bébé à tout prix*. RTS Voir : www.rts.ch/info/sciences-tech
2. E. Todd, *Les luttes des classes au XXIe siècle*, Paris, Éd. du Seuil, 2020.
3. M. J. Sandel, *Contre la perfection. L'éthique à l'âge du génie éthique*, Paris, Vrin, 2016, p. 21.
4. CDC, *Fertility Clinic Success Rates Report 2018*. www.cdc.gov/art/pdf/2018

Mais les spécificités du marché américain ne se limitent pas à proposer un éventail de solutions techniques. Il s'est aussi organisé pour répondre à une clientèle très ciblée : les couples homosexuels. Selon la chercheuse en sociologie et anthropologie américaine Heather Jacobson, une niche commerciale a peu à peu émergé autour des couples homosexuels masculins à hauts revenus. Aux États-Unis, le marché privé de la GPA étant régi par des principes néolibéraux, des praticiens choisissent eux-mêmes leur clientèle et décident qui pourra ou non bénéficier de tel ou tel service. À la faveur d'une clientèle aisée, et donc rémunératrice, un groupement informel de cliniques « gay-friendly » s'est ainsi épanoui pour satisfaire de nouveaux parents-clients.

« Les États-Unis ne sont pas que l'épicentre de la gestation pour autrui en général, c'est actuellement le seul marché stable, global et commercial dans lequel des protections légales existent pour les couples ouvertement homosexuels[1] », note dans un article très documenté Heather Jacobson. Outre-Atlantique, certaines *surrogate mothers* tendent même à les privilégier :

> Il y a des mères porteuses aux États-Unis qui préfèrent s'assortir avec des hommes homosexuels pour ne pas avoir à traiter avec des mères d'intention ayant un sentiment récurrent d'insuffisance en raison de leur infertilité.

D'autres, en revanche, refusent de porter un enfant pour des couples gays :

> Ces femmes ne voient pas les couples de même sexe comme des « bonnes familles » au prétexte d'objections religieuses.

1. H. Jacobson, « A limited market : the recrutment of gay men as surrogacy clients by the infertility industry in the USA », *Reproductive Biomedicine & Society Online*, vol. 7, 2018, p. 14-23.

Une dichotomie retrouvée également chez les praticiens. En 2013, le comité éthique de l'American Society for Reproductive Medecine (ASMR) avait ainsi cru bon de dénoncer la problématique du « déni d'accès aux services de fertilité sur la base du statut marital et de l'orientation sexuelle », pointant les pratiques discriminatoires à l'égard de la communauté LGBTQ+ *(lesbian, gay, bisexuel, trans, queer/questionning and others)*.

Si de nombreuses cliniques ne cherchent pas à recruter des couples homosexuels, un noyau dur s'est constitué en Californie, où certains Fertility centers communiquent exclusivement sur un positionnement « gay-friendly » pour attirer les couples internationaux. Depuis 2013, la législation de l'État prévoit la protection des contrats de gestation pour autrui à toutes les familles. De nombreux couples gays se tournent également vers les États de New York et du New Jersey, ainsi que vers le Texas.

Cette niche homosexuelle est toutefois limitée. Aux États-Unis, les femmes sont prioritaires pour les traitements contre l'infertilité. Selon la sociologue, le traitement de l'infertilité aux États-Unis est avant tout une « question féminine ».

> En d'autres termes, les hommes homosexuels ne sont pas recrutés parce qu'ils sont des hommes, et les hommes ne représentent pas la clientèle prioritaire.

Un second facteur d'exclusion résulte du niveau de technologie élevé nécessaire à la réalisation d'une gestation pour autrui :

> Malgré la manne financière que peuvent représenter les couples gays pour certaines cliniques, allier le don d'ovules au service de gestation pour autrui nécessite une infrastructure

entière qui dépasse les capacités en temps, en énergie et en argent pour le personnel de certaines cliniques.

Un constat qui conduit la sociologue à identifier un déséquilibre sur le marché national de l'infertilité en accentuant les inégalités économiques et géographiques :

> Alors que de riches couples homosexuels dans le sud de la Californie sont soutenus par une communauté locale sensible à la question de l'infertilité, et ont peu de difficultés à trouver des cliniques et agences répondant à leurs besoins, des hommes homosexuels dont le statut économique et social correspond à la classe moyenne américaine n'ont aucune option locale pour former leur famille grâce à la gestation pour autrui.

Pour la sociologue, plus généralement, une clientèle aux revenus très élevés n'est pas sans conséquence sur les populations les moins privilégiées du pays :

> Le marché des riches couples infertiles s'entrecroise avec une stratification raciale, qui exclut les femmes de couleur – particulièrement la classe ouvrière et les femmes de couleur pauvres – alors que des preuves empiriques pointent l'augmentation des taux d'infertilité dans cette population.

Un marché qui tire les prix vers le haut, empêchant les populations les moins aisées de recourir aux services d'une mère porteuse.

Qui sont-ils, ces futurs parents ? Voici leur portrait type : en majorité blancs, mariés et âgés de 39 ans en moyenne. Ils ont un haut niveau d'études et de revenus. Tous sont des couples infertiles et se sont tournés vers la gestation pour autrui après plus de cinq ans de tentatives de procréation médicalement assistée[1]. Ces couples privilégient la possibilité d'un lien génétique avec l'enfant à naître. Certains avaient toutefois envisagé l'adoption, avant d'y renoncer, par peur de la réaction familiale ou craignant que la procédure n'aboutisse pas. Leurs cinq préoccupations sont les suivantes : le coût très élevé de la gestation pour autrui, le risque de voir la gestatrice garder l'enfant à la naissance, la difficulté de renoncer à une grossesse dite « classique », la confiance à accorder à la porteuse pendant sa grossesse, et enfin sa capacité à prendre soin d'elle-même et de l'enfant à naître. Tous sont prêts à dépenser d'importantes sommes pour une gestation pour autrui[2]. Aux États-Unis, la GPA est réservée exclusivement aux très hauts revenus ou aux personnes capables d'emprunter les sommes nécessaires à leurs proches ou via un crédit bancaire.

Et quid des « mères porteuses » ? Elles sont sélectionnées avec soin par les agences, qui jouent leur réputation. Dans ce marché qui génère d'importants revenus, et qui est encore socialement controversé, il faut être *clean*. Car bien que les contrats bâillonnent les « mères porteuses », des risques persistent : une « mère porteuse » pourrait éventuellement fuir avec l'enfant dans un État qui interdit la GPA et se déclarer comme mère de l'enfant, tenter d'extorquer de l'argent au couple d'intention, ou encore avoir un comportement inadapté pour une GPA en demandant à garder l'enfant à la naissance. Pour protéger les parents d'intention, ainsi que leur précieuse (car rémunératrice) réputation, les agences effectuent donc un tri parmi

1. Conseil de l'Europe, Commission des Affaires sociales, de la santé et de la famille, « Pour une reconnaissance et un encadrement de la maternité de substitution, une alternative à la stérilité », AS/Soc 9 révisé 2. 5 juillet 2005.

2. R. Deonandan, « Recent trends in reproductive tourism and international surrogacy : ethical considerations and challenges for policy », *Risk management and healthcare policy*, 8, 2015, p. 111-119.

les candidates. Il importe d'éviter le scandale et le tribunal. Généralement, les candidates à la maternité de substitution doivent être « financièrement et psychologiquement stables », elles ont déjà au moins un enfant, ont entre 21 ans (majorité aux États-Unis) et 40 ans, et surtout, surtout, ne doivent pas être motivées uniquement par l'argent[1]. Beaucoup d'appelées mais peu d'élues, à en croire les cliniques et les agences. Nous reviendrons sur ces beaux discours.

La sociologue Heather Jacobson démontre qu'aux États-Unis les « mères porteuses » ne sont pas à proprement parler socialement et économiquement « exploitées ». Selon elle, la vision de la femme utilisée au profit de riches étrangers est caricaturale. Elles n'en sont pas moins, pour la très grande majorité, issues d'une classe socio-économique moins élevée que celle des *Intented Parents.* La moitié appartient à la classe ouvrière, et l'autre à la classe moyenne[2].

La plupart des *surrogate* travaillent. Elles sont enseignantes, infirmières, évoluent dans la vente ou dans le secteur social et continuent d'exercer à plein temps ou à temps partiel pendant la grossesse. D'autres, minoritaires, sont mères aux foyers. Un groupe d'un genre nouveau émerge : les épouses de militaires. Elles seraient de plus en plus nombreuses à rejoindre les rangs des *surrogate* américaines. Et pour cause : le taux de chômage des épouses de militaires serait trois fois supérieur à celui des femmes mariées à un civil et 90 % d'entre elles seraient sous-employées au regard de leur expérience et de leur éducation[3].

1. H. Jacobson, *Labor of Love*, New Jersey, Rutgers University Presse, 2016, p. 41.
2. *Ibid.*, p. 48.
3. E. Ziff, « "The Mommy Deployment" : Military Spouses and Surrogacy in the United States », *Sociological Forum*, vol 32, n° 2, juin 2017.

Qu'on ne s'y trompe pas, aux États-Unis la GPA est loin de faire l'unanimité. Alors même que le pays est une destination privilégiée en raison d'un processus très éprouvé, encadré et ouvert aux couples et célibataires du monde entier, de nombreuses voix s'élèvent pour dénoncer un marché lucratif faisant du corps une « marchandise » et creusant les inégalités économiques et sociales. Beaucoup de féministes américaines dénoncent une « marchandisation » du corps et une exploitation des femmes les plus précaires. Gloria Steinem, icône du féminisme américain, a émis de vives critiques à l'égard de la GPA commerciale, autorisée depuis avril 2020 dans l'État de New York (seule la GPA « éthique » était autorisée auparavant). Dans une lettre ouverte au gouverneur de l'État Andrew Cuomo, favorable à la légalisation, elle s'insurge contre la pratique, interdite à New York depuis 1992 :

> Nous sommes convaincus que cette loi va légaliser et légitimiser le trafic de la reproduction dans l'état de New York, ouvrir la porte de notre État à l'exploitation de masse des femmes par des contrats qui privilégient les consommateurs, pour enfin faire de l'État de New York une destination internationale pour le tourisme procréatif.

D'autres arguments viennent renforcer ceux des opposants américains à la GPA : les problèmes que pose la séparation de la conception et de la grossesse, le lien qui peut se créer entre l'enfant et celle qui le porte, notamment. Mais aussi les risques pour la santé de la mère et de la donneuse. Certaines critiques assimilent la rémunération de la parturiente à la fois à une vente d'enfant et à de la prostitution, ou même à de l'esclavage. Des cris d'alarme qui font écho à ceux lancés partout dans le monde. Nous y reviendrons.

Pour l'heure, que faut-il retenir de la GPA américaine ? Les États-Unis sont la terre promise des couples infertiles les plus privilégiés. Ceux-là racontent leur « aventure » comme une des plus intenses de leur vie. Comment en irait-il autrement ? Quelles que soient ses modalités, il s'agit du récit de la venue au monde d'un enfant. Les États-Unis offrent à ces couples un cadre juridique rassurant et des techniques biomédicales réalisées dans des conditions satisfaisantes. Cependant les couples demandeurs n'accèdent pas à la réalité et aux enjeux de la GPA, qui dépassent largement leur expérience individuelle. Happés par une expérience de vie émotionnellement intense, désireux de construire un récit merveilleux de leur parcours – récit qu'ils raconteront un jour à leur enfant –, ils occultent sans le savoir la part dérangeante de l'entreprise à laquelle ils participent. Nous ne pouvons que les croire lorsqu'ils témoignent de leur bonheur. Ils omettent une réalité plus brutale. Le versant commercial de la GPA est une porte ouverte à tous les excès. Cet argument en rejoint d'autres. Ils sont nombreux. Nous les étudierons dans cet essai.

Pour l'heure, force est de constater que les inégalités propres à la société américaine ne sont pas sans conséquences. Elles poussent les couples et célibataires américains les moins aisés à sortir des frontières pour recourir à une GPA à moindre coût et dans des conditions plus inquiétantes encore. Les couples privilégiés qui viennent aux États-Unis limitent sans le savoir l'accès à cette pratique aux membres de la classe moyenne américaine, alimentant un véritable « tourisme procréatif[1] » international.

---

1. R. DEONANDAN, « Recent trends in reproductive tourism and international surrogacy : ethical considerations and challenges for policy », p. 111-119.

Le Canada

Franchissons la frontière séparant les États-Unis du Canada. Ici, la Loi sur la procréation assistée, adoptée le 29 mars 2004, interdit toute convention de GPA rémunérée ainsi que tout intermédiaire. Implicitement, la GPA non rémunérée est donc autorisée par l'État fédéral. Charge aux provinces de légiférer plus avant si elles le souhaitent. Les peines encourues ont vocation à être dissuasives : le contrevenant risque 500 000 dollars canadiens d'amende et jusqu'à dix ans de prison.

Deux pratiques sont tolérées : l'une dans laquelle la « mère porteuse » n'a aucun lien génétique avec l'enfant (nommée par les gépéistes « GPA gestationnelle »), et l'autre dans laquelle celle qui porte l'enfant est sa mère génétique (celle-ci est appelée « GPA traditionnelle » ou « Procréation pour autrui » par ses partisans). Mais le cadre dessiné par le gouvernement fédéral n'oblige pas les provinces canadiennes. Le Québec a, par exemple, choisi de déclarer toute convention de GPA « nulle de nullité absolue ». Mais tout comme en France, cette disposition est contournée grâce à la procédure d'adoption, appliquée selon la jurisprudence canadienne « dans l'intérêt de l'enfant[1] ».

D'autres provinces ont choisi d'intégrer la GPA à leur législation. C'est le cas de la Colombie-Britannique, de l'Alberta ou de l'Ontario où sont pratiquées la majorité des GPA canadiennes. Dans la province du centre-est, deux procédures différentes existent. Selon la pratique choisie (GPA avec ou sans lien génétique avec la « mère porteuse »), la parturiente figure ou non sur l'acte de naissance de l'enfant. Lorsqu'elle

1. A. Saris, Intervention lors du Colloque « La gestation pour autrui : resituer la France dans le monde. Représentations, encadrements et pratiques ». La gestation pour autrui dans son contexte normatif (2e partie) – Les femmes porteuses au Canada : un Kaléidoscope de phénomènes juridiques – 2016.

n'est pas la mère génétique, l'acte de naissance de l'enfant mentionne, dès la naissance, les parents demandeurs. Une disposition qui répond à certaines conditions, dont la signature d'une convention entre les parents demandeurs et la « mère porteuse » et le renoncement écrit préalable de cette dernière à ses droits parentaux. Lorsque la parturiente est la mère génétique de l'enfant, l'établissement d'une filiation est encadré par une procédure d'adoption qui reconnaît les parents demandeurs. Mais quelle que soit la nature de la pratique, mère génétique ou non, la « mère porteuse » et la donneuse d'ovocytes figurent sur l'acte de naissance de l'enfant. Dans 95 % des cas, la GPA est réelle, c'est-à-dire que la femme qui porte l'enfant n'a aucun lien génétique avec lui[1].

La loi fédérale définit ainsi la « mère porteuse » :

> Personne de sexe féminin qui porte un embryon ou un fœtus issu d'une technique de procréation assistée et provenant des gènes d'un ou plusieurs donneurs, avec l'intention de remettre l'enfant à un donneur ou à une autre personne à la naissance *[surrogate mother]*[2].

Au Canada, la future parturiente doit avoir au moins 21 ans et ne peut pas être rémunérée. La GPA canadienne est désignée comme « éthique » du fait de la motivation « altruiste » des « mères porteuses ». En réalité, la loi qui encadre la GPA tient bien plus de l'horizon fantasmé que du cadre contraignant.

À quoi ressemble la GPA canadienne ? Ce sont d'abord des « programmes » – c'est-à-dire des services de conseil qui orientent les parents demandeurs nationaux ou internationaux.

---

1. *Ibid.*
2. Loi sur la procréation assistée. L.C. 2004, chap. II, art. 3.

La plupart d'entre eux sont accessibles sur Internet *via* des sites tenus par d'anciennes « mères porteuses » qui dispensent conseils, soutien et dirigent les futurs parents vers des cliniques spécialisées et des avocats du secteur. Mais la plupart de ces sites de conseils ne sont pas gratuits. Pour une ou deux années de *membership*[1], comptez entre 5 000 et 10 000 dollars canadiens (de 3 300 à 6 700 euros). Pas de confusion ! Si la « mère porteuse » n'est pas rémunérée, le coût d'une GPA au Canada atteint, lui, entre 60 000 et 80 000 dollars canadiens (entre 40 000 et 55 000 euros) selon que vous avez déjà ou non votre propre embryon congelé (car nous le verrons, les embryons voyagent eux aussi...). Le coût final résulte des frais médicaux (fécondation *in vitro*, diagnostic pré-implantatoire...), frais d'assurance, frais juridiques, dépenses remboursables à la « mère porteuse » et frais d'agence.

Car si les intermédiaires rémunérés sont officiellement interdits au Canada, ce sont pourtant bien des agences qui contrôlent la plupart des processus de GPA. Les potentielles « mères porteuses » et les « donneuses » d'ovocytes étant rares, ces sociétés disposent d'un carnet d'adresses qui les valorise auprès des clients-patients. Non seulement elles facilitent les « matchs » – comprenez les « mises en relation » – entre des « surrogates » et de futurs parents, mais aussi elles apportent une connaissance éprouvée de la pratique et un suivi indispensable aux couples et célibataires, qui dans le cas contraire seraient contraints d'organiser eux-mêmes les étapes d'un processus long et complexe[2]. La loi interdit

1. S. Fantus, « A Report on the Supports and Barriers of Surrogacy in Canada », *Journal of Obstetrics and Gynaecology* Canada, vol. 42, Issue 6, 2020, p. 803-805.

2. A. Motluk, « After pleading guilty for paying surrogates, business is booming for this fertility matchmakerer », *The Globe ans Mail*, 28 février 2016 www.theglobeandmail.com, dans M. De Koninck, *Maternité dérobée. Mère porteuse et enfant sur commande*, Paris, Éd. Multimodes, 2019.

la rémunération des intermédiaires ? Un peu de sémantique suffit à la contourner. L'agence Canadian Fertility Consulting ne facture par exemple « que » l'organisation de rendez-vous médicaux ou juridiques, ou encore la gestion de l'argent des parents demandeurs. Une autre, Canadian Surrogacy Option, dans l'Ontario, facture des services identiques 7 500 dollars (près de 5 000 euros).

Des intermédiaires qui s'arrangent avec la loi, jusqu'à parfois rémunérer des « mères porteuses ». En 2013, la propriétaire de l'agence Canadian Fertility Consulting (CFC), la première du pays, a été condamnée à payer 60 000 dollars d'amende, notamment pour avoir payé des « mères porteuses », mais aussi des donneuses d'ovocytes. De telles condamnations restent rares, cependant.

Jusqu'à récemment, la Loi sur la procréation de 2014 laissait un trou béant dans l'encadrement de la pratique concernant les frais remboursables à la « mère porteuse ». Des frais non réglementés et à la discrétion des acteurs de la GPA, leur laissant tout loisir de pratiquer une rémunération dissimulée. Pour tenter d'encadrer plus strictement la GPA, une nouvelle disposition est entrée en vigueur le 9 juin 2020. L'article 12 prévoit un règlement sur le remboursement relatif à la procréation assistée. La liste des frais pour lesquels la « mère porteuse » peut demander le remboursement est désormais clairement définie. On y trouve les frais de déplacement et de transport, médicaux, juridiques, d'assurance, alimentaires, de « télécommunication » mais aussi, plus incongrus, « pour la prestation de soins aux personnes à charge ou aux animaux de compagnie ». Liste non-exhaustive.

Mais ce qui aurait pu être considéré comme une amélioration du cadre juridique inquiète les acteurs de la GPA, qui appréhendent une baisse du nombre de candidates à la grossesse pour autrui. L'encadrement strict des indemnisations et la justification systématique des dépenses par des déclarations écrites accompagnées des factures correspondantes rendent en effet l'expérience beaucoup moins attrayante.

Cet encadrement plus strict, censé rendre plus vertueuse la pratique au Canada, est sous le feu des critiques. Notamment en raison de la proximité avec les États-Unis, où la rémunération des « mères porteuses », nous l'avons vu, est monnaie courante. Pour comprendre la GPA au Canada, il faut s'arrêter sur une donnée très concrète : les deux tiers de la population vit à moins d'une heure en voiture de la frontière américaine. Une proximité qui n'a pas échappé aux acteurs du secteur de la procréation assistée.

Interviewée par le quotidien canadien *The Globe and Mail*, le professeur de droit Karen Busby, spécialisée dans les technologies de reproduction assistée et partisane d'une rémunération des mères porteuses, dénonce les contradictions du système canadien :

> De manière ironique, ce qui a été entrepris pour empêcher la GPA commerciale est en train de l'encourager – en favorisant au passage les parents d'intention étrangers par rapport aux nationaux. Les parents d'intention canadiens seront réticents à offrir de l'argent ou l'offriront avec des dessous-de-table, mais puisque la loi n'est pas appliquée aux actes commis hors du territoire, les parents d'intention d'origine étrangère peuvent ouvertement offrir de l'argent dès lors que cet argent change de main dans un autre pays[1].

Si la sanction est sévère sur le sol canadien – dix ans de prison et 500 000 dollars canadiens d'amende en cas de

1. A. Motluk, « How Canada become an international Surrogacy destination », *The Globe and Mail*, 5 octobre 2018.

rémunération de la « mère porteuse » –, elle se volatilise purement et simplement lorsque le paiement a lieu sur le sol américain.

Une autre réalité bouleverse la pratique : le succès grandissant de la GPA non seulement auprès de Canadiens, mais aussi auprès de demandeurs étrangers. Le Canada attire. Entre 2014 et 2015 seulement, le nombre de GPA a augmenté de 23 %, principalement du fait de l'arrivée d'une patientèle internationale, selon le Registre canadien des technologies de reproduction assistée[1]. En tout, au Canada, en 2015, 533 fécondations *in vitro* ont été réalisées en vue d'une GPA, dont 21 % à la demande de couples homosexuels ou de célibataires. La patronne de l'agence CFC, condamnée en 2013, a ainsi déclaré avoir quadruplé son chiffre d'affaires en 2015[2]. En 2016, elle travaillait avec près de 100 « mères porteuses » en cours de grossesse, en plus de mettre en relation une vingtaine de couples et de superviser le « don » de trente donneuses d'ovocytes. Selon un article du journal canadien *The Globe and Mail*, près de la moitié des parents des bébés nés de GPA entre 2016 et 2017 étaient étrangers. Les agences ont directement bénéficié de l'interdiction graduelle de la GPA commerciale dans la plupart des pays d'Asie du Sud-Est

Pour les futurs parents, le Canada réunit de précieux arguments. Le pays dispose d'un système de santé parmi les meilleurs au monde, la GPA y est encadrée juridiquement et aucune discrimination d'ordre sexuel n'est pratiquée, contrairement à ce qui se fait en Russie ou en Ukraine. Après

1. Canadian Fertility & Andrology Society – 2016 Press Release – Results from the Canadian ART Register.

2. A. Motluk, « After pleading guilty for paying surrogates, business is booming for this fertility matchmakerer ».

l'accouchement, il suffit de quelques jours seulement pour que les parents d'intention obtiennent un certificat de naissance et un passeport canadien pour le nouveau-né. À ces avantages s'ajoutent un coût moitié moindre qu'aux États-Unis, et la motivation de femmes valorisant leur acte par un discours « altruiste » dans la mesure où elles n'ont officiellement pas le droit d'être rémunérées.

Seul problème, du fait de la nouvelle législation plus stricte, le nombre de candidates pour devenir « mères porteuses » est insuffisant pour répondre à la demande. Malgré des dispositions sévères pour dissuader de pratiquer des GPA commerciales, les contournements ne sont pas rares. Un grand nombre de couples, faute d'avoir trouvé une « mère porteuse », se tournent donc vers les États-Unis. Après les Chinois, les Français et les Britanniques, les Canadiens sont la quatrième nationalité la plus représentée parmi les étrangers à s'y rendre en vue d'une GPA.

La loi est même ouvertement contournée par des personnalités de premier plan. En 2018, le président du Conseil du Trésor Scott Brison a ainsi eu recours à une GPA aux États-Unis sans être inquiété de quelque manière que ce soit. La même année, le député libéral Anthony Housefather dépose un projet de loi en vue de décriminaliser la rémunération des « mères porteuses » et la rémunération des donneurs de gamètes. « Les couples canadiens ne devraient pas aller aux États-Unis et payer pour avoir leur enfant », déclare en mars 2018 le parlementaire lors d'une conférence de presse. « Il n'y a pas de raisons de faire cela quand nous pourrions le faire sur notre territoire. » Le projet de loi est rejeté.

Mais en février 2020, nouvelle offensive. Des sénateurs déposent la proposition de loi S-2016 « afin de décriminaliser, dans certaines circonstances, la rétribution des donneurs de spermatozoïdes ou d'ovules et des mères porteuses ». Des tentatives vivement dénoncées par des associations féministes canadiennes – Pour le droit des femmes au Québec, notamment –, mais aussi internationales. Dans une publication de juillet 2020, la CIAMS – Coalition internationale pour l'abolition de la maternité de substitution – dénonce la tentative de « commercialisation des fonctions reproductives des femmes ». Un mois plus tard, c'est une disposition de Santé Canada qui interpelle la coalition féministe, après avoir fait part de son intention de réduire le nombre d'examens de prévention obligatoires pour les donneuses d'ovules. L'argument principal donné par l'institution dans sa lettre informative ? « Mieux s'aligner sur nos homologues internationaux[1] ». En retour, la CIAMS prévient que « cette révision est motivée par des intérêts de marché (d'offre et de demande) et non par des préoccupations de santé des femmes et met en péril la santé des donneuses d'ovules ».

La situation canadienne mérite que l'on s'y intéresse, car elle est souvent invoquée par les partisans de la GPA en France. Elle est en réalité l'illustration parlante de tout ce qu'un modèle « altruiste » ou « éthique » de GPA peut avoir d'ambiguë. En présentant une version idéalisée de la GPA, celle-ci n'en devient que plus populaire, et faute de pouvoir répondre à une demande de plus en plus importante, ses dérives n'en sont que plus encouragées.

Où en est aujourd'hui le débat autour de la GPA au Canada ? Il se noue justement autour de cette question : faut-il ou non rémunérer les « mères porteuses » pour répondre à la demande ? « Pourquoi donc la mère porteuse serait-elle la seule du processus à ne pas bénéficier d'une

---

1. www.pdfquebec.org/documents/2020-03-12_Lettre_sante_Canada.pdf.

rémunération quand les agences, les avocats et les cliniques dégagent des bénéfices substantiels ? », arguent ses défenseurs. Et « pourquoi les couples canadiens et la clientèle internationale devraient aller aux États-Unis ? », s'indigne notamment le député Anthony Housefather.

En réalité, l'expérience nous montre que plus la gestation pour autrui est encadrée, plus le nombre de donneuses d'ovocytes et de candidates pour être « mères porteuses » sans être rémunérées se réduit. Ce qui, en parallèle, n'empêche pas le nombre de parents demandeurs d'augmenter, en raison de la forte médiatisation de la pratique. Des couples qui se tournent vers des pays autorisant la GPA commerciale.

Amérique du Sud et Mexique

Contrairement aux États-Unis, l'Amérique du Sud n'est pas une destination privilégiée par les couples infertiles. La chercheuse sud-américaine Paula Pinhal explique que seuls quelques pays autorisent ou tolèrent la GPA[1].

C'est le cas du Brésil. La GPA y est légalisée en 1992, puis encadrée en 2015. Le pays compterait 64 centres et cliniques traitant l'infertilité. La législation défend un modèle « altruiste » dans lequel la « mère porteuse » n'est pas rémunérée et doit appartenir à la famille des parents demandeurs au quatrième degré. Les couples homosexuels peuvent y recourir. Quant aux couples hétérosexuels, ils doivent justifier de leur infertilité. Mais, comme au Canada, ce cadre limité ne permet pas de répondre à une demande importante. Selon Paula Pinhal, beaucoup de couples brésiliens, mais aussi de célibataires, se tournent vers des pays proposant des GPA commerciales.

---

1. P. Pinhal, *La gestation pour autrui : restituer la France dans le monde – représentations, encadrements et pratiques*, colloque, 17-18 novembre 2016.

L'Uruguay a, lui aussi, autorisé la GPA dans un cadre réglementé. Depuis 2013, celle-ci est accessible aux couples pouvant se prévaloir d'un lien au deuxième degré avec la future « mère porteuse », à condition que l'infertilité du couple ait été prouvée. La GPA est aussi ouverte aux couples homosexuels et aux célibataires.

Dans ces pays, c'est l'administration médicale qui décide si les demandeurs peuvent recourir ou non à la GPA. Notons d'ailleurs que la GPA n'y fait pas l'objet de débats aussi passionnés qu'en Europe. D'autres sujets mobilisent les mouvements féministes, notamment ceux des violences faites aux femmes et de l'accès à l'avortement. Au Brésil, l'avortement est interdit sauf en cas de viol, de risque pour la vie de la femme enceinte ou de problèmes congénitaux graves du fœtus. Dans ce pays où existe une « mentalité anti-avortement structurelle » et où la maternité est portée aux nues, la GPA trouve des soutiens inattendus d'un point de vue européen. On est loin des arguments qui font de la GPA la liberté ultime pour la femme de disposer de son corps.

Plus au Nord, au Mexique, l'État du Tabasco a légalisé la GPA en 1997. La pratique est très peu encadrée. La loi prévoit seulement que l'enfant à naître est celui des parents demandeurs. Exit la « mère porteuse ». L'État mexicain leur permet de se déclarer parents de l'enfant à l'état civil sur simple présentation du contrat de gestation pour autrui. Les agences y font florès. Les femmes sont payées entre 11 700 et 13 500 dollars en moyenne. Les parents demandeurs, eux, paient entre 45 000 et 60 000 euros[1]. Moitié moins qu'aux États-Unis. L'opportunité attire la clientèle internationale.

1. Y. Santos, « The real story of Mexico's surrogate mothers », *El Pais*, 20 janvier 2017.

Le marché se développe dès 2012 quand l'Inde ferme ses frontières aux couples gays et aux célibataires candidats à la GPA. Une tendance qui se renforce avec la fermeture de la Thaïlande et du Népal aux couples étrangers à partir de 2015.

Pourtant en 2016, l'État du Tabasco fait marche arrière et décide d'interdire la pratique aux couples étrangers. Seuls les couples mexicains hétérosexuels pourront désormais y avoir accès à condition de prouver leur infertilité et sous certaines conditions. Un coup d'arrêt local qui n'empêche pas les couples étrangers de se rendre dans les autres États du pays dans lesquels la GPA n'est pas interdite. Même si aucun n'autorise la GPA aux étrangers, ces derniers sont malgré tout nombreux à s'y rendre. Les agences et les cliniques sont laissées libres d'établir leurs propres règles. Plusieurs centaines de GPA ont lieu chaque année – sans qu'un chiffre précis puisse être établi – et les clients-parents viennent principalement des États-Unis et d'Europe[1]. Les « mères porteuses » sont recrutées dans tous les États et traversent parfois tout le pays pour rejoindre Mexico, Cancun ou Villahermosa. Mais d'où viennent les ovules ? Pour qu'ils aient la même couleur de peau que leurs parents, majoritairement blancs, les bébés sont conçus à partir d'ovules apportés par avion depuis les États-Unis, l'Afrique du Sud et l'Ukraine[2]. Votre ventre, oui, vos ovules, non.

Mais une disposition légale freine de nombreux couples. Au Mexique, la « mère porteuse » est considérée comme la mère légale de l'enfant et ne peut disparaître de l'acte de naissance comme c'est le cas dans la plupart des pays dans lesquels la GPA est autorisée. Ce qui tend à éliminer *de facto* une grande partie de la clientèle hétérosexuelle.

---

1. C. Schurr, « Multiple mobilities in Mexico's fertility industry », *Mobilities*, 2019, 14:1, p. 103-119.
2. A. Hovav, « Producing moral palatability in the Mexican Surrogacy Market », *Gender and Society*, vol 33, n° 2, avril 2019, p. 273-295.

Que Maria, la mère porteuse de l'enfant de Rodolphe et Vincent[1], figure sur l'acte de naissance, n'a pas dérangé le couple d'hommes français. Rodolphe a 35 ans, Vincent 40. Sur les conseils d'un couple d'amis homosexuels, ils se tournent, en 2018, vers la clinique Cefam, à Mexico, en raison des tarifs attractifs qui y sont pratiqués. Pendant six à huit mois, ils échangent avec Alma *via* Skype. La jeune femme est « chef de projet » au sein de la clinique. « On était soucieux par rapport à la nationalité des enfants. On voulait absolument qu'ils soient français », explique le père des jumeaux. Les deux hommes font un premier séjour au Mexique en février 2020. « On avait fait le choix de tout faire en frais » explique-t-il. « En frais » ? Le mot fait partie du dictionnaire GPA. Il s'agit en réalité du transfert des ovocytes de la « donneuse » au moment où le cycle de la « mère porteuse » permet de le recevoir immédiatement, sans passer par la case congélation. « Cela permet un meilleur taux de réussite », explique le père diplômé ès GPA. Deux embryons sont transférés dans l'utérus de la « mère porteuse ». C'est une surprise, la grossesse est gémellaire. Une surprise anticipée dans le contrat, qui prévoit un « surcoût » de 16000 dollars, soit près de 13500 euros, pour les parents demandeurs. Une « surprise » dont on peut légitimement interroger l'occurrence, tant la clinique y trouve un intérêt financier immédiat. Rodolphe lui-même confie son soulagement : « On ne s'imaginait pas avoir un seul enfant… Et repartir dans un autre processus… Financièrement il faut tenir la route. » Deux pour le prix d'un. Le papa ne le formule pas ainsi. L'idée y est.

Et quid de la mère porteuse ? « C'est elle qui nous choisit », explique le père de famille. Quand on l'interroge sur les

1. Les prénoms ont été modifiés.

revenus de cette femme, la voix heureuse du papa se voile, et ses phrases expansives se raccourcissent : « Elle travaille, elle est déjà mère, elle avait un emploi, pas d'entourloupe à ce niveau-là quoi. » Le malaise est patent. Et pour cause, au Mexique le salaire moyen est de 10 240 pesos, soit un peu plus de 400 euros par mois. En quelques mois, ces femmes peuvent gagner trois fois leur salaire annuel moyen. Le bonheur sans limite des couples occidentaux se heurte à une réalité économique brutale, qu'ils préfèrent évacuer. Il ne faut toutefois pas sous-estimer la sincérité de ces couples. Leur désir d'enfant occulte plus ou moins consciemment les aspects les moins reluisants, voire les plus choquants de la GPA. C'est souvent le moment où il faut choisir la donneuse d'ovocytes qui expose les couples à la réalité glaciale de la pratique. Comme dans une grande majorité des cas, la mère porteuse de Rodolphe et Vincent n'est pas la mère biologique de l'enfant. « On a fait un enfant à quatre », ironise le père de famille dans un éclat de rire destiné à contrer le malaise qui pourrait surgir. Mais il nuance immédiatement après : « Choisir la donneuse, c'est l'étape la plus détestable. On vous fournit un catalogue, en fait. C'est vraiment le côté de la pratique qui nous a le plus échaudé. » Deux « options » s'offrent au couple : une « donneuse locale inclue dans le forfait », moins chère, ou une « donneuse internationale ».

Comment choisir ? Rodolphe insiste : « C'est une étape que nous avons détestée particulièrement. C'est épouvantable. Nous avons mis trois mois à choisir. Il faut savoir s'affranchir de ça. » « S'affranchir »… Se libérer soi-même de l'exploitation d'autrui ? Tout un programme. D'autant qu'on trouve ici la démonstration et l'expérience pure et simple de l'eugénisme. Puis il déroule : « On en vient à faire "beau nez", "beau menton", "trop petite", "trop grande". Il y a la photo, le niveau d'études, mais aussi l'âge… » « Ce qui nous a beaucoup dérangé, c'est qu'elles sont souvent très jeunes. Notamment pour les internationales. Il y a beaucoup de Russes, d'Ukrainiennes… Elles ont 18 ans. » Rodolphe tente difficilement de relativiser. « On fait un enfant mais on sait que derrière, c'est une fille de 20 ans qui a donné ses ovocytes. » La voix se voile, avant de retrouver un ton assuré : « Après, c'est son choix. » Le couple a accès à « l'historique médical » de la donneuse. Ils connaissent les maladies qu'elle a déclarées et celles de sa famille. Faut-il préciser ici que ces déclarations dépendent du bon vouloir de la donneuse, et que sa démarche, d'ordre financier, n'est pas neutre ? Nous reviendrons sur ces aspects.

La grossesse ne se déroule pas sans encombre. Les grossesses gémellaires sont toutes considérées comme « à risque ». À la neuvième semaine, Maria a un décollement placentaire. Elle saigne. « Gros stress. On ne dort pas de la nuit », raconte Rodolphe. Mais quarante-huit heures plus tard, toujours pas de nouvelles. Tout est rentré dans l'ordre. C'est une chance. Les cas de saignements dans les GPA multiples ne sont pas rares. Le couple s'inquiète pour la santé de la « mère porteuse » et des enfants. Ce que Rodolphe ajoute ensuite est révélateur : « Toi tu es à 7 000 bornes, tu as dépensé 50 000 balles donc même si on n'achète pas un enfant, derrière tu as une réalité économique bien réelle. »

Son inquiétude est vite argumentée : « On a choisi le package à 55 000 euros, plus une assurance à 12 000 euros. 67 000 dollars à la louche. » Sans compter les allers-retours au Mexique. « Deux en temps de Covid-19. Pour le don de sperme, et pour aller chercher les bébés. » Les échographies ont eu lieu par Skype. Compte tenu de l'épidémie, le couple n'assiste pas à l'accouchement, par césarienne. « Grosse frustration », confie Rodolphe. Ils ne découvrent le visage de leur petit garçon et de leur petite fille que quarante-huit heures plus tard. « Ça été un gros moment », explique-t-il. « C'est un moment hors du temps. On rencontre ses enfants pour la première fois de sa vie. C'est une décharge émotionnelle intense. » Il faut interroger Rodolphe à plusieurs reprises pour qu'il accepte de parler de la réaction de Maria. La jeune femme pleure. « On sait qu'on ne peut pas la réconforter. Forcément. Elle les a portés pendant des mois pour nous. Elle les a sentis, elle a vécu avec eux, elle a passé quarante-huit heures avec eux à l'hôpital. » Rodolphe balaye à nouveau : « C'était un choix. Elle aurait pu choisir de ne pas les voir. »

À la naissance, les nouveau-nés obtiennent la nationalité mexicaine et sont déclarés à l'ambassade de France où ils se voient remettre un acte de naissance français et un laissez-passer pour entrer en France. Grâce au document officiel, les deux bébés obtiennent rapidement leur carte d'identité française. Ils ont pour mère la « mère porteuse ». C'est Vincent qui a donné son sperme, mais Rodolphe est déclaré père. Un bricolage que l'on retrouve souvent chez les papas gays, qui leur permet de créer une sorte de réciprocité d'attachement avec l'enfant. « C'est notre tambouille », explique Rodolphe. « Pour Vincent le lien génétique était important. Pour moi le nom était important. » La force du lien biologique de l'un trouve en miroir la nécessité du lien juridique et la transmission patronymique de l'autre. Un doux mélange biologico-culturaliste qui percute de front le discours culturaliste unilatéral des partisans de la GPA. Nous y reviendrons, mais là encore, contrairement aux beaux discours, la place du biologique est centrale chez les candidats à la GPA.

Depuis, le couple a entamé une démarche d'adoption, et la mère porteuse a renoncé à ses droits parentaux sur les enfants. Mais Rodolphe et Vincent n'entendent pas couper les liens avec leur « mère porteuse » : « C'est important que les enfants sachent ce qu'elle a fait. » À leur retour en France, Maria s'inquiète « beaucoup ». Le couple discute plusieurs fois avec elle par Skype. Depuis octobre 2020, les appels se distendent. « Elle fait partie de la famille », insiste Rodolphe. « Le lien est indéfectible. » Un choix qui ne dépend en réalité que des parents demandeurs. Les amis qui leur avaient conseillé cette GPA au Mexique n'ont conservé aucun lien avec la « mère porteuse » : « Eux, ça ne leur pose aucun problème éthique ou moral. » Chacun son éthique, et les enfants seront bien gardés. Celle de Rodolphe et Vincent consistera à expliquer à leurs jumeaux que « cette femme leur a permis de venir au monde ; c'est la maman kangourou. » *Quid* de la mère génétique, la « donneuse » ? Elle passe visiblement à l'as.

Pour Rodolphe, les motivations de Maria sont purement altruistes. « On sait qu'elle a été dédommagée mais, non, elle ne touche pas un salaire », explique le trentenaire. La jeune femme justifie ses motivations auprès du couple par ses valeurs religieuses et la « chance de pouvoir porter la vie ». La sœur de Maria ne peut pas porter d'enfant. « Ce sont des cheminements personnels », résume Rodolphe. La démarche de Maria « fait réfléchir » le couple : « Nous, on ne prend même pas le temps d'aller faire un don du sang, et elle, elle nous a consacré dix mois de sa vie. »

La clinique Cefam, qui a permis à Rodolphe et Vincent de réaliser leur GPA, tient un discours profondément vertueux sur son site Internet : « L'engagement dans ce processus est pour les femmes mexicaines un choix personnel, qui doit reposer sur des motivations altruistes et raisonnées, et non sur des nécessités financières[1]. » Un discours savamment entretenu par les agences pour préserver un marché dépendant

1. Site internet du Medical Fertility Center à Mexico. Voir : www.cefamgpamexique.com/maternite-de-substitution/la-mere-porteuse-au-mexique/

d'une demande qui, elle, est opposée à toute forme d'exploitation. Dans un article très précis sur l'élaboration d'un discours moral séduisant sur le marché de la GPA mexicaine, la chercheuse américaine en sciences sociales April Hovav met en lumière un discours élaboré de toutes pièces pour préserver la clientèle étrangère. On trouve d'un côté des couples étrangers qui souhaitent préserver leur conception éthique de la GPA, tous convaincus que la mère porteuse est « économiquement stable » et préservée de toute « exploitation », et de l'autre une agence ou une clinique qui assure à ses clients que les « mères porteuses » sont toutes sélectionnées pour leurs motivations « altruistes ». Or la chercheuse rappelle que les candidates à la GPA sont toutes des femmes pauvres, aux motivations forcément ambivalentes. Quel est le discours de ces dernières ? Leur motivation première est toujours financière, mais leur discours se teinte d'un verni « altruiste » après qu'elles ont été « disciplinées » par les agences. « Le langage consistant à « aider des parents à réaliser leur rêve » est tellement omniprésent qu'il est possible que les « mères porteuses » ne fassent que répéter ce qu'on leur a dit de dire ou énoncer stratégiquement un tel récit pour gagner la confiance des agences et des parents d'intention[1] ». Pas de beaux discours, pas d'argent.

Le cas d'un couple en délicatesse avec une « mère porteuse », mis en lumière par la chercheuse, est à cet égard très révélateur. Javier et Ruben sont espagnols. Grâce à un avocat et propriétaire d'agence, le couple gay a signé un contrat avec Marla, une « mère porteuse ». Mais l'avocat, qui devait organiser l'ensemble du processus de GPA, a disparu après avoir été payé. Une coordinatrice indépendante intervient.

1. A. Hovav, « Producing moral palatability in the Mexican Surrogacy Market », p. 273-295.

La première implantation de Marla avec deux embryons est un échec. Un second rendez-vous est fixé. Mais l'affaire se complique. Marla, payée 85 dollars pour la première implantation, demande directement au couple quand elle sera payée pour la seconde implantation. La réaction du couple ne se fait pas attendre. Pas de paiement supplémentaire. Javier et Ruben ont trouvé la demande de Marla « détestable » et ses messages « froids et rebutants ». Ils sont ensuite « bouleversés » lorsqu'ils apprennent que Marla « est dans une situation très difficile » et « vit dans une maison très pauvre ». « Elle a une bonne âme », ajoute Veronica, l'intermédiaire de l'agence qui a repris en main la transaction, qui tente de rassurer le couple, contrarié par le vocabulaire direct de la « mère porteuse ». À quoi aboutit l'échange ? La « mère porteuse » ne sera pas payée pour la seconde implantation, et devra désormais envoyer des messages « moins froids » à ses interlocuteurs en évitant toute discussion d'ordre financier pour éviter de donner « une mauvaise impression ». Personne ne veut savoir que Marla a besoin d'argent. Mais tout le monde est rassuré d'apprendre que Marla a « une bonne âme ». Cela n'a pas de prix. Au Mexique comme ailleurs, la pauvreté est taboue quand on parle de GPA. La pauvreté de Marla « est considérée comme un indice laissant penser qu'elle n'est pas digne de confiance. » Marla est altruiste. Point.

En miroir, une autre vision prévaut dans le pays. Celle d'une GPA aux contours « altruistes » là encore, mais émanant cette fois des futurs parents. Une sorte de « BA » venue de l'étranger. L'argument est né en Inde, pays dans lequel les « mères porteuses » comptaient parmi les plus pauvres du monde. Voici en quoi il consiste : « Ce qui me rend heureux dans ma décision, c'est que la vie de notre porteuse va changer avec l'argent. Sans notre aide, sa famille ne sortirait pas de la situation dans laquelle elle se trouve, même pas dans un million d'années[1] ». « On s'est décidé pour le Mexique car nous nous sommes dit que pour le même montant une "mère porteuse" américaine irait au spa ou emmènerait ses enfants à Disneyworld, mais ici au Mexique notre argent transforme véritablement la vie d'une famille », explique encore un couple étranger. La générosité de certains n'a pas de limite. GPA, le nouvel humanitaire ? Le discours est choquant. Il dérive pourtant d'une conception de la pratique la donnant à voir comme un « travail social » dans les pays les plus pauvres, permettant aux femmes les plus précaires de gagner de l'argent en prêtant généreusement leur ventre et ainsi réaliser le rêve de couples occidentaux sans enfant. Retenez une chose : au Mexique, la GPA est « altruiste ». Compris ?

Asie du Sud-Est : La naissance d'une hydre

Que s'est-il donc passé dans les pays d'Asie du Sud-Est ? En quelques années seulement, des pays ont légalisé la GPA avant de l'interdire ou de l'encadrer très strictement. Pourquoi donc ces volte-face ?

L'Inde : la formule low-cost

Tout commence en 2002. L'Inde innove. Le pays légalise la GPA avec une réglementation très souple. Du jamais vu. Le modèle qui apparaît se distingue des autres, tant il va tirer parti d'une population de femmes pauvres au point d'accepter de « prêter » leur ventre ou de « donner » leurs ovocytes pour des prix défiant toute concurrence. Face à une telle

1. Discours rapporté dans l'article de C. Schurr, « Multiple mobilities in Mexico's fertility industry », p. 103-119.

disponibilité, les cliniques créent de nouveaux protocoles. Il faut aller plus vite et faciliter les étapes de la GPA. On assiste à un nouveau fordisme. Les donneuses d'ovocytes d'un côté, les « ventres » de l'autre pour répondre avec le plus de flexibilité et de rapidité possible. Les mères porteuses sont rémunérées à bas coût et disponibles à tout moment pour répondre à une demande internationale très forte. Pour faciliter ce nouveau marché, un visa médical exclusivement prévu pour la GPA est même créé. Les cliniques indiennes sont inventives : des « formules », appelées « packages », sont proposées aux clients. Rapide, efficace, pas cher, et un État peu regardant. Le rêve des financiers et des clients. Un véritable cauchemar pour les femmes.

Au début, la politique indienne bouleverse profondément la pratique et l'image de la GPA. Légale depuis de nombreuses années aux États Unis, au Royaume-Uni et en Israël, la gestation pour autrui se diffuse et se médiatise, notamment grâce au Web. Entre 2004 et 2006, peu après la légalisation en Inde, le nombre de sites internet faisant la promotion de la GPA auprès de clients étrangers est multiplié par quatre. Une industrie entière est sur le qui-vive. La stratégie est payante… En l'espace de dix ans, 3 000 cliniques ouvrent leurs portes et rapportent 20 milliards de dollars au pays[1]. En 2012, un rapport des Nations Unies montre que 25 000 enfants y naissent par GPA chaque année.

Un véritable miracle économique reposant sur le ventre des femmes les plus pauvres. La plupart d'entre elles poursuivent leur grossesse dans des « surrogacy houses », dortoirs dans lesquels elles sont réunies et surveillées, loin de leur famille. Mais peu importent les femmes, seul le fœtus qu'elles

1. A. Whittaker, *International Surrogacy as Disruptive Industry in Southeast Asia*, New Jersey, Rutgers University Press, 2019.

portent compte. Une réalité gommée par un marketing agressif visant principalement la clientèle internationale. La chercheuse américaine Andrea Whittaker relève l'exemple d'une clinique indienne dont la directrice est invitée à témoigner dans l'émission de la papesse de la télévision américaine Oprah Winfrey. L'interview est une caricature. Le discours d'une famille formée « sans frontières » se mêle à l'évocation d'un « travail social » « vierge de tout commerce ». La GPA ? Elle « renforcerait l'estime de soi » des « mères porteuses »... La GPA « libère les femmes », lesquelles ont « le droit de réaliser leurs rêves[1]... ». En effet, on croit rêver. Car dans le même temps, de nombreuses voix s'élèvent pour dénoncer l'apparition d'un nouvel esclavage. La traite des femmes par le ventre.

Pour la plupart d'entre elles, les mères porteuses indiennes sont illettrées et économiquement très précaires. En règle générale, elles sont soit femmes de ménage soit ouvrières et gagnent en moyenne 5 dollars par jour, soit environ 120 dollars par mois. Payées environ 6 000 dollars pour porter l'enfant d'autres, elles gagnent en quelques mois cinq années de rémunération[2]. Mais en Inde, la « mère porteuse » est stigmatisée. Pour convaincre les femmes, les cliniques déploient des trésors d'argumentation en les familiarisant avec l'idée d'une GPA « altruiste », permettant à une autre femme de connaître « les joies de la maternité ». Comble du cynisme, on dit à ces femmes qu'elles sont « privilégiées » en raison de l'opportunité qui leur est donnée de faire des enfants. Des discours honteux qui permettent d'endormir leur conscience pour les laisser aux mains de médecins qui ne soignent rien d'autre que leurs propres intérêts. En Inde, les pratiques médicales font peu de cas des femmes. Malgré

1. *Ibid.*
2. *Ibid.*

le risque qu'elles représentent, les grossesses multiples sont presque systématiquement privilégiées, quitte à procéder à une « réduction embryonnaire », parfois sans en informer les parents…

Là encore, la « mère porteuse » est choisie sur catalogue par les « IP » – *intented parents*. Les donneuses d'ovocytes, elles, sont anonymes. Les IP doivent s'en remettre à la clinique pour choisir la future donneuse. Et le doux mot de « don » n'a qu'une vocation : venir soulager les consciences. En Inde, la loi encadre le « don » d'ovules. Les jeunes femmes doivent avoir entre 21 et 35 ans[1]. Et le Conseil indien de la recherche médicale a beau limiter le « don » d'ovules à six par femme, aucun fichier national ne recense les dons. Si une femme désire contourner cette limite, il lui suffit de changer de clinique…

Selon une étude menée dans une clinique de Bombay[2], la rémunération est la première motivation de 72 % des vingt-cinq donneuses. Les autres expriment une motivation double, à la fois financière et altruiste. Si sept d'entre elles expriment la possibilité de réaliser ce don sans rémunération – l'infertilité est particulièrement stigmatisée en Inde –, aucune n'exclut une nécessité financière plus ou moins immédiate. Elles ont besoin de payer les frais de scolarité de leurs enfants, régler leur loyer ou payer des factures, rembourser leurs dettes, payer les honoraires d'un avocat pour leur divorce, constituer une petite épargne ou encore acheter des cadeaux pour leur famille. Combien sont-elles payées ? 25 000 roupies (environ 280 euros) pour dix-neuf

1. V. Jadva, N. Lamba, K. Kadam, S. Golombok, « Indian egg donors'characteristics, motivations and feelings towards the recipient and resultant child », *Reproductive Biomedicine & Society Online*, vol. 1, Issue 2, 2015, p. 98-103,

2. *Ibid.*

d'entre elles et 60 0000 roupies (670 euros) pour les six les plus diplômées. On retrouve, là encore, cette tendance à l'eugénisme qui, nous le verrons, est omniprésente sur le marché mondial de l'infertilité.

Que savent ces donneuses ? Seules les plus diplômées avaient conscience de l'enjeu de leur « don », notamment du fait que l'enfant pourrait leur ressembler, les autres ne comprenant pas le rôle d'un ovocyte dans le processus de la conception. Mais l'étude révèle un autre fait particulièrement frappant : l'image dégradée des « mères porteuses ». Les donneuses d'ovules, dans leur grande majorité, n'envisagent pas de porter un enfant « pour autrui », tâche selon elles réservées aux femmes les plus pauvres. Elles ont en général un salaire moyen plus élevé et ont un meilleur niveau de formation que leurs compatriotes candidates à la GPA. La question que cette étude ne pose pas est pourtant essentielle. Elle tient aux conséquences immédiates et à long terme sur leur santé. En 2010 et 2014, deux jeunes femmes trouvent la mort après leur « don d'ovules ». Yuma Sherpa, 23 ans, et Sushma Pandey, 17 ans, succombent à un syndrome d'hyperstimulation ovarienne. L'une d'elles n'était pas majeure, ce qui montre l'absence de scrupules de certaines cliniques. En Inde, donneuses et « mères porteuses » sont recrutées à tout âge.

Face aux dérives scandaleuses dénoncées à l'international, l'Inde ferme finalement ses frontières à la GPA. D'abord aux couples homosexuels et aux célibataires en 2012, puis à tous les couples étrangers en 2015 avant d'interdire définitivement la GPA commerciale en décembre 2018. Mais le nouveau modèle promu pendant plus de quinze ans fait des émules dans la région, faisant de l'Asie du Sud-Est un marché totalement dérégulé, sans cesse renaissant malgré les interdictions nationales successives.

Thaïlande, Népal, Laos…

Janvier 2011. La police thaïlandaise met au jour un véritable trafic de femmes. Attirées par la promesse d'un travail rémunérateur – sans qu'il ait été fait mention d'une quelconque grossesse – de jeunes Vietnamiennes se voyaient retirer leur passeport à leur arrivée dans une maison de la banlieue de Bangkok, puis contraintes de mettre au monde des enfants pour des couples thaïlandais contre une rémunération représentant l'équivalent de 5 000 dollars. Les couples clients étaient eux recrutés à partir d'un site internet faisant la promotion d'une « ferme à bébés » centrée, selon ses propres termes, sur l'« eugénisme[1] ». Quand la police libère les quinze femmes détenues, sept sont enceintes. L'affaire choque l'opinion publique. Mais aucune politique publique n'est mise en place pour lutter contre une industrie qui en train de naître.

Pourquoi la GPA connaît-elle un succès commercial en Thaïlande ? En 2011-2012, l'Inde décide d'interdire la GPA aux couples homosexuels. Seuls les couples hétérosexuels peuvent y recourir. Dès lors, à partir de 2011, les agences et cliniques spécialisées vont se multiplier en Thaïlande et faire leur promotion à l'échelle internationale pour attirer les clients étrangers. Et notamment les couples homosexuels. Malgré une population thaïlandaise qui voit d'un mauvais œil l'utilisation des techniques de reproduction assistée pour les couples homosexuels, les agences vont faire la promotion de leurs services auprès de ces couples qui représentent une aubaine financière.

Août 2014. Nouveau scandale. Nouvelle alerte. Un jeune Japonais, Mitsutoki Shigeta, va pousser dans ses

1. J. Neves, « Thai police raid Baby-101, a baby breeding farm », *Digital Journal*, 10 mars 2011.

retranchements une industrie sans limite. Âgé de 22 ans et millionnaire, le futur père ne cache pas vouloir concevoir un nombre d'enfants pour le moins inhabituel. « Dix ou quinze chaque année, jusqu'à ma mort », déclare-t-il à l'intermédiaire de l'agence internationale New Life Global Network. Il caresse même le rêve de concevoir jusqu'à 1 000 enfants[1]. L'intermédiaire s'inquiète et prévient la clinique thaïlandaise, qui ne souhaite pas s'embarrasser de considérations autres que financières. Le client est le fils d'un homme d'affaires japonais comptant parmi les plus grosses fortunes mondiales. C'est un informateur anonyme qui va vendre la mèche. La police se saisit de l'affaire et perquisitionne un appartement de Bangkok. Neuf enfants sont retrouvés, âgés de deux semaines à deux ans, neuf nourrices et une jeune femme enceinte de sept mois. Un petit monde encadré par une Japonaise transsexuelle dont on ne sait si elle est en couple avec Mitsutoki Shigeta. La police les soupçonne d'être les organisateurs d'un vaste trafic d'enfants. Les deux Japonais décident de fuir. L'enquête révèle que le jeune Japonais aurait inauguré son projet de paternité en Inde, où il aurait conçu, grâce à des mères porteuses, trois enfants, avant de reporter ses désirs en Thaïlande en raison de la législation indienne moins permissive. Rien qu'en Thaïlande, Mitsutoki Shigeta aurait conçu au moins trente-cinq enfants avec les ovules de femmes de huit nationalités différentes : espagnole, israélienne, suédoise, brésilienne, australiennes, américaine, chinoise et malaise. Un projet ahurissant qui ne l'empêche pas, trois ans plus tard, de se voir accorder en Thaïlande « l'intégralité des droits parentaux » au nom du « bonheur des treize enfants » après des tests ADN confirmant leur lien biologique avec lui… Placés dans des familles d'accueil

1. U. Gauthier, « La folle "usine à bébés" d'un jeune millionaire japonais », *L'Obs*, 5 septembre 2014.

malgré la demande de certaines mères de récupérer leur enfant, ils sont finalement tous confiés à leur père, jugé sans « antécédents de mauvais comportement ».

Plus connue sous le nom de « l'usine à bébés », l'affaire marque les esprits autant en Thaïlande qu'à l'international. D'autant qu'un autre scandale éclate la même année, l'affaire « Baby Gammy », dont l'onde de choc secoue le monde entier.

Nous sommes en 2013. Un couple d'Australiens entame un processus de GPA en Thaïlande. Les ovules d'une Thaïlandaise sont fécondés *in vitro* avec le sperme du mari australien. La mère porteuse tombe enceinte de jumeaux. Mais la clinique découvre que l'un d'eux présente le syndrome de Down, autrement appelé trisomie 21. Le bébé présenterait également des problèmes cardiaques. Que se passe-t-il alors ? Les versions se contredisent. La « mère porteuse » assure que l'agence lui demande d'avorter. Or l'avortement est interdit en Thaïlande, et elle refuse. Le couple australien assure que non. Quoi qu'il en soit, lorsque les jumeaux naissent, en décembre 2013, le couple n'emmène que la petite fille, « valide ». La « mère porteuse » garde l'enfant atteint de trisomie 21. C'est son appel aux dons pour financer les soins médicaux nécessaires au bébé qui déclenchera l'émoi. C'est le début de l'affaire « Baby Gammy ». Elle révèle aux médias un récit dramatique. La jeune femme, qui a consenti à être « mère porteuse » pour payer les dettes de sa famille, ne parvient pas à payer les soins médicaux de l'enfant qu'elle a porté et avec lequel elle n'a aucun lien génétique. L'affaire émeut d'autant plus l'opinion que la presse révèle peu après que le père australien de l'enfant aurait été condamné à plusieurs reprises pour des agressions sexuelles sur mineurs. C'est finalement la jeune « mère porteuse » qui deviendra la mère adoptive du bébé.

Ces scandales vont pousser le pouvoir, en mal de crédibilité internationale, à légiférer. Après son arrivée à la tête du pays par un coup d'État le 22 mai 2014, deux mois plus tard, le 22 juillet, la junte militaire décide l'inspection de douze cliniques impliquées dans des scandales. Un an après, le gouvernement légifère. À compter du 30 juillet 2015, la GPA commerciale est interdite en Thaïlande. Seuls les couples hétérosexuels mariés depuis au moins deux ans, dont l'un des deux au moins est thaïlandais, pourront recourir à une « mère porteuse » qui devra faire partie de leur entourage. L'enfant à naître est désormais celui du couple demandeur.

Avec la fermeture de la Thaïlande aux couples étrangers, la clientèle internationale se tourne rapidement vers le Népal. Car en 2012, lorsque l'Inde interdit la pratique aux couples homosexuels et aux célibataires, la GPA n'y est pas encadrée. Les cliniques, agences et mères porteuses indiennes se tournent vers ce petit voisin afin de contourner la nouvelle législation. Le Népal permet une GPA à bas coût, à condition que la « mère porteuse » ne soit pas de nationalité népalaise. Les annonces qui promeuvent les agences se multiplient et servent d'intermédiaire entre les cliniques et les parents d'intention. Les mères porteuses viennent exclusivement d'Inde. Elles sont rémunérées aux alentours de 9 000 dollars pour une grossesse, quand elles n'en gagnent que quelques centaines par an en temps normal. Mais c'est un autre évènement, un autre scandale, qui conduit le gouvernement à légiférer. Le tremblement de terre qui saisit le sol népalais en 2015. La catastrophe, qui tue plus de 8 000 personnes, médiatise dans le même temps la GPA commerciale qui se développe dans le pays. Un scandale surgit : des couples homosexuels israéliens qui ne sont pas autorisés à recourir à la pratique dans leur propre pays demandent à leur gouvernement d'intervenir pour retrouver leurs enfants nés par « mère porteuse » au Népal. Vingt-six nouveau-nés sont évacués vers Israël, mais leurs « mères porteuses » sont priées de rester sur place[1]. Au sein du pays, plusieurs nationaux s'inquiètent alors d'un marché « proche d'un trafic d'êtres humains[2] » et saisissent la Cour Suprême népalaise. Elle rend son verdict en décembre 2016. Après l'Inde, le Népal interdit à son tour la GPA commerciale et ferme ses frontières aux couples étrangers. Elle est désormais réservée aux couples népalais infertiles.

Mais les agences et les cliniques s'adaptent aux législations versatiles. Après l'Inde, la Thaïlande et le Népal, le marché dérégulé de la GPA se reporte sur le Cambodge, le Laos et le Vietnam. Cherche-t-on à l'éteindre ici qu'elle réapparaît plus loin.

À son tour, donc, le Cambodge attire. Les prix sont bas, la législation presque inexistante. Un tourisme procréatif s'y installe peu à peu et s'organise grâce à de petites structures et des agences multinationales flexibles survivant à chaque crise et s'adaptant sans cesse en se délocalisant. La GPA commerciale en Asie du Sud-Est est telle l'Hydre de Lerne. Sitôt éliminée, sitôt renaissante. Les couples homosexuels, les célibataires et les couples aux revenus plus restreints, après avoir été déclarés *personae non grata* en Inde, en Thaïlande et au Népal se rendent désormais au Cambodge à partir de 2015, encouragés par les cliniques et agences limitrophes qui continuent leur démarchage hors de leurs frontières. Les

---

1. D. Kamin, « Israel Evacuates Surrogate Babies From Nepal but Leaves the Mothers Behind », *The Time*, 28 avril 2015.
2. R. Abrams, « Nepal bans Surrogacy, leaving couples with few low cost options », *New York Times*, 2 mai 2016.

mères porteuses viennent du Vietnam, mais aussi du Laos, de Thaïlande et d'Inde.

Au Cambodge, aucune loi n'encadre ni n'interdit la GPA. Le Code pénal contient simplement trois articles visant à combattre le trafic d'enfants et condamnant à six mois de prison tout intermédiaire entre une femme enceinte et un parent adoptif. Mais les clients, là aussi, sont nombreux. En 2015, plusieurs centaines de couples auraient bénéficié des services d'une « mère porteuse » au Cambodge. Ils sont principalement originaires de Chine, d'Australie et d'Angleterre – pays où la GPA non rémunérée est pourtant légale[1]… Au Cambodge, la pratique est taboue. Par peur de voir ce marché juteux leur échapper en cas de législation nouvelle, la plupart des cliniques nient proposer la GPA. Une enquête fouillée du quotidien national *The Phnom Penh Post* révèle cependant le recrutement de « mères porteuses » cambodgiennes et thaïlandaises, implantées avec des embryons importés d'Afrique du Sud, des États-Unis ou d'Europe. Ces femmes sont payées 10 000 dollars – six fois le salaire moyen annuel – et vivent toutes dans des maisons prévues à cet effet dans la capitale, loin de leur village d'origine, pendant tout le temps de la grossesse. Pour les futurs parents, le processus est moins douloureux. Après avoir signé un contrat avec l'agence et réglé entre 30 000 et 60 000 dollars, les commanditaires se rendent au Cambodge – pour le don de sperme, d'ovules ou les deux – puis retournent dans leur pays d'origine en attendant la naissance de l'enfant. Après quoi la « mère porteuse » signe un document laissant la garde de l'enfant au couple. Dès novembre 2016, le gouvernement

1. C. Maza, « Surrogacy industry blossoms amidst a shroud of secrecy », *The Phnom Penh Post*, 14 octobre 2016.

donne un coup d'arrêt brutal à la pratique, soit un an à peine après l'interdiction en Thaïlande. En Asie du Sud-Est, la GPA a une réputation qui la précède. L'exploitation de femmes pauvres faisant usage de leur corps pour survivre et la menace de voir apparaître un trafic d'êtres humains a cloué au pilori la pratique au sein des frontières cambodgiennes.

Mais c'est compter sans des financiers peu scrupuleux. En 2020, trente-deux « mères porteuses », arrêtées en 2018 alors qu'elles étaient enceintes, et ce malgré l'interdiction, ont été condamnées par la justice cambodgienne pour trafic d'être humain et menacées d'être envoyées en prison si elles n'élevaient pas elles-mêmes les enfants qu'elles avaient mis au monde. Des condamnations sévères qui ont conduit l'industrie à fuir le pays, cette fois en direction du Vietnam et du Laos[1]. Les deux pays ont pourtant deux approches très différentes. Au Vietnam, la GPA était interdite depuis 2003, qu'elle soit commerciale ou non. C'est en juin 2014 que le gouvernement décide d'autoriser la pratique dans un cadre strict : seuls les couples mariés et infertiles peuvent y recourir, la « mère porteuse » doit faire partie de leur entourage proche et doit déjà être mère. L'embryon doit être conçu avec le sperme et les ovules du couple demandeur. Enfin, le mari de la parturiente doit donner son accord[2]. Pourtant, les agences et intermédiaires pullulent. Le trafic d'enfants nés dans les provinces montagneuses du Nord, particulièrement pauvres, est préoccupant. Certaines femmes sont emmenées en Chine pour accoucher et payées 2 100 dollars, rapporte le

1. « Cambodge, La gestation pour autrui : la porte se referme », *Courrier International*, 13 juillet 2017.

2. Y. Hibino, « Implications of the legalization of non-commercial surrogacy for local kinship and motherhood in Vietnamese society, Reproductive », *BioMedicine Online*, vol. 30, Issue 2, 2015, p. 113-114.

Việt Nam News en avril 2020. En 2019, plusieurs dizaines d'arrestations mettent au jour un réseau de GPA commerciale sollicitant des femmes, notamment issues des minorités ethniques du Nord, pour vendre leur enfant en Chine.

C'est désormais le Laos, pays parmi les plus pauvre de la planète, qui hérite de la clientèle internationale interdite chez ses voisins. Dans ce pays devenu la plaque tournante du crime et de la drogue, des cliniques aux noms angéliques ont fait leur apparition. « Miracle » ou « Perfect » offrent un service de GPA commerciale pour les clients les moins regardants. En quatre ans, 600 couples australiens se seraient dirigés vers ce pays, selon le responsable d'une association pro-GPA australienne. Selon l'agence New Genetics Global, le Laos aligne des prix parmi les plus avantageux de la planète. Un couple australien aurait ainsi payé 56 000 dollars. La mère porteuse, quant à elle, peut espérer recevoir 8 000 dollars, soit 72 fois le salaire mensuel minimum. Les grossesses sont souvent multiples. Le ventre des femmes est rentabilisé, et les grossesses gémellaires fréquentes. Or celles-ci comportent plus de risques et nécessiteraient un encadrement médical spécialisé qui est presque inexistant au Laos, le pays ne disposant d'aucun service de soin intensif néonatal. Alors les Laotiennes doivent accoucher en Thaïlande, en dépit de l'interdiction. Et en cas d'urgence… ? Malgré ces inconvénients pour leur activité, les cliniques et agences installées dans le pays sont optimistes[1]. En plus des couples occidentaux, la clientèle chinoise, désireuse de concevoir un deuxième enfant depuis la levée de la politique de l'enfant unique en 2015, est nombreuse. 90 millions de couples seraient ainsi susceptibles

1. A. Sawitta Lefevre, « Wombs for rent business flourishes in communist Laos », *Reuters*, 8 juin 2017.

de désirer un deuxième enfant. Parmi eux, 40 % pourraient rencontrer des difficultés en termes de fertilité en raison de leur âge. 60 % ont 35 ans ou plus, dont la moitié a plus de 40 ans. 10 000 couples chinois recourraient ainsi à la GPA dans le monde. Elle est interdite en Chine depuis 2001[1].

Reste qu'à tout moment, le business laotien de la GPA peut péricliter. Les clients occidentaux et chinois craignent désormais les législations versatiles d'Asie du Sud-Est, qui ont laissé dans la détresse nombre de couples en Inde, en Thaïlande, au Népal ou encore au Cambodge. Après l'interdiction de la GPA, en octobre 2016, par le gouvernement cambodgien, des femmes enceintes et des couples demandeurs se sont retrouvés dans une situation particulièrement chaotique. C'est seulement un an plus tard, en 2017, que le gouvernement a autorisé les parents d'enfants nés de GPA à ramener leur enfant dans leur pays d'origine. Ces déconvenues majeures ont incité une clientèle internationale moins aisée à se tourner vers d'autres destinations. Un pays a particulièrement bénéficié de cette méfiance de la clientèle internationale : l'Ukraine.

Depuis le lancement par l'Inde d'un modèle de GPA commerciale low cost dérégulé en 2002, la demande internationale n'a cessé d'augmenter. Les légalisations successives des différents pays limitrophes ont permis le développement d'un marché de grande ampleur et de techniques médicales de pointe, attirant en grand nombre des couples d'étrangers, et particulièrement les Australiens, attirés par les prix très bas et les conditions juridiques très souples. Rappelons ici que la GPA prétendument « altruiste » qui ne rémunère pas les « mères porteuses » est autorisée en Australie. Mais beaucoup

1. *Ibid.*

d'Australiens ne sont pas satisfaits d'une législation considérée comme trop complexe et qui rend peu accessible ce « service ». Conséquence ? L'Asie du Sud-Est a vu naître un trafic de femmes et d'enfants d'une ampleur inédite, avec des agences et des cliniques aux pratiques mafieuses n'hésitant pas à mettre en danger la santé d'autrui. L'exemple de « mères porteuses » enceintes de jumeaux au Laos, pays qui ne dispose pas de l'encadrement médical nécessaire au suivi de telles grossesses, est à ce titre édifiant.

Et malgré les tentatives pour encadrer et réguler la GPA dans les pays de la région, le marché illégal et monstrueux qui s'est implanté perdure grâce à une clientèle aux capacités financières limitées, mais prête à tout pour avoir un enfant.

L'Europe tiraillée

L'Europe révèle une mosaïque de législations très différentes concernant la GPA. En France, elle est strictement interdite. C'est le cas également en Allemagne, en Bulgarie, en Espagne, en Italie, en Lituanie, à Malte, en Estonie, en Finlande, en Suède, au Luxembourg et en Croatie. D'autres la tolèrent sans avoir légiféré. C'est le cas par exemple de la Belgique, des Pays-Bas, de la Pologne et de la Slovaquie. Certains, comme le Royaume-Uni ou la Grèce, l'ont autorisée sans pour autant permettre aux mères porteuses d'être rémunérées. La GPA commerciale n'est autorisée que dans peu de pays. Citons les trois principaux : la Roumanie, la Russie et l'Ukraine.

Étudions de plus près cette dernière, pays d'une GPA commerciale qui en vient même à être désavouée par les partisans de la pratique en France. Puis nous irons au Royaume-Uni, souvent porté aux nues pour sa version « altruiste » ou « éthique » de la GPA.

L'Ukraine: la GPA cynique

Bienvenue en Europe. Depuis 2015 et l'interdiction de la GPA commerciale dans de nombreux pays asiatiques, c'est donc l'Ukraine qui hérite d'une grande partie de la clientèle internationale. Même les ressortissants de pays dans lesquels la GPA est dite « éthique » comme le Canada ou le Royaume-Uni se tournent vers le pays d'Europe de l'Est, faute de « mères porteuses » disponibles chez eux. À lui seul, le marché ukrainien représentait un quart du marché mondial de la GPA[1].

Depuis 2002, la GPA y est légale. Elle est prévue par l'article 123-2 du Code de la famille. Selon cette législation, dès la conception de l'embryon, la femme porteuse n'a aucun droit sur l'enfant à naître. L'ovule avec lequel l'embryon est conçu vient soit de la « mère d'intention », soit d'une donneuse. La loi ne permet donc pas que la femme porteuse soit la mère biologique de l'enfant.

Quelles sont les particularités de la GPA ukrainienne? Elle est plus accessible que sa jumelle américaine en termes de coûts. Il faut compter entre 40 000 et 60 000 euros. Soit moitié moins. Mais ce n'est pas la seule raison de son succès auprès des Européens. « Nous avions fait le choix de l'Ukraine, par proximité, en raison des délais plus courts et parce que c'est économiquement intéressant », confie Elsa[2] sur un réseau social.

Une particularité par rapport aux États-Unis: en Ukraine, seuls les couples hétérosexuels et mariés peuvent recourir à la GPA. Mais la loi est parfois contournée. La transcription complète de l'acte de naissance de l'enfant est possible

1. M. Roache, « Ukraine's "baby factories" : The human cost of surrogacy », *Aljazeera*, 13 septembre 2018.

2. Les prénoms ont été modifiés.

lorsqu'un seul des deux parents a prouvé son lien biologique avec lui. Dès lors, des couples homosexuels procèdent en désignant l'un des deux partenaires comme « célibataire ». Mais rappelons que beaucoup de couples gays et de célibataires privilégient le Mexique.

Les autres conditions sont d'ordre médical. Les parents d'intention doivent justifier leur infertilité. Absence d'utérus, déformation de la cavité utérine, syndrome d'Asherman, maladie psychosomatique grave ou symptôme empêchant une grossesse, ou quatre échecs de PMA[1].

La seule disposition concernant les « mères porteuses » se réduit à la condition que la future parturiente ait déjà eu un enfant. Mais comment s'assurer du respect de cette règle ? Aucune statistique n'existe. D'ailleurs, la plus grande part de la GPA ukrainienne est opaque. À tel point que les partisans de la GPA eux-mêmes en viennent à dénoncer ses dérives.

C'est cette fois une situation inédite, l'épidémie du Covid-19, qui a mis en lumière ces dérives. Les images de rangées entières de nouveau-nés dans une pièce de la clinique mastodonte du secteur BioTexCom ont choqué le monde entier. Placés les uns à côté des autres, les bébés sont en attente des parents qui ne peuvent plus traverser les frontières internationales pour venir les chercher. Et ce n'est pas la première fois que l'Ukraine attire l'attention internationale.

Le fondateur et patron de BioTexCom, Albert Tochilovsky, a déjà fait parler de lui. Sa clinique détiendrait à elle seule 25 % du marché mondial de la GPA[2] et 70 % du marché ukrainien, qui représenterait 1,5 milliard de dollars par an

1. D. Lance, J. Merchant, « Réglementation des corps : la gestation pour autrui en Ukraine et aux États-Unis », Paris, Dalloz, *Les cahiers de la Justice*, 2016/2, n° 2, p. 231-247.

2. S. Blanco, « The dark side of Ukraine's surrogacy boom », *El Pais*, 1er octobre 2018.

(environ 1,25 milliard d'euros)[1]. En 2018, l'homme d'affaires, de nationalité allemande et moldave, est contraint à la résidence surveillée et poursuivi pour « trafic d'êtres humains ». Une dénonciation anonyme émanant d'une ambassade étrangère à Kiev a été faite après qu'il a été établi que le test ADN d'un bébé ne correspondait pas à celui des parents commanditaires. Le magnat du bébé est aussi poursuivi pour évasion fiscale. Mais ceci n'est que la partie émergée de l'iceberg-GPA en Ukraine.

Dans le pays où les « mères porteuses » sont recrutées par petites annonces, sur les réseaux sociaux ou grâce à des panneaux publicitaires sur les arrêts de bus ou dans le métro, c'est sur la misère que les cliniques prospèrent. Pour la plupart, les jeunes femmes qui répondent à ces offres ont pour objectif d'améliorer leur situation financière. Pour une grossesse, la clinique BioTexCom leur propose 11 000 dollars, soit environ 9 200 euros, en plus des 200 euros mensuels pendant le temps de la grossesse. Une véritable manne financière, le salaire moyen ukrainien ne dépassant pas 2 500 euros par an. Mais dans quelles conditions ? Dans un entretien accordé à une journaliste d'Al Jazeera[2], l'une d'elles, Alina, révèle les conditions « terribles » dans lesquelles s'est déroulée sa grossesse.

La jeune femme, dont le salaire de coiffeuse ne suffit pas à boucler ses fins de mois, décide de devenir « mère porteuse » en vue de rénover sa maison et de mettre de côté pour les futures études universitaires de son fils. En mars 2017, elle

1. J. Antoine, « What are the moral implications of using another woman's body in order to fulfill a personal wish for procreation ? Should Public Policy allow surrogacy ? », Medium, 2018.
2. M. Roache, « Ukraine's "baby factories" : The human cost of surrogacy », *Aljazeera*, 13 septembre 2018.

est inséminée avec un embryon à la demande d'une cliente roumaine de 38 ans, Anca, qui souffre de plusieurs fibromes. La clinique la place alors dans un petit appartement, avec quatre autres « mères porteuses ». Pendant trente-deux semaines, elle est contrainte de dormir dans le même lit qu'une autre jeune femme enceinte, faute de place. « Nous étions toutes très stressées », raconte-t-elle. « La plupart des femmes venaient de petits villages et étaient dans des situations désespérées. [...] Nous avons passé la première semaine étendues, en pleurant. Nous ne pouvions pas manger. » C'est une situation typique des « mères porteuses ». Un superviseur passe régulièrement pour surveiller les jeunes femmes : « Si nous n'étions pas de retour avant quatre heures de l'après-midi, nous pouvions recevoir une amende de 100 dollars. » Une amende est aussi délivrée si une des jeunes femmes ose émettre la moindre critique sur la clinique ou cherche à entrer en contact avec les parents d'intention du bébé qu'elle porte. Une fois à l'hôpital de Kiev, où elle doit accoucher, Alina fait l'objet de sarcasmes de la part du personnel médical : « Nous étions traitées comme du bétail et moquées par les médecins. Il n'y avait pas d'eau chaude, nous devions nous laver avec des bouteilles en plastique, au-dessus des toilettes, avec de l'eau préalablement chauffée dans une bouilloire. » Alina demande à être transférée dans un autre hôpital : « L'équipe a menacé de ne pas me payer si j'en parlais à Anca (la mère d'intention). »

D'autres témoignages d'abus tout aussi alarmants émergent. Interrogée par une journaliste du journal espagnol *El País*, en 2018, Maria raconte. Elle est candidate pour devenir mère porteuse en 2013. Elle a besoin d'argent car elle vient de divorcer. À sept semaines de grossesse, la jeune femme remarque des saignements intenses. BioTexCom la rassure. Quinze jours plus tard pourtant, les saignements s'intensifient. « L'hôpital m'a dit que le fœtus était mort depuis deux semaines. La clinique ne m'a donné que 300 euros. J'ai mis deux mois à m'en remettre. C'est très dur et très triste », confie-t-elle[1].

On flirte ici avec la dystopie imaginée par l'auteure canadienne Margaret Atwood. Dans son roman publié en 1985, *La Servante écarlate*, le personnage principal, June, est contrainte de devenir « mère porteuse » par un régime dictatorial religieux, la « République de Galaad », dans lequel une partie des femmes est réduite en esclavage sous prétexte d'assurer le renouvellement d'une population mise en danger par la chute de la fertilité. Dans ce récit terrifiant, immédiatement après l'accouchement, l'enfant est retiré à la femme esclave qui l'a porté. Une fiction devenue réalité pour certaines « mères porteuses » ukrainiennes. En deux ans, 40 à 50 d'entre elles auraient exprimé le besoin de garder l'enfant mis au monde, selon le chef de l'administration du ministère de la Justice ukrainien[2]. Mais la loi est claire : l'enfant à naître est celui des parents demandeurs. Sauf... quand ils changent d'avis. Ces cas sont rares. Mais ils existent. C'est une des réalités de la GPA. En Ukraine, plusieurs cas de « Baby Gammy » – prénom du bébé thaïlandais abandonné par ses parents demandeurs en raison d'une trisomie 21 – ont été recensés.

L'un de ces bébés s'appelle Bridget. Le cas de la petite fille est révélé par un reportage réalisé par Samantha Hawley pour ABC News en 2018. Bridget a été abandonnée par l'homme et la femme qui l'avait demandée. Elle naît grâce à une « mère porteuse » ukrainienne en février 2016, prématurément, à

1. S. Blanco, « The dark side of Ukraine's surrogacy boom », *El Pais*, 1er octobre 2018.
2. *Ibid.*

25 semaines. Pendant la grossesse, un des jumeaux meurt. Le couple informe qu'il ne souhaite pas que la grossesse se poursuive. L'autre embryon est pourtant viable[1]. Mais BioTexCom décide de poursuivre la grossesse. Bridget pèse 800 grammes à la naissance. Son état de santé est préoccupant. Ses parents biologiques déclarés sont américains. Matthew Scott Etnyre a 39 ans et Irmgard Pagan 61 ans. Personne ne sait s'il s'agit d'un vrai couple. Cinq mois après sa naissance, le bébé est toujours sous assistance médicale. Le couple demande que l'on débranche la petite fille. « Nous ne l'amènerons pas aux États-Unis. Elle est incurable », écrivent-ils dans une lettre adressée à leur correspondant en Ukraine. La petite fille survit. Près de deux ans plus tard, le couple refait surface avec une nouvelle lettre. Bridget doit être adoptée. Par d'autres... La petite fille aujourd'hui âgée de quatre ans souffre de nombreux handicaps en raison de sa naissance prématurée. Elle est malvoyante, souffre d'une défaillance cérébrale et vit dans un orphelinat en attendant de pouvoir obtenir la nationalité ukrainienne. Les parents, quant à eux, ont déposé plainte pour diffamation contre la journaliste pour atteinte à leur réputation en les présentant comme des personnes « sans cœur » et nient avoir « abandonné » l'enfant[2]. Peut-être l'ont-ils généreusement laissée à un orphelinat ? Toujours est-il que les deux individus ont finalement réussi à obtenir les jumeaux qu'ils désiraient tant. Grâce à une autre « mère porteuse », en 2018, et toujours en Ukraine.

Selon Sergueï Antonov, avocat à Kiev spécialisé dans les questions de médecine reproductive, 2 000 enfants naîtraient chaque année par GPA dans le pays. « Il y a cinq ans, c'était

1. G. de Monjou, A. de Russé, « GPA en Ukraine, Le business des bébés », *Le Figaro Magazine*, 23 octobre 2020.
2. « ABC sued, couple deny ditching baby », *The Australian*.

moins de 1 000, la hausse est significative », confie-t-il à *La Croix*. Mais impossible d'obtenir le moindre chiffre totalement fiable.

Pas de données, mais le processus, lui, est connu. La prise de contact entre les futurs parents et la clinique a principalement lieu par internet. Les parents sont ensuite invités à venir pour rencontrer un médecin et choisir un « package ». La clinique Feskov en propose un grand nombre et autant d'options possibles. Fondée à 450 kilomètres de Kiev, et le succès aidant, elle a ouvert en 2017 une antenne dans la capitale.

Quelques exemples ? Selon le budget que vous souhaitez consacrer à votre GPA, vous pouvez choisir ou non de communiquer avec la « mère porteuse », faire l'analyse ADN de la donneuse que vous choisissez – c'est l'option « Healthy Generation », comprenez : « Génération en bonne santé ». Évidemment, c'est plus cher. La santé a un prix, c'est bien connu. Mais coup de chance, le choix du sexe du bébé est systématique. Offert par la maison. C'est le cas aussi pour l'analyse génétique complète de l'embryon. Sur sa plaquette, la clinique Feskov affirme pouvoir « garantir légalement à 100 % la naissance d'un enfant en bonne santé ». En tout, on trouve une soixantaine d'options disponibles, et des prix qui varient de 37 500 euros (avec un supplément « jumeaux » possible – comptez 2 500 euros supplémentaires) à 90 000 euros pour le « VIP Guarantee Package name », avec la fameuse option « Healthy Generation ». Pour les futurs parents les plus dispendieux, pour les moins cosmopolites ou même les tire-au-flanc, une autre option est accessible : la « mère porteuse » peut se déplacer. La parturiente prend donc son baluchon et grimpe dans l'avion pour venir accoucher où les demandeurs le souhaitent. Belgique, États-Unis, Canada ou Tchéquie.

Vous avez choisi vos options ? Alors on avance. Une convention est ensuite signée entre les parents d'intention et la mère porteuse avant l'implantation d'un ou plusieurs embryons[1]. Le contrat doit être rédigé en langue ukrainienne et dans celle des parents demandeurs. Il stipule que la femme qui porte l'enfant n'a aucun lien biologique avec lui et s'engage à renoncer à ses droits parentaux après sa naissance. D'autres obligations relevant du style de vie de la « mère porteuse » ponctuent aussi le contrat. Lors d'une enquête en Ukraine, une journaliste du *Figaro* a recensé les obligations imposées par l'agence Gestlife. Quelques exemples d'interdits ? Teindre ses cheveux, avoir des rapports sexuels pendant la durée de la grossesse ou encore s'approcher de ses propres enfants s'ils ont un rhume[2]... Lorsque la grossesse se déroule normalement, l'enfant est retiré à la « mère porteuse » dès l'accouchement. Le couple demandeur sollicite ensuite un certificat de naissance ukrainien avant d'obtenir un passeport pour l'enfant et le ramener avec eux dans leur pays d'origine.

C'est ce qu'ont fait Alexandra[3] et son mari. « C'est ma gynéco qui me l'a conseillé », assure la jeune femme. Le couple se renseigne dans plusieurs pays, mais les agences ukrainiennes sont les plus réactives. Le couple arrête son choix sur BioTexCom. Elle ajoute : « Et pourquoi payer 150 000 euros quand tu peux payer 40 000 euros ? On gagne très bien notre vie, mais pour une GPA aux États-Unis on peut en faire trois en Ukraine. » L'argument est aussi juridique : « Tout est plus facile. L'ambassade en Ukraine est rodée. »

Alexandra et son mari choisissent le « contrat à 40 000 euros ». Il est signé en 2018, mais ce n'est que deux ans après que le

1. D. Lance, J. Merchant, « Réglementation des corps : la gestation pour autrui en Ukraine et aux États-Unis », p. 231-247.

2. G. de Monjou, A. de Russé, « GPA en Ukraine, Le business des bébés », *Le Figaro Magazine*, 23 octobre 2020.

3. Le prénom a été modifié.

couple décide d'entamer le processus. Lorsque j'interviewe Alexandra, elle me dit : « Nous sommes à 23 semaines de grossesse. » « Nous ? » Son mari et elle. « BioTexCom, on entend plein de choses négatives, mais pour moi ils ont toujours été présents, à l'écoute et on a toujours été bien reçus. Je n'ai rien à leur reprocher. Moi le fait que tout soit compris dedans... Tu as les avocats... Ils te nourrissent, ils te logent, ils te blanchissent... Tu es bien accompagné de A à Z. Pour moi, c'est ce qui nous a rassurés et à l'heure actuelle je ne le regrette pas. » Les agences encadrent le séjour de leur précieuse clientèle ; c'est visiblement la priorité de la jeune femme. Quid de la « mère porteuse » ? « Je sais qu'elle a déjà trois enfants, qu'elle est mariée, qu'elle est mère au foyer. » Et la donneuse ? « Alors là, de chez toi, tu reçois un identifiant et un mot de passe pour aller sur le site qui te donne accès à toute la base, et tu sélectionnes celle qui te plaît. Tu fais ton "top 3" ou ton "top 5". »

Une sélection qui se fait en accord avec les médecins, m'explique-t-elle : « C'est en fonction du groupe sanguin qui va le mieux avec le sperme de ton mari, mais aussi de celle qui te ressemble le plus. » « Après, peut-être que tu auras un ou deux coups de cœur, et ton mari aura aussi un ou deux coups de cœur. Nous, on a eu le même coup de cœur ! », s'enthousiasme la jeune femme de trente-deux ans. « Bizarrement, c'est celle qui me ressemblait presque comme deux gouttes d'eau. » Bizarre ? Ou bizarre de trouver cela « bizarre » ? Étrangement, la jeune femme avoue dans le même temps dénier un choix fondé sur des critères physiques tout en le confessant : « Ce n'est pas moi, mais c'est moi », croit-on entendre.

Ces déclarations sont particulièrement révélatrices. La jeune femme entre dans une tentative pure et simple de négation du réel. La donneuse lui ressemble, ce pourrait être elle. La « mère porteuse », quant à elle, est mise à distance.

« Certains parents veulent avoir un contact régulier avec la mère porteuse. Avoir des photos, des appels. Nous, on n'est pas comme ça. On est très pudiques sur les sentiments. Le fait de ne pas avoir trop de nouvelles ça nous allait. On n'était pas dans une demande de partage de grossesse. » La jeune femme justifie sa « pudeur » : « Faire le deuil de ma grossesse a été très, très dur, je n'ai pas envie de le revivre. » « Je n'ai pas envie de partager ce moment avec une personne qui va me dire tout ce qu'elle ressent avec mon enfant. Je ne suis pas capable de le supporter. »

Malgré tout, « toutes les quatre à cinq semaines », BioTexCom envoie les vidéos des échographies, un résumé de l'état de santé de l'enfant à naître et de la « mère porteuse ». « Pour nous, c'est aussi important de connaître l'état de santé de la "mère porteuse" », m'indique Alexandra, qui pendant l'entretien ne prononcera pas une seule fois le prénom de celle qui a porté son enfant.

Il faut insister pour connaître le sentiment d'Alexandra au sujet des accusations formulées par les opposants à la pratique en l'Ukraine, selon lesquelles les femmes feraient l'objet d'une exploitation. Ce qu'elle déclare fait écho aux discours entendus dans tous les pays pratiquant la GPA commerciale : « Elle me rend un des plus grands services de ma vie, je lui rends un des plus grands services de sa vie. Là-bas, les salaires sont très, très bas. Donc honnêtement, autant elle, elle peut te sauver la vie émotionnellement, toi tu peux lui sauver la vie financièrement. Tu leur offres aussi une belle vie, quoi. » La jeune femme évacue toute possibilité d'exploitation : « Il faut avoir un grand cœur pour faire ça, mais personne n'est contraint. On ne te met pas un couteau sous la gorge. » « Là-bas, ajoute-t-elle, ils ne cherchent même plus des mères porteuses, ce sont elles qui viennent, et personne ne les force. Ni les maris, ni les grands-parents, ni la société. Et ce n'est pas toi qui va culpabiliser parce que les gouvernements ne font pas leur boulot économiquement parlant et socialement parlant. » Le discours qui suit est désarmant : « Si tu t'inquiètes de ça, tu ne visites plus aucun pays du tiers-monde, tu n'achètes plus de téléphone dernier cri parce qu'au Kenya, au Ghana et au Togo les gens sont exploités. » « Ce n'est pas un argument, continue Alexandra, parce que si tu es vraiment dans ça, tu te prends une maison à la campagne, tu fais ton exploitation agricole et tu te tais. Tout le monde est exploité dans les autres pays, en Afrique, en Asie, et pourtant on est toujours comme des cons à acheter des Samsung, des Apple, des écrans plats. C'est une exploitation comme une autre, sauf que les “mères porteuses” en Ukraine, elles ne sont pas forcées ! Exploitées oui, mais pas plus qu'ailleurs. Et en plus, elles sont bien encadrées médicalement. » Combien la « mère porteuse » d'Alexandra est-elle payée ? « Ça, je ne sais pas plus que ça », avoue-t-elle.

Que répondre à un tel cynisme ? « C'est dans le vide de la pensée que s'inscrit le mal », aurait sans doute opposé Hannah Arendt aux arguments creux de la trentenaire. La question morale est totalement évacuée. Peu importe ce qui relève du bien et du mal. La jeune femme se saisit avec opportunisme de la misère du monde. Les gouvernements étrangers « ne font pas leur boulot » ? « Tant mieux pour moi » pourrait-on presque entendre. Une exploitation ? « C'est monnaie courante ! »

En Ukraine, l'exploitation est en effet devenue banale, pour les « mères porteuses » comme pour les « donneuses » d'ovocytes. Les pays de l'Est ont une particularité sur le marché de la procréation mondiale. Ils comptent parmi les plus généreux de la planète en termes de « dons » d'ovocytes. Mais tout comme aux États-Unis, le terme de « don » cache une vaste fumisterie. En Ukraine, la loi autorise les femmes de 18 à 36 ans à donner leurs ovocytes. Il s'agit en réalité purement et simplement d'achat et de vente. Anastasia, âgée de 25 ans témoigne[1] : « C'est ma principale source de revenus, pour assurer ma vie quotidienne et celle de mes deux enfants. La dernière fois j'ai reçu 1 500 dollars (l'équivalent de 1 300 euros). C'est beaucoup d'argent pour moi. Je n'ai pas de travail régulier et c'est difficile de trouver un job, donc je veux continuer à faire des dons d'ovocytes et être rémunérée pour ça, quitte à aller à l'étranger si cela rapporte plus », explique la mère de famille. Certaines agences prévoient en effet d'envoyer les donneuses dans le pays des clients demandeurs. Une autre jeune Ukrainienne regrette, quant à elle, son expérience. À 28 ans, Olga souffre de violents maux de ventre après avoir vendu ses ovocytes à trois reprises. Les douleurs perdurent pendant plusieurs semaines. La jeune femme, désormais convaincue que les risques (élevés) n'en valent pas la chandelle, assure qu'elle ne recommencera pas.

Dans son ouvrage consacré à la dénonciation de la GPA, Sylviane Agacinsky alerte sur le sort réservé à celles qu'elle désigne comme des « poules aux œufs d'or[2] ». Parmi elles, Svetlana, qui vend ses ovocytes pour 300 dollars et reçoit une prime de 200 dollars. 40 ovules sont prélevés. Une seule fécondation *in vitro* est facturée 4 000 euros aux clients de la clinique. Coût de la matière première : 500 euros.

Les donneuses sont attirées par des petites annonces ou sur les réseaux sociaux. On retrouvera ensuite leur visage sur des sites internet ou dans le catalogue d'une clinique qui sera présenté aux futurs parents, en Ukraine mais aussi dans le monde entier. Les clients étrangers peuvent s'adresser à

---

1. M. Chodownik, « Poor legal regulation threatens health of Ukraine's egg donors », *New Eastern Europe*, 15 mars 2021.
2. S. Agacinsky, *Corps en miettes*, Paris, Flammarion, 2013, p. 55-57.

une cinquantaine d'agences et de cliniques. Et chaque mois, près de 150 candidates à la fonction de « mère porteuse » se manifestent[1]. Ces femmes porteront les enfants de couples originaires de pays dans lesquels la GPA est interdite, mais pas seulement. Elles seront enceintes pour le compte de demandeurs venus de pays où la GPA est autorisée, mais sous sa forme « altruiste » ou « éthique ». Faute de moyens financiers suffisants ou de « mères porteuses » disponibles, ceux-là viendront toquer à la porte de l'une des nombreuses cliniques ukrainiennes.

Le Royaume-Uni : la GPA version « éthique » ?

Bienvenue dans la prétendue Atlantide de la GPA : le Royaume-Uni. Le pays est présenté par les partisans français de la GPA comme un des meilleurs exemples à suivre en matière de législation « éthique ».

Quelle est-elle exactement ? La maternité de substitution est autorisée au Royaume-Uni depuis 1985. Le *Surrogacy Arrangement Act* encadre alors une pratique qui commence à faire des émules. Il ne s'agit pas encore de GPA à proprement parler. À ses débuts, la pratique se résume à faire de la mère de l'enfant – biologique, donc – la « mère porteuse ». Ce n'est qu'à la fin des années quatre-vingt que les GPA – dans lesquelles les « mères porteuses » n'ont aucun lien génétique avec l'enfant à naître – se développent dans le pays. Et contrairement aux États-Unis et à l'Ukraine, au Royaume-Uni les deux pratiques ont toujours lieu.

Depuis 1985 et l'interdiction de toute pratique commerciale, la législation s'est considérablement étoffée. Si, au début, l'encadrement se résume à transférer les droits

1. C. Bobyn, « Inside Ukraine's surrogacy industry where Australians are travelling to have a family », *ABC News*, 14 décembre 2018.

parentaux de la « mère porteuse » à la mère d'intention et son mari *via* une procédure d'adoption, le *Human Fertilisation and Embryology Act* de 1990 ajoute à la procédure juridique à suivre un *Parental Order*. Celui-ci doit être demandé dans les six mois suivant la naissance et est réservé aux couples mariés de plus de 18 ans, domiciliés au Royaume-Uni, dont l'un des deux doit être le parent biologique de l'enfant. Il prévoit également la garde de l'enfant par les parents d'intention mais aussi le remboursement des « dépenses raisonnables » de la « mère porteuse » pour sa grossesse. Avec le *P.O.* (pour les initiés), la « mère » porteuse transfère aux parents d'intention les droits parentaux qui, une fois obtenus, permettent la délivrance d'un certificat de naissance mentionnant le nom des parents d'intention. C'est un juge qui délivre le *Parental Order*. Le *Human Fertilization and Embryology Act* de 2008, complété par celui de 2010, ouvre la procédure aux couples non mariés et homosexuels, puis, à partir de 2019, aux célibataires.

Voici pour la théorie. Passons maintenant à la pratique. Pour les défenseurs de la GPA « altruiste », les « paiements commerciaux », c'est-à-dire qui excéderaient les frais avancés par la « mère porteuse » pour la grossesse, et pourraient être assimilés à une rémunération, doivent absolument être évités. Pourtant, le flou juridique actuel prête à confusion. En moyenne, les « mères porteuses » reçoivent entre 12 000 et 20 000 livres sterling (entre 14 000 et 23 000 euros). Mais dès 1998, le *Brazier Report*, présenté au Parlement, dresse un constat inquiétant : un nombre substantiel de couples ne dépose pas de requête en *Parental Order* devant la justice, et une partie d'entre eux en raison des sommes élevées qu'ils ont versées à la « mère porteuse ». Ce n'est pas tout. Le rapport Brazier fait remarquer qu'un paiement n'est pas explicitement interdit dans la loi et que les « dépenses raisonnables » peuvent cacher de véritables rémunérations. La recommandation ? Limiter les paiements aux « dépenses authentiques[1] » en les encadrant strictement[2]. C'était en 1998.

Depuis ? Pour l'avocate Nathalie Gamble, favorable à la GPA et fondatrice de l'association d'aide aux parents d'intention *Brilliant Beginnings*, les dépenses remboursées aux mères porteuses sont en réalité une rémunération qui ne dit pas son nom. Dans un article dans lequel elle recense le « Top 5 des mythes de la loi GPA au Royaume-Uni », l'avocate démolit celui son lequel « il est illégal de payer une mère porteuse au-delà des "dépenses raisonnables" ». « C'est peut-être l'idée reçue la plus communément répandue », assène-t-elle. « Il y a des infractions pénales concernant la publicité ou le profit d'intermédiaires, mais les parents d'intention et les "mères porteuses" ne commettent aucun crime, quel que soit le paiement de la "mère porteuse" ». Selon Nathalie Gamble, l'esprit de la loi est plus « subtil ». « Bien que l'intention de la loi de 1990 ait été clairement de décourager les paiements, en pratique il n'y a aucune sanction pénale. » Au Royaume-Uni, le Tribunal aux affaires familiales n'a jamais refusé un *Parental Order*, et ce dans « l'intérêt de l'enfant », précise l'experte, quitte à « autoriser les paiements supplémentaires rétrospectivement ». Pour l'avocate ès-GPA, « sur le terrain, le monde a changé

1. Les recommandations du Rapport Brazier comprennent : des vêtements de maternité, une nourriture équilibrée, des vitamines, une aide domestique, les frais de déplacements et d'hébergements pour le suivi de la grossesse, les frais de conseils juridiques, l'assurance, les dépenses médicales, les pertes de revenus en raison de la grossesse.

2. K. Parizer-Krief, « Gestation pour autrui et intérêt de l'enfant en Grande-Bretagne. De l'indemnisation raisonnable de la gestatrice prévue par la loi à la reconnaissance judiciaire des contrats internationaux à but lucratif », *Revue internationale de droit comparé*, vol. 63, n° 3, 2011, p. 645-659.

et le juge aux affaires familiales autorise maintenant couramment les paiements en compensation. »

Autant dire que le strict remboursement « des dépenses raisonnables » est loin d'être respecté. Si certaines « mères porteuses » entendent bel et bien s'en tenir aux seules dépenses engendrées par la grossesse, aucun bouclier juridique ne menace une entente commerciale entre une « mère porteuse » et des parents d'intention. Selon Nathalie Gamble, 10 % des contrats de GPA au Royaume-Uni rémunéreraient la « mère porteuse ».

Concrètement, comment s'organise la GPA outre-Manche ? Les couples infertiles et les *surrogate* se rencontrent pour la plupart *via* des associations comme *Childlessness Overcome Through Surrogacy* (COTS), créée en 1988, ou *Surrogacy UK*, fondée en 2002, ou encore le *British Surrogacy Center*, destiné aux couples gays à partir de 2011. Et, bien sûr, *Brilliant Beginnings*, fondée par Nathalie Gamble. D'autres, nombreux, se rencontrent *via* les réseaux sociaux.

Aucune statistique précise n'existe. Les *Parental Orders* peuvent néanmoins apporter une tendance. La GPA est réservée à quelques initiés jusqu'à la fin des années 2000. De 1995 à 2010, 33 à 75 *Parental Orders (PO)* par an sont recensés. Mais la médiatisation des GPA du chanteur Elton John en 2010 marque un tournant[1]. D'autant qu'on entre dans l'ère des réseaux sociaux. Le chanteur âgé à l'époque de 63 ans et son compagnon de 50 ans sont tous deux britanniques. Pour leurs deux GPA, ils se tournent vers la Californie[2]. Le nombre de GPA grimpe. En 2012, 103 *« PO »*

1. M. Crawshaw, E. Blyth, O. van den Akker, « The changing profile of surrogacy in the UK – Implications for national and international Policy and practice », *Journal of Social Welfare and Family Law*, 2013.

2. M. Laudadio, « Elton John Introduces Son Elijah Joseph Daniel » *People*, 2010.

sont recensés. Et parmi eux, près de 30 % sont consécutifs à une GPA réalisée à l'étranger[1], majoritairement en Inde, aux États-Unis et en Ukraine. Et ce chiffre a depuis grimpé : près de 70 % des couples britanniques désireux de recourir à une GPA se tourneraient désormais vers l'étranger[2].

La GPA est autorisée au Royaume-Uni, alors pourquoi partir ? Pour deux raisons. Primo, les *surrogate* ne sont pas assez nombreuses pour répondre à la demande. Secundo, le cadre juridique ne rassure pas les couples[3], mal à l'aise avec la possibilité que la « mère porteuse » puisse garder l'enfant à la naissance. Car outre-Manche, les conventions ne sont pas *enforceable*, c'est-à-dire qu'elles ne sont pas opposables. Contrairement aux États-Unis, les couples peuvent tout à fait se dédire et finalement refuser de prendre l'enfant ou de régler les « dépenses raisonnables » de la « mère porteuse » – bien qu'aucun cas n'ait jamais été recensé – et de la même manière, la mère n'est pas légalement tenue de donner l'enfant qu'elle porte à la naissance. Imaginer que la femme puisse s'attacher à l'enfant à naître entame la motivation des couples demandeurs. On peut le dire avec cynisme : la livraison est 100 % garantie aux États-Unis et en Ukraine, mais pas au Royaume-Uni.

C'est pourtant l'un des grands arguments des partisans français de la GPA « éthique » : la possibilité pour la « mère porteuse » de garder le nouveau-né. « Celle-ci aurait jusqu'à six semaines après la naissance pour se rétracter et décider de garder l'enfant. Les parents n'auraient alors aucun recours. »

---

1. M. Crawshaw, E. Blyth, O. van den Akker, « The changing profile of surrogacy in the UK – Implications for national and international policy and practice ».

2. N. Avramova, « The UK's restrictive surrogacy laws are hurting couples and pushing many abroad », CNN.com, 18 janvier 2019

3. V. Jadva *et al.*, « Cross-border and domestic surrogacy in the UK context: an exploration of practical and legal decision-making », *Human Fertility* 24, 2018, p. 93-104.

Mais, si l'on se fie au cas de l'Angleterre, c'est très rare. Cela arrive moins d'une fois par an. En général, la gestatrice confie l'enfant à la naissance et l'adoption se fait dans les six mois, argumente la philosophe Élisabeth Badinter dans le magazine *Elle*[1]. Mais les Britanniques qui se rendent à l'étranger semblent moins goûter cette prévention.

Malgré ce risque de voir la mère garder l'enfant à la naissance, le succès de la GPA outre-Manche est réel. En 2016, 400 enfants sont nés d'une « mère porteuse » au Royaume-Uni[2]. Une demande de plus en plus forte qui a poussé le gouvernement a un projet de réforme. Après avoir mené une consultation auprès des acteurs de la GPA, les Commissions des lois d'Angleterre, du Pays de Galles et d'Écosse ont publié une série de propositions, qui pour certaines révolutionnent la pratique, et pour d'autres ne font qu'entériner ce qui existe déjà. Deux grands axes s'en dégagent. L'un consistant à accélérer et faciliter la déclaration des parents d'intention comme parents légaux – intitulé « nouveau chemin vers la parentalité » –, l'autre visant à éclaircir et encadrer les sommes versées aux « mères porteuses ».

La commission propose notamment d'en finir avec le *Parental Order*. Les parents d'intention doivent attendre six semaines pour déposer une requête auprès du Tribunal. Un temps originellement conçu comme un délai de réflexion laissé à la future mère. Exit. Désormais, les parents d'intention pourraient être les parents légaux dès la naissance de l'enfant, et la *surrogate* aurait un court délai pour déclarer son désir de garder l'enfant et s'opposer à la filiation. Elle ne serait donc plus prioritaire.

1. I. Duriez, V. Toranian, « Élisabeth Badinter : "Je suis pour une GPA éthique" », *Elle*, 8 mars 2013.

2. O. Igiehon, « Should the UK law on surrogacy be reformed ? », *The New Law Journal*, décembre 2020.

Quant aux propositions qui concernent les dépenses, elles pourraient potentiellement faire basculer le Royaume-Uni dans une GPA commerciale. La Commission propose que soient remboursées les « pertes de revenus », les « pertes d'aides sociales », les « coûts essentiels de la grossesse », les « coûts additionnels », les « coûts associés à la grossesse » et... que soit versée une « compensation » pour la douleur et la gêne, les complications médicales ou la mort de la « mère porteuse », des « cadeaux », un « forfait pour être "mère porteuse" (déterminé par une négociation entre les deux parties), ou un plafond proposé par le négociateur »...

La réforme en cours donne à voir le vrai visage de la pratique au Royaume-Uni. Celui d'une GPA impossible à réguler. Certains défendent l'idée d'une GPA non rémunérée ? C'est possible s'ils le souhaitent. Mais la légalisation ouvre aussi la voie à ceux qui contreviennent à cet idéal « éthique ». L'un ne va pas sans l'autre.

D'ailleurs, au Royaume-Uni, la logique de la compensation s'accompagne d'autres revers. Le « don d'ovules » rémunéré y est officiellement interdit. À la place, des compensations sont offertes. 750 livres sterling. C'est le maximum légal. Un montant incitatif. À 25 ans, Sarah a donné ses ovocytes : « L'idée m'avait toujours intéressée – ma mère m'a encouragé en me le présentant comme un moyen pour payer mes prêts –, et j'aimais l'idée d'être capable d'aider une famille à avoir un enfant[1]. » Les cliniques et centres de fertilité n'hésitent pas à publier sur Twitter ou Instragram des communications à destination des jeunes femmes, en mettant en valeur la compensation offerte.

Une GPA « altruiste », disait-on ?

---

1. S. FENTON, « What it's really like to be an egg donor », *The independent*, 4 mai 2016.

GPA encadrée : l'exemple d'Israël

Israël est le premier pays à avoir légalisé explicitement la GPA à l'échelle nationale. Elle y est encadrée depuis 1996 par le « Embryo Carrying Agreement Act (Agreement Authorization & Status of the Newborn Child) ». Au départ réservée aux couples hétérosexuels, et à la condition d'utiliser les gamètes respectifs du couple, la législation s'est assouplie en 2018 en autorisant la GPA pour les femmes seules et stériles (donc avec un « don d'ovocyte » dans ce dernier cas), puis, en juillet 2021, lorsque la Cour suprême s'est prononcée en faveur d'une autorisation de la pratique pour les couples homosexuels et les célibataires. Dans une société très centrée sur la culture familiale, avoir un ou plusieurs enfants, qui plus est biologiques, revêt une importance particulière. Entre 1998 et 2007, 823 enfants sont nés d'une « mère porteuse ». Le pays passe d'une moyenne de 9,5 par an entre 1998 et 2001 à 73 entre 2012 et 2017.

Que prévoit la loi ? Que toute GPA doit être approuvée par un comité constitué de sept membres, dont au moins trois hommes et trois femmes : deux gynécologues-obstétriciens, un médecin spécialisé en médecine interne, une assistante sociale, un psychologue, un juriste représentant de la société civile et un représentant religieux. Ce comité a pour mission de déterminer si l'accord est conclu avec le consentement éclairé et le plein gré des parents demandeurs comme de la « mère porteuse », qu'aucun préjudice ne va être causé en particulier à l'enfant[1].

Plusieurs conditions doivent être remplies pour réaliser une GPA : la mère d'intention doit faire la preuve de son

1. Sous la coordination de V. Boillet, M. Roca i Escoda et E. de Luze, *La Gestation pour autrui. Approches juridiques internationales*, Paris, Anthemis, 2018.

incapacité à porter un enfant, des évaluations médicales et psychologiques sont menées, et une assistante sociale ou un psychologue doivent s'assurer que d'autres options ont été explorées au préalable. Toutes les étapes de la GPA sont réalisées sous l'égide de l'État. Une version idéalisée de la pratique où, semble-t-il, les intérêts de l'enfant, de la « mère porteuse » et des parents d'intention seraient garantis. Autant l'écrire tout de go : on est loin du compte. Une chercheuse dresse même un constat sévère de la GPA israélienne. Dans une étude intitulée *En moi, mais pas à moi : la GPA en Israël*[1], la chercheuse en sciences sociales Etti Samana pointe, dès 2015, « le fossé » entre la théorie – la loi –, et la pratique.

Elle brosse le portrait type de ces « mères porteuses » israéliennes. Elles sont célibataires (sur les 275 rencontrées, aucune n'était mariée ; elles étaient soit célibataires, soit divorcées, soit veuves), en moyenne âgées de 31 ans, et élèvent seules leur(s) enfants (entre un et six enfants âgés en moyenne de huit ans). 60 % d'entre elles sont allées au bout de l'enseignement secondaire, 17 % avaient seulement dix années d'éducation et seules quelques-unes avaient obtenu un diplôme universitaire. Lors de leur grossesse-GPA, un quart d'entre elles étaient au chômage et un tiers multipliaient les emplois précaires dans l'industrie des services.

Leur motivation ? Voici le constat de la chercheuse : « Leur motivation principale était financière. » Seules 10 % d'entre elles faisaient mention de motivations altruistes, et seulement quelques-unes manifestaient « une aspiration pour leur épanouissement personnel, un goût pour l'aventure et

1. E. Samama, « Within Me, But Not Mine : Surrogacy in Israel », *New Cannibal Markets : Globalization and Commodification of the Human Body* [en ligne], Paris, Éd. de la Maison des sciences de l'homme, 2015 (généré le 25 juin 2021).

la joie d'être enceinte». Aucune «mère porteuse» ne disposait de facilités financières, précise Etti Samana.

En moyenne, les mères porteuses étaient payées 30 000 dollars (120 000 NIS). D'autres études avancent une rémunération moyenne située entre 39 000 et 42 000 dollars (soit entre 140 000 et 150 000 NIS[1], soit deux euros par heure sur vingt-et-un mois, souligne Etti Samana – c'est le temps que dure le processus, du début jusqu'au post-partum).

Et tout comme dans d'autres pays qui autorisent la GPA, les «mères porteuses» doivent respecter, en fonction des contrats, des obligations plus ou moins liberticides: ne pas fumer, respecter des interdits alimentaires, éventuellement n'avoir aucune relation sexuelle. Elles doivent même parfois demander aux parents d'intention l'autorisation de quitter le pays. «Certains parents d'intention assumaient l'idée que, puisqu'ils payaient pour une GPA, et parce que le comportement de la "mère porteuse" pouvait avoir des conséquences sur *leur* enfant dans *son* corps, ils avaient le droit de formuler des demandes importantes concernant son style de vie pendant les traitements de fertilité et la grossesse», rapporte la chercheuse. Le «Mon corps m'appartient» des années soixante-dix parfois utilisé par les ultralibéraux pour défendre la liberté des femmes d'être «mères porteuses» – «si elles le souhaitent» – semble s'être plutôt transformé, à la faveur du désir d'enfant, en «Ton corps m'appartient».

En Israël, le nombre de naissances de jumeaux par GPA est significativement élevé. Alors qu'en 2012, relève une étude

1. D. Birenbaum-Carmeli, P. Montebruno, «Incidence of surrogacy in the USA and Israel and implications on women's health: a quantitative comparison», *J. Assist Reprod Genet.*, décembre 2019; 36 (12), p. 2459-2469.

comparative, elles ne représentent que 4,4 % dans toute la population, le taux atteint 39 % sur la même période pour les GPA[1]. Ces grossesses multiples font courir des risques importants aux « mères porteuses », sur lesquels nous reviendrons dans la troisième partie.

Un autre fait, si souvent invisibilisé tant dans les études que dans les médias, mérite qu'on le mette en exergue. La chercheuse Etti Samana insiste d'ailleurs particulièrement sur ce point. Parmi les femmes qui entreprennent un parcours de « mère porteuse », seules 40 % donnent effectivement naissance à un enfant. On n'évoque jamais les 60 % restantes, soit la majorité. Pourtant ces femmes entrent dans un processus long et douloureux, fait de procédures médicales telles que la fécondation *in vitro*, et d'une médication significative. Sans compter l'investissement psychologique et émotionnel nécessaire au franchissement de ces étapes. Et pourtant… En cas d'échec, elles ne perçoivent presque aucune indemnisation, et se trouvent parfois plongées dans une situation encore plus précaire qu'auparavant. « Dans ces cas, elles se blâmaient elles-mêmes et se voyaient souvent reprocher par les parents d'intention de ne pas être parvenues à tomber enceintes », détaille la chercheuse, qui poursuit plus loin :

> Ignorer que la plupart des femmes qui sont des candidates à la GPA en tant que mères porteuses et ne « réussissent pas » à aller jusqu'au bout du processus en recevant une compensation financière et une satisfaction émotionnelle démontre la sévérité de l'exploitation du corps et de l'esprit et l'utilisation des mères porteuses, qui sont traités comme des « objets usagés ».

1. D. Birenbaum-Carmeli, P. Montebruno, « Incidence of surrogacy in the USA and Israel and implications on women's health : a quantitative comparison », p. 2459-2469.

Enfin, l'étude pointe le manque de suivi du processus de GPA. Les autorités sont certes présentes lors de la signature du contrat et de la procédure juridique établissant la filiation de l'enfant, mais elles n'assurent ni le suivi psychologique de la « mère porteuse », ni celui de ses propres enfants, ni celui des parents d'intention, ce qui contribue à rendre parfois la grossesse plus difficile encore, notamment en raison des tensions qui surviennent parfois entre les parties au contrat.

Malgré la légalité de la GPA, de plus en plus de couples israéliens se tournent vers l'international. Incompréhensible, me direz-vous ? Au contraire ! Ils s'y rendent parce que l'accès à la GPA est plus facile et plus rapide, mais aussi parce qu'ils préfèrent rester à bonne distance de la « mère porteuse »[1]. La plupart, ceux qui en ont les possibilités financières, choisissent les États-Unis, l'Albanie ou encore la Géorgie. Force est donc de constater, encore une fois, que l'encadrement de la GPA a un effet repoussoir sur beaucoup de demandeurs. Et à mesure que la pratique gagne ses lettres d'acceptabilité dans l'opinion publique, la demande augmente. Mais celle-ci ne peut se satisfaire d'un marché intérieur où l'offre en « mères porteuses » est trop faible.

La GPA *Globish*, rejeton de la mondialisation

Vous voulez un enfant ? Selon votre exigence morale, l'épaisseur de votre portefeuille, et le temps que vous

---

1. D. Birenbaum, P. Montebruno, « Incidence of surrogacy in the USA and Israel and implications on women's health : a quantitative comparison », *Journal of assisted reproduction and genetics*, vol. 36 (12), décembre 2019, p.2459-2469.

souhaitez y consacrer, plusieurs possibilités s'offrent à vous dans ce beau monde globalisé. Pour 150 000 dollars américains vous pourrez avoir un bébé né d'une « mère porteuse » américaine, deux ou trois bébés par des « mères porteuses » ukrainiennes selon les options choisies, ou un bébé né d'une « mère porteuse » canadienne – mais comptez un temps d'attente beaucoup plus long… Et pas d'inquiétude, ces pays vous permettront, dans la plupart des cas, de choisir le sexe de votre enfant et de maîtriser le « risque » génétique grâce au diagnostic pré-implantatoire.

Évidemment, dans ce marché angélique à l'éthique à géométrie variable les chiffres ne font pas florès. Le bonheur parental par et pour autrui a besoin d'un cache-sexe – l'altruisme – pour détourner le regard de la raison effective du développement de cette industrie : l'argent. Comme le fait remarquer la professeure d'économie à l'université d'Harvard Debora Spar, auteure d'un livre intitulé *The Baby Business*, dans lequel elle dénonce les excès du marché des techniques de reproductions assistées, le « Baby business » est un des seuls marchés au monde dans lequel les vendeurs et les acheteurs s'échangent des produits et services et répugnent à évoquer l'idée d'un échange commercial[1]. Et pour cause, au-delà du fait que ces transactions concernent des composants du corps humain et qu'il est question d'enfant, la clientèle est souvent composée de couples et de célibataires financièrement prêts à tout pour avoir une descendance.

Pour la chercheuse américaine, il s'agit d'une demande « no limit ». Les parents sont prêts à presque tous les sacrifices pour concevoir un enfant lié à eux génétiquement : hypothéquer leurs biens, vendre leur voiture, vider leurs

---

1. D. Spar, A. M. Harrington, « Building a Better Baby Business », MINN. J. L. SCI & TECH, 2009 ; 10 (1), p. 41-69

économies. Une clientèle qui diffère d'une demande classique sur d'autres marchés, l'offre des porteuses étant très limitée et la pression de la demande, permanente. Pour ces couples, l'enfant à naître n'a pas de prix et justifie donc de nombreux sacrifices :

> Le désir d'enfant peut rapidement tourner à l'obsession. Le prix est moins important que sur un marché classique. Ce qui est paradoxal, c'est que 90 % de la population fabrique gratuitement des bébés. Les autres paient entre 25 000 et 150 000 dollars selon les traitements. Il n'y a pratiquement aucun marché où l'on trouve une telle distorsion[1].

Pourtant, au sein cette clientèle, on voit se dessiner deux profils-types : d'abord ceux pour qui l'argent n'est pas une problématique. Ces couples ou célibataires très aisés payent sans inquiétude tous les services ou techniques que le marché de la gestation pour autrui peut leur offrir. D'autres, en revanche, ont des possibilités financières plus restreintes[2]. Pour l'épidémiologiste et scientifique Raywat Deonandan, qui confirme l'existence de deux catégories distinctes, les plus aisés, qui ont tendance à être plus nombreux, recherchent des soins de meilleure qualité et souvent plus chers. La seconde catégorie, incluant la classe moyenne, se placerait dans une recherche souvent moins urgente valorisant la recherche de catégories de prix moins élevés, bien que la motivation de ces couples puisse outrepasser leur budget initial[3]. La GPA est

1. L. Robequain, « Billion dollar babies », *Les Échos Weekend*, 17 mars 2017, n° 68.

2. D. L. Spar, *The baby business, How money, science and politics drive the commerce of conception*, Harvard Business School Press, 2006.

3. R. Deonandan, « Recent trends in reproductive tourism and international surrogacy : ethical considerations and challenges for policy », *Risk management and healthcare policy*, *8*, 2015, p. 111-119.

un véritable marché du désespoir. D'un côté, des couples ou célibataires pour lesquels, paradoxalement, l'argent n'a plus de valeur, et de l'autre une industrie cupide qui se déploie par l'intermédiaire rassurant de la blouse blanche.

Car on peut s'en douter, cette demande désespérée a trouvé un écho. Dans tous les pays, GPA « éthique » ou non, le seul discours qui prévaut, c'est celui d'une armée de médecins et de mères porteuses qui chantent en chœur leur bonheur de rendre un couple infertile (et qui plus est inconnu) heureux. Et si, dans certains cas exceptionnels, des femmes acceptent de faire une GPA pour aider un couple infertile sans en attendre un bénéfice financier – nous y reviendrons –, toutes les GPA sans exception rapportent. Les médecins, cliniques, centres de fertilité, avocats et intermédiaires, mais aussi l'industrie pharmaceutique, sont tous grassement rémunérés. Ce marché prend de l'ampleur et devient très rentable à partir de la fin des années quatre-vingt-dix avec l'amélioration des taux de réussite de la fécondation *in vitro*. Un « cycle de FIV » – qui va de la médication de la « donneuse » d'ovocyte à l'implantation de l'embryon créé en laboratoire dans l'utérus de la « mère porteuse » – coûte en moyenne 13 000 dollars aux États-Unis[1], 5 000 livres au Royaume Uni[2], 7 000 dollars en Ukraine. Et il n'est pas rare que plusieurs cycles soient nécessaires pour qu'une grossesse survienne. Des techniques permises grâce à l'injection d'hormones à haute dose, dont le marché est détenu par une poignée d'entreprises très rentables. La GPA est tout simplement une mine d'or. En 2015, le marché global de la gestation pour autrui était

1. D. Kissin *et al.*, « Fertility Treatments in the United States : Improving Access and Outcomes », *Obstetrics and gynecology*, vol. 128, 2, 2016, p. 387-390.
2. Chiffre du NHS (National Health Service) www.nhs.uk.

estimé à six milliards de dollars par an[1]. Un chiffre très probablement sous-estimé, tant les données font défaut.

Quelles en sont les caractéristiques ? Le marché de la GPA est un savant mélange du *Travailler plus pour gagner plus* – l'industrie dit merci au passage aux donneuses et aux mères porteuses – et *Diviser* (le corps) *pour mieux régner*. En résulte un *Diviser plus pour gagner plus* qui tient du coup de génie. Mère porteuse, ovules, sperme. À chaque marché ses règles et ses prix. Debora Spar décrit ainsi le marché de la GPA :

> En termes commerciaux la gestation pour autrui est un don du ciel. Elle subdivise les composants de la conception, créant ainsi pour chacun de ces composants un marché plus large et plus rémunérateur[2].

Le sperme, les ovules – parfois achetés à prix d'or ou recueillis *via* un don indemnisé (comme au Canada ou en Angleterre) – constituent à eux seuls un marché qui propose un choix considérable aux parents d'intention. Ce séquençage permet non seulement à la médecine de garder la main sur la reproduction – on parle bien de reproduction *assistée* – mais aussi de s'assurer que la « mère porteuse » ne peut pas se prévaloir d'un lien avec l'enfant à naître. *Remember* Mary-Beth Whitehead...

Il est essentiel de comprendre que la GPA dépend directement d'un autre marché souvent occulté dans le débat public, ou considéré comme annexe, et pourtant central : celui des

1. R. Deonandan, « Recent trends in reproductive tourism and international surrogacy : ethical considerations and challenges for policy », p. 111-119.

2. D. L. Spar, *The baby business. How money science and politics drive the commerce of conception*, Harvard Business School Press, 2006, p. 85.

donneuses d'ovules. Des données recueillies entre 2009 et 2013 par les Centers of Disease Control and Prevention (CDC) montrent que plus de la moitié des GPA américaines (50,2 %) utilisent des « dons » d'ovocytes[1].

Les ovules coûtent cher ? L'industrie de la fertilité a peut-être trouvé la solution. Car ce qui coûte cher écarte *de facto* une clientèle plus large. Une injustice que le marché s'empresse de résoudre grâce à une nouvelle pratique consistant à « adopter » les embryons conçus *in vitro* et non utilisés.

Explications : lors d'une FIV, entre quatre et huit embryons sont inséminés dans la future parturiente. Mais une grossesse n'est pas systématique. Alors, en vue d'une nouvelle tentative, les autres embryons conçus *in vitro* sont cryogénisés. La technique permet une conservation à très long terme. Des embryons conservés pendant une dizaine d'années ont ainsi donné lieu à des naissances. Quand la grossesse survient et donne lieu à une naissance, que se passe-t-il pour ces embryons surnuméraires ? Trois options : soit ils sont donnés pour la recherche, soit ils sont tout simplement éliminés, soit ils sont « donnés »... pour un couple infertile. Selon une étude datée de 2003, 400 000 embryons cryogénisés étaient ainsi stockés dans les cliniques de fertilité des États-Unis. Parmi eux, 87 % seraient conservés en vue d'agrandir les familles des patients, 3 % réservés à la recherche et 2 % en vue d'une « adoption[2] ». Nous le verrons, le terme est loin d'être anodin.

L'avantage ? Des prix défiant toute concurrence. Alors qu'une FIV coûte entre 7 000 et 20 000 dollars, l'« adoption »

1. K. M. Perkins, S. L. Boulet, D. J. Jamieson, D. M. Kissin, « Trends and outcomes of gestational surrogacy in the United States », *Fertility and Sterility*, vol. 106, Issue 2, 2016, p. 435-442.

2. K. A. Moore, « Embryo Adoption : The Legal and Moral Challenges », *The University of St. Thomas Journal of Law & Public Policy*, vol. 1. Issue 1, 2007.

d'embryon en coûte environ 3 000. *Exit* l'extraction d'ovocytes, la médication qui l'accompagne, *exit* la fécondation *in vitro*. L'embryon est prêt à être directement inséminé dans l'utérus qui voudra bien le recevoir. D'où vient l'idée ? D'un mouvement américain anti-avortement révolté par une loi anglaise votée en 1990 incitant les cliniques à détruire ou confier à la recherche les embryons non utilisés par les candidats à la FIV. Outre-Atlantique, ce mouvement « Pro vie » crie à la « destruction de masse de la vie humaine[1] ». En résulte la création, aux États-Unis, d'une petite structure en 1997 nommée Snowflakes (flocons de neige). Les couples chrétiens sont invités à faire don de leurs embryons inutilisés, pour des couples identifiés selon les critères du programme. Le premier « bébé Snowflake » naît en 1998. Dans un premier temps, la clientèle est chrétienne. En 2002, le programme est soutenu par l'État. Le *Embryo Awareness Adoption Program* est doté d'une aide d'un million de dollars par an depuis 2003 par le Département de la Santé et des Services sociaux des États-Unis. Lors d'un débat au Congrès en 2002, s'opposent deux camps à la radicalité dont seuls les États-Unis ont le secret : d'un côté les partisans de l'utilisation des embryons en vue de recherches médicales sur les cellules-souches et, de l'autre, les plus religieux, qui à cette occasion font venir des enfants présentés comme d'anciens embryons passés près de la destruction. Mais l'idée ultra-religieuse n'a pas échappé aux financiers… Selon la professeure d'économie à Harvard Debora Spar, il y a peu de raisons de penser qu'une fois le mécanisme mis au jour, il échappe à une logique commerciale. « Si les gens vendent du sperme et des ovules, pourquoi pas des embryons ? » D'autant que le prix est accessible à une classe moyenne

1. D. L. Spar, *The baby business, How money science and politics drive the commerce of conception*, p. 88-92.

écartée du marché « traditionnel » de la fertilité. Il n'aura pas fallu attendre longtemps. En 2006, l'Abraham Center of Life ouvre au Texas et se présente comme « la première banque d'embryon humain au monde[1] ». Le centre propose deux options : transférer l'embryon dans la patiente ou dans l'utérus d'une « mère porteuse ». Et la clinique se veut sélective. Les ovocytes viennent tous de femmes d'une vingtaine d'années toutes passées par l'université et le sperme est « donné » – on connaît la chanson – par des doctorants. Les casiers judiciaires sont vérifiés, les casiers génétiques aussi, l'historique familial des maladies mentales, les goûts, les couleurs, tout y passe. Prix : 2 500 dollars. Mais le centre ferme au bout d'un an. Un autre ouvre, en Californie cette fois. *California Conceptions* propose aussi des GPA avec « dons d'embryons ». Puis ouvre *Dream a Baby* en Floride. Le Mini IVF Center propose aussi un « don d'embryon » pour 3 500 euros… Un don d'embryon, c'est diviser par deux le prix d'une GPA. La pratique n'est pas courante, peu acceptée et donc rarement utilisée. Mais elle a tout de même essaimé.

Ce séquençage de la procréation comporte un autre avantage, majeur dans le développement de la pratique à l'international : la possibilité de composer sa propre GPA. Car s'il existe des GPA à travers le monde donnant lieu à une kyrielle de législations différentes, la majorité des GPA est transnationale. Elle ne dépend pas de tel ou tel pays, mais est composée selon les désirs, les besoins, les capacités financières des parents d'intention, leur morale, et en fonction d'un assemblage juridique et médical propre en accumulant

1. R. Stein, « Center sells ready-made embryos », *The Seattle Times*, 7 janvier 2007.

les avantages de tel ou tel pays avec les avantages de tel autre, et en composant avec les limites inhérentes à chacun. Une GPA que l'on nommera *GPA Globish*, en référence à l'idiome servant à désigner cet outil langagier de communication mondiale, sorte de jargon bricolé à partir de l'anglais et de la langue maternelle du locuteur. Le tout formant une cacophonie dénuée de sens mais vaguement identifiable en tant que telle. La *GPA Globish* relève d'un même bricolage dénué d'identité propre et rendu possible par un système mondialisé fait de l'accélération des flux depuis les années quatre-vingt, qu'il s'agisse de techniques, d'informations, de populations ou de capitaux. Une mondialisation à marche forcée qui a affaibli l'autorité des États, valorisé le marché et bouleversé les échanges et la prise de parole publique, avec notamment l'apparition des réseaux sociaux dès le début des années 2000[1].

Concrètement, qu'est-ce qu'une *GPA Globish* ? Reprenons l'exemple de Rodolphe et Vincent dont le témoignage a illustré notre étude de la GPA mexicaine.

Le couple est homosexuel et possède un budget limité. L'Ukraine est interdite au couple en raison de sa sexualité. Il se tourne donc vers le Mexique, qui ne s'oppose pas à la GPA pour les couples homosexuels. Mais les caractéristiques physiques de leur mère porteuse Maria n'étant pas en adéquation avec leur physique caucasien non hispanique, ils choisissent d'utiliser les ovules d'une jeune femme d'Europe de l'Est. Seul hic, au Mexique la femme qui accouche restera définitivement la mère sur l'acte de naissance de l'enfant. Rédhibitoire pour une femme d'un couple hétérosexuel qui

1. D. Cardon, *La culture numérique*, Paris, Les Presses de Science Po, 2019, p. 152.

voudrait être déclarée mère de l'enfant. Notamment si cette femme avait donné ses propres ovocytes. Enfin, et malgré l'interdiction de la GPA en France, les jumeaux de Rodolphe, Vincent et Maria vont bénéficier de la nationalité française. Un bel exemple de *GPA Globish*. Le couple a bénéficié d'une GPA mexico-ukraino-française. « Mère porteuse » mexicaine, donneuse ukrainienne et protection française. C'est une GPA composée qui fait de la législation d'un pays une option parmi d'autres, tout comme le choix de la donneuse et de la « mère porteuse ».

Et si les parents d'intention voyagent, ils ne sont pas les seuls. Nous l'avons vu, en Ukraine, la clinique Feskov propose à sa clientèle d'envoyer la « mère porteuse » accoucher dans un pays GPA-Friendly comme le Canada, la République tchèque ou la Belgique. Faire voyager une « mère porteuse », c'est évidemment faire peu de cas de son bien-être… Mais en Ukraine, on a bien compris que cette considération pourrait au mieux faire sourire tant la question du respect de ces femmes est annexe, sinon pour préserver la santé du futur bébé.

Parents d'intention, « mères porteuses », mais aussi sperme, ovocytes, et… embryons. Dans une enquête très documentée de *La Croix l'Hebdo*, la journaliste Louise Audibert met au jour « un nouveau business planétaire » d'embryons cryogénisés conservés dans de l'azote liquide et destinés pour la plupart à être inséminés dans l'utérus de « mères porteuses » du monde entier. Grâce à une rencontre fortuite à l'aéroport de New Delhi, la journaliste remonte le fil d'un marché qui contourne les réglementations. L'intermédiaire chargé de la livraison, nommé « Jake », déclare « non sans forfanterie », écrit la journaliste, devoir « livrer » des embryons cryogénisés d'un pays à l'autre. « Depuis 2015, déclare-t-il, les couples occidentaux qui avaient entamé les démarches de fécondation *in vitro* en Thaïlande, en Inde ou au Népal parce que ça coûte moins cher ou qu'ils y résident, doivent trouver une mère porteuse dans un autre pays. » Une livraison d'embryons indiens et népalais direction « un pays d'Europe de l'Est » est payée « 2 000 euros environ ». Selon la journaliste, « une poignée » d'intermédiaires agirait sur le marché mondial. Des intermédiaires qui la dirigent vers quelques cliniques qui proposent de tels « services ». Au Népal d'abord : « Nous envoyons désormais les embryons dans d'autres pays comme la Géorgie, la République tchèque, l'Ukraine ou la Russie », déclare à l'enquêtrice une jeune femme dans une clinique népalaise. En Inde, un docteur confirme à la journaliste pouvoir envoyer des embryons en Ukraine. L'Ukraine, épicentre de la GPA européenne. Dans une clinique située à Lviv, proche de la frontière polonaise, le discours est rodé : « Depuis sept ans, nous transportons les embryons à travers le monde par dizaines en fonction de la taille des cryoconservateurs et nous n'avons jamais eu de problème. » L'interlocuteur continue : « Avec une attestation de la clinique nous avons le droit de transporter des matériaux organiques sans qu'ils soient scannés au rayon X, ni même ouverts. »

Comment tout cela est-il possible ? « Jake, Harry et les autres livreurs garantissent un transport en cabine grâce à des accords passés avec l'Association internationale du transport aérien (IATA) », raconte Louise Audibert. Et quand l'un d'entre eux, Harry, lui raconte les difficultés parfois rencontrées : « Ça peut prendre plusieurs mois pour obtenir le certificat spécial (NOC, Non objection certificate, N.D.L.R.). Même si bon… pour la fille d'un ministre ça n'a nécessité que dix jours. » Une législation potentiellement arrangeante mais qui nécessite expérience et « réseau », explique le Britannique dont la société est spécialisée « dans la livraison de matériaux organiques depuis vingt ans ». « Nous sommes de vrais professionnels » s'enorgueillit-il.

Et si certains peuvent penser que la fermeture de la GPA commerciale dans les pays d'Asie du Sud-Est a coupé court à de nombreuses dérives, c'est compter sans la vigueur de l'hydre que constitue la GPA commerciale. « De notre côté, déclare encore Harry à la journaliste Louise Audibert, outre la Géorgie et l'Ukraine, sachez que nous acheminons vers le Kenya. Ce nouveau marché remplace petit à petit celui d'Asie. » « Effectivement, il y a de plus en plus de destinations où la GPA est possible maintenant. Et notamment dans de plus en plus de pays d'Europe[1] ».

Contrairement à ce que l'on pourrait croire, le service ne se fait pas sous le manteau. Bien au contraire. Vous souhaitez livrer un embryon ? Rendez-vous sur Google. Vous tomberez sur les sites des sociétés Embryo Courier, Reprotech, ARK Cryo et bien d'autres. Cherchez, vous trouverez. Et le secteur pourrait être sur le point de trouver un marché bien plus vaste. Car les embryons deviennent une ressource pour le marché de la GPA.

On le sait maintenant, le marché de la GPA a de beaux jours devant lui. Les parents d'intention, les « mères porteuses » et les embryons cryogénisés voyagent. Et lorsque des pays d'Asie du Sud-Est ferment leurs frontières et interdisent la GPA commerciale aux étrangers, d'autres ouvrent grands leurs bras à une demande mondiale qui ne cesse d'augmenter. Parmi cette clientèle, 40 % sont des couples homosexuels. Les autres sont des célibataires ou des couples

1. L. Audibert, « Embryons, enquête sur un traffic mondial », *La Croix L'Hebdo*, 30 octobre 2020

hétérosexuels infertiles. Désormais la GPA commerciale la plus débridée a pour nouvel horizon le continent africain. Les « mères porteuses » soi-disant heureuses de « donner le cadeau de la vie » à un couple infertile inconnu sont prêtes, les transporteurs d'embryons, de sperme et de gamètes ont l'expérience et les réseaux nécessaires, et les intermédiaires ne manqueront pas de répondre au désespoir des couples et des célibataires du monde entier – y compris issus des pays de la GPA prétendument « éthique » – grâce aux réseaux sociaux et en tirant les prix vers le bas. Parmi les futurs clients : des Américains, des Canadiens, des Britanniques, des Allemands, des Espagnols, des Chinois… et des Français.

2

La France prise à partie

Notre pays semble mis devant le fait accompli. Il faudrait légaliser une version prétendument « éthique » de la GPA sous prétexte qu'elle est *déjà* pratiquée dans l'Hexagone et ailleurs. Médias, Justice, couples infertiles et sondeurs semblent s'être mis d'accord. *Circulez, il n'y a rien à voir!* Pourrait-on presque entendre. Interroger la pratique serait ainsi inutile et vain, voire ferait la démonstration d'un déni pur du réel. Mais peut-être serait-il tout de même opportun de comprendre de quoi il retourne avant de céder aux sirènes du *c'est comme ça et pas autrement.*

Commençons par comprendre comment la GPA est revenue dans le débat public. Illégale depuis l'arrêt de la Cour de cassation de 1991 et les lois bioéthiques de 1994, la pratique fait son grand retour en France en 2008 dans un rapport fleuve du Sénat intitulé : « Contribution à la réflexion sur la maternité pour autrui ». Le rapport est favorable à une GPA encadrée et sans intermédiaire, réservée aux couples hétérosexuels dans lesquels la femme ne peut pas porter d'enfant et à la condition que l'un des deux parents au moins soit le parent génétique de l'enfant à naître. La « gestatrice » (c'est ainsi qu'est désignée la « mère porteuse »), quant à elle, ne doit avoir aucun lien génétique avec l'enfant.

La « réflexion » se fonde sur une pratique nouvelle encore peu diffusée dans les années quatre-vingt : celle consistant à implanter un embryon qui n'a aucun lien génétique avec la femme qui le porte. Depuis 1985 et la mise au point de la GPA, la donne a changé. La séparation des éléments du corps autorise la « mère porteuse » à ne plus avoir de lien génétique avec l'enfant. Fort de cette nouvelle « technique », de l'engouement qu'elle suscite outre-Atlantique, mais aussi des batailles judiciaires entamées par des couples Français – notamment le couple de Dominique et Sylvie Menesson, qui demande depuis 2001 la transcription des actes de naissance de leurs deux filles nées aux États-Unis en 2000 –, le débat est relancé en France.

Dans son ouvrage *Corps en miettes*, Sylviane Agacinsky rapporte avec précision les réactions que suscite le rapport du Sénat en 2008. « Aucun parti ne le reprendra à son compte », rapporte la philosophe. Tous partis confondus, la gestation pour autrui suscite adhésions ou rejets. À gauche, comme à droite, la GPA ne fait pas consensus. Le Parti socialiste se décide pourtant à prendre position par un vote du Bureau national en décembre 2010. Il dénonce notamment les risques d'instrumentalisation, de marchandisation du corps et se positionne en faveur du maintien de l'interdiction. En janvier 2011, c'est au tour du collectif *No Body For Sale*, composé d'élus et anciens élus socialistes, écologistes et communistes, de lancer un appel « Contre le marché des ventres ». C'est le début d'une bataille de l'opinion menée à coups de tribunes, et notamment dans *Le Monde*, par des féministes, philosophes, médecins, professions-psy, sociologues, juristes favorables ou vertement opposés à la GPA. Les féministes elles aussi sont divisées. D'un côté, un courant minoritaire, représenté notamment Élisabeth Badinter, défend l'idée d'une GPA « éthique » qui promeut la régulation de la pratique et valorise la solidarité entre les femmes[1] ; de l'autre de nombreuses associations féministes dénoncent toutes à leur manière une dérive majeure. On retrouve Osez le Féminisme !, fondée par Caroline de Haas, le CoRP en 2013 – Collectif pour le Respect de la Personne – qui réunit des femmes de tous horizons, et notamment Sylviane Agacinsky ou la militante venue du Mouvement de libération des femmes (MLF) Marie-Josèphe Bonnet. Le collectif se positionne en faveur de l'abolition de la pratique en France comme à l'international. Est créée, en 2018, la CIAMS – Coalition internationale pour l'abolition de la maternité de substitution – qui réunit désormais quarante associations dans treize pays des quatre continents, menée par l'association C.Q.F.D. Lesbiennes féministes et coprésidée par Marie-Josèphe Devillers, Berta Garcia et Ana-Luana Stoicea-Deram, la présidente du CoRP.

Les médias parfois militants

Mais la bataille contre la GPA se mène sur d'autres fronts, et notamment sur les terrains médiatique et judiciaire. En 2020, une plainte est déposée par le CoRP contre France Télévisions. Le Collectif dépose d'abord plainte auprès du CSA et dénonce le « matraquage » et la « propagande scandaleuse » en faveur de la gestation pour autrui. « Le mot de matraquage est fort mais nous l'assumons, car il s'agit bien d'une publicité pour contraindre les gens sur un sujet sans leur permettre de faire le tour de la question », déclare alors l'ethnologue Martine Segalen, membre du collectif, à l'hebdomadaire *La Vie*. Malgré l'interdiction de la pratique en France, Maître Solange Doumic, qui représente le collectif,

1. D. Roman, « La gestation pour autrui, un débat féministe ? », *Travail, genre et sociétés*, vol. 2, n° 28, 2012, p. 191-197.

s'insurge : « Nous constatons cinq ans de ligne éditoriale favorable à la GPA. » Deux documentaires suscitent particulièrement l'indignation de ces féministes : « Deux hommes et un couffin » est diffusé « plus de quatre fois en vingt et un mois » dans l'émission *13 h 15 le dimanche* sur France 2, quand « PMA, GPA les enfants ont la parole » est diffusé deux fois en 2020 dans l'émission *Le monde en face* sur France 5, affirme le CoRP, tout en dénonçant une information partielle sur la réalité de la pratique, notamment les risques pour la santé des femmes, le tout ayant, selon le CoRP, vocation à habituer peu à peu l'opinion à la GPA.

D'autres documentaires interrogent particulièrement lorsque l'on en vient aux risques que les « mères porteuses » prennent pour leur santé. C'est le cas d'un documentaire diffusé dans l'émission *Envoyé spécial* en janvier 2019 intitulé : « Bébés sur internet : le marché clandestin[1] ». Si le reportage montre bien les déconvenues rencontrées par les couples désireux de faire appel à une « mère porteuse en France » et mentionne le risque de « marchandisation du corps » pointé par le Comité consultatif national d'éthique en septembre 2018, il passe à côté d'une information importante. Le reportage rapporte notamment le parcours d'un couple d'hommes renommés Fabien et Thomas pour préserver leur anonymat. Le récit du journaliste n'omet pas la question de la santé de la mère porteuse : « Et si la mère porteuse avait eu un problème de santé pendant la grossesse ? », demande-t-il au père de la petite fille de deux ans née grâce à une femme qui est aussi sa mère génétique. « C'est une angoisse qu'on avait tous les jours », répond ouvertement Fabien. « S'il lui arrivait quelque chose, je serais responsable et je le porterais toute ma vie. Donc c'est une vraie angoisse,

1. M. Boisseau, E. Bach, J.-C. Guichard, R. Bonnefoy, B. Sauvage, « Bébés sur internet : un marché clandestin », *Envoyé Spécial*, 31 janvier 2019.

ça a été un moment très angoissant », indique-t-il au journaliste qui conclut l'échange en voix off avec ce commentaire : « Fabien et son mari ont eu de la chance, tout s'est bien passé. » Et pourtant non. Tout ne s'est pas bien passé.

Je retrouve Fabien sur les réseaux sociaux. Voici ce qu'il m'indique sur la grossesse de la mère de sa fille : « Tout s'est bien passé jusqu'au troisième mois, après ça a été plus compliqué par contre. Elle a eu une grossesse compliquée, une grossesse très compliquée. Elle a eu des problèmes de reins, a eu une anesthésie générale du quatrième ou cinquième mois de grossesse. Les médecins lui ont mis une sonde. En juillet, au sixième mois de grossesse, elle a eu des contractions. Elle a failli accoucher. Donc vous imaginez à six mois ?! Donc on a été finalement très angoissés. Ensuite, elle a finalement passé deux mois de grossesse – juillet et août – allongée, en ayant mal, etc, etc. »

Quand je l'interroge plus avant sur son suivi médical, voici ce que Fabien m'indique : « Personne n'était au courant qu'elle était mère porteuse. Elle n'est même pas allée voir son généraliste, qui lui ne savait même pas qu'elle était enceinte. Comme la grossesse était très compliquée, son gynécologue a programmé une césarienne à huit mois de grossesse pour mi-septembre. En plus, le bébé se présentait par le siège, donc il fallait vraiment que ce soit une césarienne. Et puis finalement elle a même accouché en urgence deux jours avant la césarienne, programmée le jour où on devait partir d'ailleurs. Elle avait des saignements réguliers, mais les saignements sont devenus plus importants deux jours avant l'accouchement. La césarienne était programmée le lundi, mais le samedi précédent, le gynécologue lui a dit : "Ben écoutez on y va maintenant." Et quinze minutes après notre fille est née. » Rien ne laissait présager une grossesse aussi compliquée, m'indique ensuite Fabien : « Elle avait eu trois grossesses très faciles, oui. Elle n'avait aucun mal à tomber enceinte, elle n'avait que des grossesses faciles. Là c'était plus compliqué. » Pourquoi les journalistes d'*Envoyé Spécial* n'ont-ils pas mentionné ces informations ? Fabien m'indique pourtant les avoir communiquées à l'équipe de tournage. On l'entend pourtant bien dire dans le reportage : « Donc c'est une vraie angoisse, ça a été un moment très angoissant. » Mais la voix off qui intervient après dit bien : « Fabien et son mari on eut de la chance, tout s'est bien passé. » En effet, la petite fille est née en bonne santé. Mais on peut légitimement s'interroger sur le choix de ne pas mentionner les sérieux problèmes médicaux de la « mère porteuse ».

Voici la réponse de Matthieu Boisseau, qui a réalisé le reportage : « À ce stade du reportage, le "tout s'est bien passé" ne porte pas sur les questions médicales mais sur les relations entre le couple et la mère porteuse, pour indiquer qu'il n'y a pas eu de revirement d'un côté ou de l'autre ni de conflit majeur. Les questions médicales et les risques sont abordés par le médecin en fin de reportage. »

C'est vrai. Un gynécologue est interviewé à la fin du documentaire en expliquant que les grossesses de « mères porteuses » sont potentiellement à risque et qu'il faut donc « encadrer » (comprenez, légaliser pour encadrer la pratique en France). Le gynécologue est donc favorable à une GPA prétendument « éthique ». Mais ses commentaires portent sur les « mères porteuses » en général et non sur le cas précis de « Fabien » et sa « mère porteuse ». De plus, non seulement le « tout s'est bien passé » intervient bel et bien après les réponses sur la santé de la « mère porteuse » de « Fabien », mais le journaliste ne répond pas à une question pourtant essentielle que je lui pose : pourquoi les problèmes – pourtant graves – de santé de cette dernière n'ont-ils pas été rapportés dans le reportage ?

Un autre documentaire nous confronte à la même problématique. Il s'agit cette fois d'un documentaire diffusé en 2019 sur TF1 dans l'émission *Sept à Huit* intitulé « Les enfants d'Émilie[1] ». Émilie est mariée à Emmanuel. Le couple a déjà un petit garçon, lorsqu'enceinte de son second enfant, Émilie a un accident de voiture qui provoque le décès intra-utero du foetus à huit mois de grossesse. La jeune femme doit subir une ablation de l'utérus. Pour créer la famille nombreuse qu'ils désirent, le couple se tourne vers les États-Unis. « Avec l'aide d'une agence spécialisée ils sélectionnent Jennifer Jennings, 32 ans, déjà mère de trois enfants », commente la voix de la journaliste. Le couple verse 30 000 dollars à cette « mère porteuse » américaine. L'entourage du couple demandeur est favorable à l'idée d'une GPA. Jennifer Jennings est enceinte de jumeaux, comme c'est souvent le cas dans les grossesses-GPA aux États-Unis. « Jennifer craint un accouchement prématuré qui mettrait en danger les bébés », commente la journaliste. La mère porteuse est inquiète : en 2016, elle a perdu un enfant, mort-né à 23 semaines, lors d'une première GPA. Mais le reportage montre un suivi régulier de la grossesse – un rendez-vous tous les quinze jours à la clinique et des consultations régulières chez un chiropracteur pour soulager la jeune femme. Jennifer Jennings accouche plus tôt que prévu : « Elle a perdu du sang et les contractions s'intensifient », précise la journaliste. La jeune femme accouche par voie basse. « Trois jours après l'accouchement, Jennifer est autorisée à quitter la maternité », précise la voix off. On voit la jeune femme, heureuse de ce qu'elle a accompli, dire au revoir aux jumelles. « Sa mission est terminée. Jennifer reprend le cours de sa vie. »

1. G. Doussier, V. Barral et A. Rappoport, « Les enfants d'Émilie », *Sept à huit*, 15 septembre 2019.

Vraiment ? Après une longue recherche pour retrouver Jennifer Jennings aux États-Unis, son témoignage révèle que des informations importantes sur les conséquences de sa grossesse n'ont pas été mentionnées dans le reportage de TF1. « Deux bébés c'était beaucoup ! », me confie la jeune femme qui maintient être « très heureuse » d'avoir porté les enfants d'Émilie et Emmanuel. Mais au cours de l'interview, Jennifer déclare : « J'ai dû retourner à l'hôpital après l'accouchement. J'ai eu une pré-éclampsie post-partum. Je ne savais même pas que cela existait. J'ai bénéficié d'une transfusion sanguine puis, pendant vingt-quatre heures, j'ai pris un médicament à base de magnésium, des antibiotiques et d'autres traitements. » « Heureusement, mon compagnon avait une expérience avec son ex-épouse. Quand elle était enceinte de ses enfants, elle avait eu trois pré-eclampsies. Donc quand je suis sortie de l'hôpital et que j'ai dû faire face à des difficultés de pression sanguine, avec des pieds gonflés, j'étais très fatiguée et mon compagnon m'a aidée », m'explique-t-elle.

Et lorsque je l'interroge plus précisément sur la période à laquelle ces problèmes de santé sont survenus, sa réponse conduit à s'interroger sur l'honnêteté des journalistes du magazine *Sept à huit*. En effet, lorsque ses problèmes de santé surviennent, Émilie et Emmanuel, et a fortiori l'équipe de tournage, ne sont pas encore repartis en France. Le couple de Français doit finaliser la procédure de filiation, indique Jennifer Jennings : « Émilie et Emmanuel sont venus à l'hôpital. Les bébés étaient encore en couveuse. C'était seulement quelques jours après l'accouchement, peut-être deux ou trois jours après. Je suis revenue à l'hôpital pour deux jours pour être transfusée et être soignée, puis je suis restée encore un jour pour vérifier que tout allait bien. » La pré-éclampsie est potentiellement « gravissime », indique le site de l'Inserm. Selon l'institut, c'est la deuxième cause de décès maternels en France.

Après ce passage à l'hôpital, la jeune femme ne peut pas reprendre son activité professionnelle. Elle est arrêtée pendant deux mois, le temps que sa « pression sanguine soit à nouveau normale » et que « son corps se remette de la transfusion sanguine ». « C'est pour cela qu'une compensation financière est indispensable », insiste Jennifer Jennings. C'est l'avis de cette « mère porteuse », qui ne regrette pas sa grossesse. Elle m'indique même être prête à recommencer. « J'espère que si je ne pouvais pas porter d'enfant, quelqu'un d'autre pourrait au moins considérer le faire pour moi », confie-t-elle. « Je sais que c'est une chose difficile à faire, mentalement, c'est très difficile. Je peux encore me rappeler les bébés en train de bouger dans mon ventre. J'ai un lien avec eux, mais en même temps, je me sens plus comme une tante. » La mère de famille souligne encore : « Mais il faut avoir l'état d'esprit qui va avec. Aujourd'hui je regarde mes propres enfants et je me dis "je n'aurais jamais été capable d'en donner un". C'est pour cela que c'est plus facile de juste porter le bébé, sans utiliser ses ovocytes. » Les couples sont aujourd'hui toujours en très bons termes, même si les échanges sont plus rares.

Le témoignage de cette jeune femme nous donne à voir l'investissement physique, émotionnel et les risques que la GPA suppose pour ces « mères porteuses ». Mais il met également au jour une information tronquée. Les journalistes de *Sept à huit* étaient présents sur place quand Jennifer Jennings a dû subir une hospitalisation et une transfusion sanguine. Elle a ensuite été arrêtée pendant deux mois. L'équipe de journalistes suivait alors Émilie et Emmanuel pas à pas dans les procédures pour faire reconnaître leurs jumelles. Le reportage montre les images des jours qui suivent : le couple de Français rencontre son avocat. Les journalistes suivent ce dernier lorsqu'il se rend au tribunal quelques jours plus tard.

C'est pendant ces jours-là que Jennifer est admise à l'hôpital et qu'Émilie et Emmanuel vont lui rendre visite. Les jumelles sont encore en couveuse. Et pourtant, rien. Rien ne mentionne cet épisode. On apprend simplement que les couples se sont vus ensuite pour le baptême des enfants, quelques mois plus tard. J'ai contacté les journalistes de la rédaction de *Sept à huit*, qui n'ont, pour l'heure, pas répondu à mes sollicitations.

Ces omissions journalistiques sont particulièrement inquiétantes. Elles font écho à un article publié dans l'hebdomadaire *Marianne* en janvier 2021[1]. La journaliste Violaine des Courières, qui livre son enquête sur « les réseaux français de la GPA », rapporte les propos de Sophie Danis, directrice communication, business, innovation et digital du groupe, qui offre des congés parentaux aux employés qui ont fait appel à une « mère porteuse » à l'étranger : « Chez TF1, on est engagés pour la GPA, tant dans notre politique interne que dans le choix de l'angle de nos reportages », déclare-t-elle à la journaliste. On comprend mieux la dénonciation d'une « propagande scandaleuse » faite par le CoRP en 2020. Omettre des informations aussi essentielles que celle de la santé d'une mère porteuse hospitalisée, transfusée, et qui a mis deux mois à se rétablir, entre manifestement dans la ligne de TF1. Et pour cause, ce n'est pas très vendeur pour la GPA. Le grand problème c'est que *Sept à huit* se présente comme un magazine d'information. Or, dans ce cas, on sort de l'information pour entrer dans le militantisme.

TF1 n'est pas seul à mener une croisade en faveur de la GPA. L'Oréal aurait, de son côté, mis en place une campagne

---

1. V. Des Courrières, « Les réseaux français de la GPA », *Marianne*, n° 1242, 1er-7 janvier 2021.

sur la « paternité atypique », rapporte Violaine des Courières. L'entreprise a d'ailleurs communiqué sur Facebook ses félicitations au président de la marque Garnier – qui appartient au groupe – à la suite de la naissance de ses jumelles à l'étranger. « Adrien a pris du temps off pour se consacrer à son rôle de papa. L'entreprise le soutient depuis le début de son parcours de gestation pour autrui », rapporte l'article de *Marianne*. C'est bel et bien une mise devant le fait accompli. En toute impunité, entreprises et journalistes se déclarent *pour* la GPA et se montrent ouvertement militants. Mais ces prises de position résultent moins de convictions individuelles courageusement défendues que d'un contexte sociétal qui a associé la GPA aux revendications de la communauté homosexuelle « pour la liberté et l'égalité ». C'est désormais la demande d'enfant qui cristallise les revendications des couples gays. Et un profond amalgame s'est opéré en seulement quelques années, assimilant la lutte contre l'homophobie aux revendications de la communauté gay. Une confusion s'est installée entre le devoir de respect dû à chaque individu, quelle que soit son orientation sexuelle, qui s'inscrit dans une perspective égalitaire, et des demandes de « droits » qui, du fait de relations sexuelles non procréatives, nécessitent d'impliquer des tiers. On sort là de la revendication individuelle. Avec la GPA, la demande d'enfant d'un couple gay nécessite l'intervention d'une donneuse, d'une « mère porteuse », et fait de l'enfant un *enfant mercenaire*. Celui-ci devra se passer d'une mère, et parfois, ne connaîtra pas son origine biologique, dans une société qui, nous le verrons, valorise de plus en plus le tout-génétique. En réalité, la demande de droits individuels qui soutient la GPA implique la société *collectivement*. Ce sont pourtant les récits individuels des couples, leurs émotions, leur souffrance, leur bonheur qui est rapporté. Que fait-on des récits des donneuses, des « mères porteuses » ? Ils sont sélectionnés, « anglés ». Certains reportages et documentaires donnent à voir une version esthétisée de la GPA. *Out* les problèmes de santé des femmes.

Si une telle tolérance de la GPA s'est peu à peu diffusée, c'est aussi par le *soft power* de séries et de films, mais aussi par le *star system*. Dans un message publié sur Psychologies.com, une jeune femme rapporte en 2017 : « Un jour, nous avons regardé la série *Friends* et je me suis souvenue que Phoebe proposait de porter les bébés du couple de son frère. C'était une solution raisonnable pour elle. » La série très populaire aborde le sujet dès 1998 dans la saison 4. La liste est longue des séries et films qui ont abreuvé et abreuvent l'imaginaire sociétal. En France, la médiatisation par des personnalités médiatiques françaises, et davantage encore étrangères, a également contribué à familiariser l'opinion publique avec la pratique. C'est le cas de Kim Kardashian et Kanye West, Nicole Kidman, Elton John et son compagnon, ou, en France, Christophe Beaugrand et Ghislain Gerin, Marc-Olivier Fogiel et son compagnon.

L'entrée par le Droit

Dans l'Hexagone, parallèlement à la réduction de la GPA à la question égalitaire et à la médiatisation croissante de récits des couples qui ont recouru à une GPA, des décisions de justice ont contribué à dédramatiser l'interdiction et encouragé les couples à franchir les frontières pour solliciter des « mères porteuses ». La juriste Ana Zelcevic-Duhamel retrace ainsi « les évolutions du droit suscitées par la GPA ».

Dès le début des années 2000, les demandes de transcription d'actes de naissance d'enfants nés de GPA à l'étranger sur le registre d'état civil français mettent la justice en porte-à-faux[1]. Aucune loi ne prévoit le règlement, la *traduction* de ces conventions conclues à l'étranger, ni même le statut des enfants nés de GPA. Mais la justice tergiverse : le couple Menesson obtient, en 2002, la transcription de l'état civil de ses jumelles, avant d'être assigné l'année suivante par le procureur de Créteil pour annuler l'acte. La saisie du procureur est rejetée. Mais le parquet persiste et saisit la Cour de cassation qui annule, en 2008, la retranscription. Une jurisprudence suivie par la Cour d'appel de Paris. En 2010, elle indique que « l'intérêt supérieur de l'enfant » ne peut valider « a posteriori un processus » illégal en France[2]. Le couple Mennesson se pourvoit en cassation. Mais c'est un nouvel échec, et la Cour confirme sa position. Le 6 avril 2011, trois arrêts de la Cour de cassation décident qu'une transcription des actes de naissance en droit français est contraire au principe *essentiel* d'indisponibilité de l'état des personnes. Dans le même temps, relève la juriste Ana Zelcevic-Duhamel, des recours traduisant une « quête d'identité des justiciables de différents pays » se multiplient à la Cour européenne des droits de l'homme. Ils témoignent d'« un changement de mentalité », avec un souci d'accéder aux données relatives aux origines. La CEDH, en se fondant sur l'article 8 de la Convention européenne des droits de l'homme, admet ainsi « que toute personne a le droit de recueillir des éléments faisant partie de son identité, lui permettant ainsi de se structurer ».

Le 23 janvier 2013, la ministre de la Justice Christiane Taubira délivre une circulaire, depuis connue sous le nom

---

1. A. Zelcevic-Duhamel, « Les évolutions du droit suscitées par la GPA », L'institut Droit et Santé, de l'université de Paris, *Journal du Droit de la Santé et de l'Assurance – Maladie* (JDSAM), 2020/1, n° 25 – p. 51-54.

2. B. Le Cain, C. Bertrand, « GPA : après 19 ans de procédure, la filiation du couple Menesson reconnue en cassation », *Le Figaro.fr*, publié le 21 septembre 2018 et mis à jour le 4 octobre 2019.

de « Circulaire Taubira ». Dès lors qu'un acte d'état civil étranger fait la preuve d'un lien de filiation entre un enfant et un individu de nationalité française, le seul soupçon d'un recours à une GPA ne peut contrevenir à la délivrance d'un certificat de nationalité française. La circulaire est validée par le Conseil d'État en décembre 2014.

Des prises de position qui vont de pair avec une demande grandissante de retranscriptions, non seulement de la part de couples hétérosexuels, mais aussi, à partir de 2013, de couples d'hommes homosexuels et deux célibataires. Le 13 septembre 2013, deux arrêts de la Cour de cassation rejettent à nouveau les demandes, émanant d'hommes célibataires, de retranscription d'enfants nés de GPA à l'étranger, du fait d'une fraude à la loi.

Pourtant en 2014, le droit bascule. Les arrêts de la CEDH *Mennesson* et *Labassée* du 26 juin 2014 condamnent la France pour le seul refus de l'inscription de la filiation paternelle. La Cour européenne des droits de l'homme retient la violation du droit au respect de la vie familiale, prévu par l'article 8 de la Convention des droits de l'homme relatif au droit au respect de la vie privée des enfants. Une décision qui se fonde uniquement sur le fait que Dominique Mennesson est le père biologique des jumelles nées aux États-Unis en 2000. C'est du fait de la non-reconnaissance du lien biologique entre le père et les jumelles que la France est condamnée. Aucune filiation entre l'épouse du père, Sylvie Mennesson, et les jumelles n'est reconnue.

Pour les opposants à la GPA, la décision est une porte ouverte aux contrats de « mères porteuses ». La jurisprudence suscite l'indignation. Dans une lettre adressée à François Hollande alors président de la République, une soixantaine de personnalités tirent la sonnette d'alarme dans *Libération*, dont l'ancien président de la Commission européenne

Jacques Delors, Lionel Jospin, Sylviane Agacinsky, René Frydman, l'historienne Marie-Josèphe Bonnet, Éliette Abécassis, Alice Ferney et d'autres[1]. Les signataires rappellent l'engagement pris par François Hollande en 2013 contre la GPA et préviennent : « Si la France plie, si les filiations des enfants issus de contrats de mères porteuses faites à l'étranger sont inscrites à l'état civil français, alors le marché des bébés devient de fait efficace. » Les signataires sollicitent un « dispositif législatif renforcé contre la prospection de clients français par les agences de mères porteuses », « un projet de convention internationale » pour lutter contre la GPA et une lutte « par le pénal » à l'image de la convention du conseil de l'Europe contre la traite des êtres humains.

Mais, dès 2015, la Cour de cassation applique les attendus de la CEDH et se prononce en faveur de la transcription de l'acte de naissance étranger sur les registres d'état civil français concernant la filiation paternelle. Une loi de « modernisation de la justice du XXIe siècle » est par ailleurs votée en 2016. Elle va dans le sens du couple Mennesson. Elle permet d'obtenir une nouvelle décision de la juridiction française en cas de condamnation de la France par la CEDH. La procédure est inédite en France.

En parallèle, un nouvel arrêt de la Cour de cassation du 5 juillet 2017 se prononce, dans un autre dossier qui concerne un couple homosexuel, en faveur d'une procédure d'adoption simple de l'enfant avec l'époux du père biologique, qui reste le seul parent reconnu. Dans le cadre d'un couple hétérosexuel, la Cour se fonde toujours sur l'adage *Mater semper certa est* désignant comme mère celle qui a accouché. Seule une adoption simple par l'épouse du père est autorisée.

1. Lettre ouverte : « GPA : Monsieur le président de la République... », *Libération*, 3 juillet 2014.

En 2018, la Cour de cassation autorise le réexamen de deux pourvois au regard des décisions de la CEDH, dont celui de l'affaire Mennesson. Le couple demande la transcription des deux parents. La Cour de cassation demande alors l'avis consultatif de la CEDH : refuser de transcrire la mère dite « légale » est-il constitutif d'une violation de l'article 8 de la Convention européenne des droits de l'homme ? Que répond la CEDH ? Dans son avis consultatif du 10 mai 2019, elle impose à la France la reconnaissance d'un lien de filiation entre la mère d'intention et l'enfant né de GPA et demande à la Cour de cassation de trouver en droit français une solution établissant un tel lien juridique sous condition d'« efficacité » et de « célérité ». Le 4 octobre 2019, la Cour de cassation rend une décision qui transcrit l'intégralité de l'acte de naissance des jumelles du couple Mennesson : « Seule la transcription des actes de naissance étrangers permet de reconnaître ce lien dans le respect du droit à la vie privée des enfants », précise-t-elle. Dans ce cas précis, et du fait d'une procédure de plus de quinze ans, la solution de l'adoption est abandonnée tant « elle porterait une atteinte disproportionnée à la vie privée des enfants ». La jurisprudence est immédiatement appliquée. Dès novembre 2019, quatre arrêts de la Cour d'appel de Rennes valident la transcription de la mère d'intention sans passer par une procédure d'adoption. Le *mater semper certa est* n'est plus valide quand on en vient à la GPA. Et cela, « au regard de l'intérêt supérieur de l'enfant », estime la Cour d'appel de Rennes :

> La Cour de cassation considère qu'il convient, au regard de l'intérêt supérieur de l'enfant, de privilégier tout mode d'établissement de la filiation, permettant au juge de contrôler notamment la validité de l'acte ou du jugement d'état civil étranger au regard de la loi du lieu de son établissement[1].

1. L. Besmond de Senneville, « GPA : la justice entérine la reconnaissance automatique des enfants nés à l'étranger », *La Croix*, le 28 novembre 2019.

Depuis, la position de la Cour de cassation est restée inchangée. Le 18 novembre 2020 encore, la 1re chambre civile de la Cour de cassation confirme son arrêt dans le cadre d'une GPA réalisée par un couple homosexuel à l'étranger en se prononçant en faveur d'une transcription complète de l'acte de naissance indiquant les deux pères d'intention comme parents, et ce toujours au titre de l'article 8 de la Convention européenne des droits de l'homme.

La justice s'est prononcée. Et contredit ouvertement la loi française. Dans un article particulièrement rigoureux publié dans *Les Cahiers du droit* intitulé « Le tourisme procréatif : vers une réforme contrainte de l'adoption en droit français[1] », la juriste Camille Vedel montre de manière saisissante de quelle manière le droit familial français a été victime d'une « instrumentalisation générale », quitte à remettre notamment en question le système de la filiation, l'institution de l'adoption, le critère de l'intérêt de l'enfant – « devenu critère passe-partout » –, et le droit de l'enfant lui-même. Un droit *à* l'enfant au détriment du droit *de* l'enfant, comme le déplorent désormais souvent les opposants à la gestation pour autrui.

C'est désormais à l'État de trancher. Les gouvernements successifs se sont tous prononcés contre la pratique de la GPA, sans jamais se saisir du sujet. L'article 227-12 du Code pénal condamne pourtant fermement la pratique : la provocation à l'abandon est punie de six mois d'emprisonnement et 7 500 euros d'amende. Quant à l'intermédiaire rémunéré, il risque 15 000 euros d'amende et un an d'emprisonnement. La communication autour de cette GPA interdite par la loi

1. C. Vedel, « Le tourisme procréatif : vers une réforme contrainte de l'adoption en droit français ? » *Les Cahiers de droit*, vol. 59, n° 4, décembre 2018, p. 1033-1072.

mais autorisée de concert par les médias et la justice, n'a plus de limite. Cet état de fait en dit plus long sur le désengagement de l'État que sur les couples qui défendent leurs conceptions. Nous reviendrons sur ce sujet dans la troisième partie. La validation par la justice de la GPA et la médiatisation de couples infertiles ont largement contribué à rendre la pratique acceptable. Les couples infertiles abordent désormais ouvertement le sujet, et des réseaux se forment et s'organisent pour faciliter la réalisation de GPA à l'étranger, ainsi que sur le territoire français.

Les réseaux français de la GPA

La GPA en France, c'est avant tout une affaire de réseaux sociaux, triade Facebook, Instragram, Youtube en tête. Et si, il y a encore peu, les candidats à la gestation pour autrui tentaient de se faire discrets en se cachant derrière de fausses adresses mail et des pseudos sur des forums comme Aufeminin.com ou Psychologies.com, ils communiquent aujourd'hui à la vue de tous et pour la plupart sans dissimuler leur identité. Depuis environ deux ans, les langues se délient et les parents d'enfants nés de GPA échangent avec des candidats à la gestation pour autrui sur des pages Facebook où prospèrent des intermédiaires qui, sous couvert de conseils, procèdent à un rabattage commercial en règle. C'est notamment le cas sur le groupe Facebook intitulé « Au pays des Cigognes (GPA) ». Alors qu'une jeune femme interroge la communauté sur la nécessité de passer par une clinique pour réaliser une seconde GPA, sur les conseils de la mère porteuse qui a mis au monde son premier enfant, elle reçoit en moins d'une heure deux messages de Vladyslav Feskov, directeur de la clinique ukrainienne Feskov que nous avons déjà évoquée. Répond-il lui-même ou est-ce le fait d'un collaborateur ? Toujours est-il que son français est très approximatif : « Jamais suivez les propositions de la mère porteuse. Partagez avec votre coordinateur de cette situation ! » Dans un second message, l'ukrainien semble la mettre en garde contre la clinique BioTexCom, n° 1 des GPA en Ukraine : « Botexcom sont pas mes bonnes amies, mais l'idée avec direct coopération avec mère porteuse est le voue vraiment mal. » Comprendra qui pourra. Un troisième message, cette fois envoyé par une agence tchèque située à Prague nommée « Angels Friend GPA Prague », tente, elle aussi, de dissuader la jeune femme de faire confiance à la mère porteuse ukrainienne dans un message aux tonalités sexistes : « Vous pouvez le faire sans l'aide d'une agence ou sans payer les frais de management de la clinique. Mais cela voudrait dire que vous vous retrouvez dans un pays ou vous ne connaissez pas la langue et peut-être même pas très bien les procédures. Vous devriez donc vous reposer complètement sur les dires de la mère porteuse... Faudrait-il encore que vous compreniez bien. Car les moteurs de traducteur ne fonctionnent pas toujours parfaitement. De plus, vous prenez le risque de faire changer votre relation avec la mère porteuse. Car les *hormones* peuvent faire bien des choses durant la gestation... Bonne chance pour la gestation. » Les hormones, évidemment ! Pas question de faire confiance à une femme enceinte... Engageant, n'est-ce pas ? Ce message est un exemple parmi des centaines d'autres. On retrouve ainsi régulièrement les posts des chargés de clientèle française dans des agences étrangères, tels ceux du Franco-Belge Fabien Gaudry, de l'agence américaine Circle Surrogacy. Avant de travailler pour l'agence, ce père de deux enfants nés de GPA aux États-Unis a été client. Ces conventions ne sont pas rares. C'est ce que révèle l'enquête de la journaliste Violaine des Courières dans *Marianne*. D'anciens clients de cliniques ukrainiennes et même canadiennes (où la GPA est supposément « éthique ») deviennent des intermédiaires. Une agence canadienne propose ainsi des commissions de 2 000 euros à ses anciens clients.

Les groupes Facebook sont devenus un maelström de commerciaux, professionnels, de parents et futurs parents d'enfants nés de GPA. Au départ, ils ont pourtant été créés pour que des parents français qui ont déjà réalisé des GPA échangent facilement avec des couples infertiles pour les aider à mener des GPA à bien à l'étranger. La créatrice du groupe « Au pays des Cigognes (GPA) », Camille Mondésert, qui a réalisé une GPA en Grèce avec son mari sur les conseils de son gynécologue (français) à la suite d'un cancer, décide de créer un groupe, en novembre 2019, pour que des couples s'apportent soutien et conseils dans leurs parcours de GPA. Mais celle qui est aussi l'administratrice de cette page est désormais contrainte de rappeler régulièrement que le site n'a pas vocation à publier des contenus promotionnels, tant les annonceurs se multiplient. Et pour cause, le groupe de 828 membres constitue une base de données inespérée et précieuse pour les commerciaux étrangers.

Parmi ces membres, des couples hétérosexuels, des couples gays, et des hommes célibataires. Ceux qui ont des enfants nés de GPA répondent à ceux qui postent des messages avec des questions de tous ordres : où faut-il se rendre pour une GPA ? Quels sont les avantages ou les inconvénients de tel ou tel pays ? À quelle assurance faut-il souscrire ? Comment choisir la « donneuse » d'ovocytes ?

Voici par exemple le message posté par un homme célibataire en avril dernier : « Bonjour à tous. Je suis en train de me renseigner pour devenir papa en faisant une GPA homme seul. J'ai trouvé un site canadien "Canadian Medical Care" qui propose des mères porteuses en Ukraine avec un accouchement en République Tchèque. J'ai reçu toute la brochure et après avoir posé de nombreuses questions, cela me semble sérieux tant au niveau de la sélection, de la grossesse qu'au niveau des actions administratives (retour en France, transcription de l'état civil). Y en a-t-il parmi vous qui connaissent ce site canadien et serait-il possible d'avoir vos avis ? Je vous remercie d'avance. »

En seulement une journée, la publication du célibataire reçoit une vingtaine de commentaires, dont celui de Dominique Mennesson. Le père des jumelles Fiorella et Valentina délivre ainsi régulièrement des conseils sur divers aspects, et plus particulièrement juridiques, des GPA à l'étranger, quitte à faire régulièrement la leçon aux candidats dont les aspirations ne correspondent pas à son éthique personnelle. Au père célibataire, Dominique Menesson répond par exemple : « Interrogez-vous sur les conséquences d'un accouchement en République Tchèque, notamment qui figure sur l'acte de naissance. Et ensuite ce qui se passe si la gestatrice ne peut pas voyager à cause du covid-19. »

Un membre du groupe me confie être parfois agacé par le comportement du père de famille : « Je me suis rendue compte qu'il y avait une distinction entre la GPA de l'Est et la GPA de l'Ouest. Alors que pour moi on est tous dans le même bateau parce qu'on a tous les mêmes problèmes. Ceux qui font une GPA aux États-Unis ont un peu tendance à dénigrer ceux qui font des GPA en Ukraine. Mais je trouve ça triste parce qu'on est tous des personnes humaines, qui avons tous des gros gros problèmes. C'est un système où on dénigre les uns pour justifier la GPA des autres. Je suis très surprise. Car si je gagnais 50 000 euros par mois, peut-être que je pourrais faire une GPA aux États-Unis, mais concrètement je ne peux pas. Et les Mennesson font parfois des commentaires assez durs à ceux qui font des GPA en Ukraine. » La jeune femme continue : « Sur un autre groupe Facebook réservé à ceux qui veulent faire une GPA en Ukraine, ils ont répondu à une femme qui demandait à échanger par message privé “Pourquoi en message privé, qu’avez-vous à cacher ?” Ils sont suspicieux. »

Après avoir ouvert la voie à la GPA, Dominique Mennesson tente tant bien que mal de se poser en directeur de conscience et d’orienter les couples vers des GPA qu’il estime plus « éthiques ». La loi française ne pouvait servir de repère selon lui, il fallait la contourner. La réussite est totale et outrepasse largement les considérations morales purement personnelles des partisans de la GPA éthique. Heureusement, les Menesson sont là pour dire ce qui est juste et ce qui ne l’est pas… D’autres leur répondent : « Voilà ce que nous pouvons payer et ce que nous ne pouvons pas payer. » Et ce, au nom d’un même désir d’enfant.

Mais les réseaux qui se sont développés autour des candidats français à la GPA permettent aussi d’accéder à des solutions de financement. Je contacte un courtier en prêts sur le conseil d’un intermédiaire croisé sur Instagram. Nous l’appellerons « Jordan ». Pour les besoins de l’enquête, je me fais passer pour une amie d’un couple gay qui entame discrètement un processus de GPA et cherche à emprunter la somme nécessaire. Voici ce qu’il me répond : « Il existe deux solutions. La première, c’est le prêt à la consommation, qui est limité en France à 75 000 euros. Donc 75 000 euros sur des durées qui, généralement, n’excèdent pas plus de dix ans. Ce qui fait en gros dans les 900 euros par mois. Ensuite vous avez ce qu’on appelle le prêt hypothécaire, où là, on va pouvoir emprunter autant qu’on veut, dans la limite de valeur de votre bien, si vous êtes propriétaire. Pour prendre un exemple, vous avez un bien qui coûte 300 000 euros, vous avez aujourd'hui un crédit dessus où il reste 100 000 euros, ça veut dire qu'on a une marge hypothécaire de 200 000 euros, par rapport à la valeur de votre bien. » Comment est-ce possible alors que la GPA est interdite en France ? : « À aucun moment n'est mentionné le fait que c'est pour une GPA. Je donne des objets de financements qui varient selon le montant, et en fait la banque ne demande aucun justificatif ni de déclaratif jusqu'à 100 000 euros. » Pour illustrer les montages qu'il met en place, le jeune professionnel donne l'exemple d'un couple qu'il a aidé pour financer sa GPA aux États-Unis : « Ils avaient besoin de 80 000 euros parce qu'ils avaient un peu d'apport. On a dit qu'ils avaient besoin de financer un camping-car pour 50 000 euros, et puis après on a fait un peu de travaux dans la maison pour 10 000 ou 15 000 et puis un peu de trésorerie. Voyez. Et ils ont reçu les 80 000 euros sur leur compte et après ils en font ce qu'ils veulent. »

Jordan à l'habitude des GPA. Il dit faire partie de la communauté LGBT et explique avoir été sollicité à ce titre, il y a quelques années, par un couple gay pour faire une GPA alors qu'il était conseiller bancaire dans une grande banque française. Le couple obtient un prêt de 50 000 euros pour réaliser une GPA aux États-Unis avec le Fertility Center de Las Vegas. Le chargé de clientèle français de la clinique s'appelle Romain Taillandier. Il est l'ex-mari de l'animateur de M6 Alex Goude, et père d'un petit garçon né par GPA il y a six ans. Jordan décide de le contacter, me rapporte-t-il : « J'envoie un message LinkedIn à Romain Taillandier en lui disant : "Je sais que tu peux avoir des couples français qui ont besoin d'argent pour financer leurs projets de famille, donc n'hésite pas, on peut se contacter" ; puis on s'est contacté et je lui ai expliqué un peu ce que je faisais comme système de financement, et maintenant en effet, quand il y a une famille, une future famille française qui veut faire un processus de

GPA, il leur donne mes coordonnées. » Peu à peu le nom du conseiller financier circule. Une autre agence, belge cette fois-ci, le contacte. L'agence « Circle Surrogacy » lui a depuis envoyé six couples français. Mais Jordan est parfois contraint de refuser des prêts : « Les couples ne se rendent pas toujours compte de l'investissement que cela représente. 100 000 ou 130 000 euros, ça fait une échéance qui peut être importante par mois, et quand vous gagnez entre 2 000 et 3 000 euros par mois, ce n'est pas possible. Parfois, ça m'arrive d'avoir des couples auxquels je dis "je suis désolé mais financièrement ce n'est pas viable". »

La GPA coûte cher. Alors sur les pages des groupes Facebook, de nouvelles solutions apparaissent : des programmes venus des États-Unis proposent désormais de financer les GPA de couples français. C'est le cas de « Men Having Babies » (MHB) qui finance les GPA des couples d'hommes, en se présentant comme une organisation internationale à but non lucratif ayant vocation « à délivrer aux hommes homosexuels un support éducationnel et financier pour aider les hommes homosexuels à devenir parents par la GPA[1] ». Deux formules du Gay Parenting Assistance Program (GPAP) sont disponibles : GPAP-1 ou GPAP-2. À un couple gay qui interroge le groupe Facebook pour savoir si certains ont bénéficié de ces aides, un père répond : « Nous on a eu uniquement une réduction concernant la clinique, mais pas pour l'agence de mères porteuses. » Un autre encore : « Nous, c'est l'inverse – réduction de l'agence mais pas la clinique – mais quand même 3 000 dollars de réduc grâce à GPAP, ça se prend. » Un autre, plus aguerri, enchaîne : « Les réductions sont différentes selon les agences et cliniques. Il y a le listing sur le site de MHB. Chez Circle [agence belge] la réduction

1. www.menhavingbabies.org.

est de plus de 15 000 dollars. Mais uniquement 4 parcours par an à ce taux plein. Il faut demander son GPAP-1 avant tout emprunt. J'ai des copains qui ne l'ont pas eu car ils avaient trop de fonds disponibles. Or, s'ils avaient fait la démarche GPAP-1 d'abord, ils auraient très certainement eu le programme. La GPAP-2 est hyper rare. »

En effet, le programme GPAP-2 est rare. Il propose chaque année des aides financières très avantageuses pour les couples homosexuels et femmes transgenres qui disposent de revenus limités. Les financements peuvent ainsi atteindre 60 à 70 % pour le programme GPAP-2. Mais certains critères de sélection sont étonnants, notamment lorsqu'on en vient au passé judiciaire. Sont automatiquement exclus les individus ayant commis crimes et délits sur des enfants ou un conjoint, un homicide, mais aussi des faits de vol. Une sélection très intrusive qui pourrait être vécue comme intolérable si elle émanait de l'État. Mais cette sélection ne freine en aucun cas les postulants. Sur son site internet, l'organisation annonce avoir déjà aidé plus de 1 700 couples éligibles au programme GPAP-1. 100 autres couples ou célibataires auraient obtenu des financements plus importants avec GPAP-2. D'ailleurs, MHB, qui fournit des aides pour certaines agences, cherche régulièrement d'autres couples gays à aider dans leur parcours. Les 6 et 7 novembre 2021, l'organisation proposera une conférence intitulée « Devenir homopapa pour les Européens ». Ce sera la septième édition de ce type. L'objectif est de « proposer une information impartiale et objective sur les programmes de GPA aux États-Unis et au Canada » avec en prime une proposition « élargie de prestataire de services » et des développements sur « les principes éthiques de l'organisation ».

Cette organisation est intéressante tant elle montre la solidarité du réseau gay. Une solidarité que l'on retrouve aussi en France. La chaîne YouTube « Papa Papou » se présente comme une chaîne « avec deux papas gays » et évoque régulièrement le sujet de la GPA. En 2018, la chaîne avait même invité dans l'une de ses émissions l'intermédiaire du Fertility Center Romain Taillandier pour évoquer la GPA aux États-Unis[1]. L'APGL, association des Parents et futurs parents Gays et Lesbiens, conseille également les couples gays sur la GPA. Les candidats s'entraident et se transmettent les noms d'agences, de personnes à contacter à l'étranger. Pour tout couple, le choix d'une agence dépend du bouche-à-oreille, de la législation en vigueur, et de ses moyens financiers. Un père de famille membre de l'association que j'interroge m'explique : « L'APGL organise des réunions "papas et futurs papas" une fois par semaine où se retrouvent tous les couples ou les célibataires qui veulent être parents, et de là on aborde les possibilités pour un garçon homosexuel d'accéder à la parentalité. Il y a trois possibilités, soit la coparentalité, donc le faire avec une fille et partager la garde de l'enfant, soit l'adoption, c'est-à-dire demander un agrément d'adoption et faire une adoption en France ou à l'étranger, et la troisième option étant la GPA éthique, aux États-Unis ou ailleurs. » Le père d'une petite fille née par mère porteuse a vu en quelques années le nombre de couples recourant à des GPA considérablement augmenter : « Maintenant c'est moi qui organise les réunions "Papa et futurs papas". En ce moment, on a 20 couples qui viennent. Sur les 20, six couples sont en questionnement et trois couples font actuellement une GPA. Un en Ukraine, un au Canada et un aux États-Unis. Et les questions sont posées de façon très crue : quel prix, quel procédé, quel délai, quel endroit, quel taux de réussite, quels choix ou quelles options possibles ? Aux États-Unis ou même en Ukraine, tout est une question de choix, quelle assurance je prends. Cela dépend de ce qu'on veut et de quels

1. www.chezpapapapou.fr

risques on prend en termes d'assurances ou pas. Une mère porteuse par contre touche aux alentours de 25 000 euros. » Toutes les options sont tolérées : « À l'APGL chacun fait son d'enfant comme il veut – on n'est pas là pour juger ceux qui le font en Ukraine avec les conditions de l'Ukraine, ou ceux qui le font aux États-Unis, ou ceux qui le font par voie illégale. » La voie illégale ? C'est une « GPA » en France. En réalité, puisque la pratique est interdite, la « mère porteuse » française a un lien génétique avec l'enfant à naître. C'est sa mère. Certains l'envisagent, mais ils sont rares tant le risque de déconvenues est grand.

Les « mères porteuses » françaises existent, mais elles sont rares. Les couples les moins à l'aise financièrement les cherchent sur les réseaux sociaux comme une aiguille dans une botte de foin. L'une d'elles me répond sur Facebook. La jeune femme, que nous renommerons Héléna, a 27 ans et déclare être aide-soignante : « Je ne veux pas d'enfant, mais je pense pouvoir en faire. Je voudrais me faire ligaturer les trompes donc pourquoi pas faire un enfant avant. » Sa motivation ? « Principalement financière », me répond-elle. Son prix ? 45 000 euros. Elle déclare être « sérieuse et ne pas vouloir garder l'enfant ». Une autre jeune femme que je découvre sur le forum Psychologies.com à la suite d'un message dans lequel elle se propose pour être « mère porteuse », Emma, accepte d'échanger avec moi.

Je prétends vouloir entreprendre une maternité pour autrui. Voici ce qu'elle me confie par mail : « Et bien pour commencer j'ai 20 ans, je suis en pleine santé, mais je n'ai jamais été mère porteuse ni été enceinte. Je vous avoue que je fais ça essentiellement pour l'argent car les temps sont très durs et cette alternative "facile" entre guillemets me permet également d'offrir le cadeau le plus pur et le plus précieux au monde en même temps. Je vous avoue ne pas connaître énormément de choses en la matière car les différentes personnes intéressées sur ce site semblent paniquer lorsque les choses deviennent un peu plus concrètes et ne donnent pas suite malgré "leur désespoir" qu'ils soulignent dans leur message sur le forum. »

Et quand je lui fais part de mes inquiétudes quant au fait qu'elle puisse garder l'enfant à la naissance, sa réponse a de quoi surprendre : « Je comprends votre inquiétude et sachez que bien que mon rêve, dès mon plus jeune âge, soit d'avoir un enfant, mais je ne me vois pas en avoir un à 21 ans, dans ces conditions et ce contexte. De plus, ma mère me soutient dans ce choix mais ce ne serait absolument pas le cas si je décidais de le garder à la naissance. Je suis en année sabbatique, mais je fais des études de droit et j'ai donc des projets plein la tête avant de fonder ma propre famille. Je ne me suis pas encore penchée sur ce détail, il faut que je me renseigne sur le montant adéquat. Aviez-vous une somme en tête ? » Il est difficile d'imaginer qu'une mère soutienne sa fille dans ces conditions. Je n'en saurai pas plus. Emma ne répondra plus à mes sollicitations. Ces deux rencontres sont révélatrices : la GPA donne des idées aux jeunes femmes en situation de précarité. Toutes deux semblent s'être découragées. Est-ce que ce sera le cas pour toutes ?

Lors de mes recherches, d'autres rencontres ont été moins cordiales. Une femme que je rencontre *via* Psychologies.com a même tous les traits d'une arnaqueuse. Très vite, celle qui se présente comme une candidate à la maternité pour autrui me contacte par téléphone. L'échange est chaleureux. Et m'invite à aller voir sa page Facebook et les photos de son profil. Des photos qui la montrent entourée de son mari et de ses trois enfants. La mère de famille travaille dans une onglerie sur l'île de La Réunion et « rêve » d'être une mère porteuse.

« Moi ce que je veux, c'est rendre service à un couple qui n'a pas d'enfant. J'adore mes enfants et je ne pourrais pas être heureuse sans eux alors pour moi c'est normal. C'est juste aider. » Elle semble même douée d'une grande empathie : « Moi je comprends les couples qui n'ont pas d'enfant, c'est tellement difficile, tellement de souffrance... Moi j'ai des enfants et ce sont mes trésors. Et en plus je sais à quel point c'est difficile de trouver une mère porteuse sur internet, et de confiance en plus. » Mais au bout d'à peine cinq minutes de discussion, elle se montre ferme : « Je peux venir en métropole, mais seulement la semaine prochaine, parce qu'après le temps de faire l'enfant, ce sont les fêtes de Noël et je veux être avec ma famille. Envoyez-moi l'argent pour les billets d'avion et j'arrive la semaine prochaine. » Je lui réponds qu'il me faut réfléchir. Je ne donne pas de nouvelles. Voici le mail que je reçois pourtant quelques jours plus tard : « Bonjour, après réflexion, nous ne pourrons pas continuer, car nous ne connaissons rien sur vous, il n'y a rien sur votre Facebook. Nous, il y a toute notre vie dessus, nos familles, nos enfants sont exposés. Et puis si un jour je dois le refaire, c'est dans la confiance, le respect. Je suis déçue et choquée aussi, car à la suite de plusieurs conversations avec un couple homosexuel, je me suis fait traiter d'arnaqueuse, parce que je demande de l'argent pour le faire... Alors tout ça doit être un signe pour me dire de ne pas le faire car j'aurai surement des problèmes. J'aime tellement ma famille, on vit pour nos enfants, alors je ne veux pas mettre ma famille en danger, pour pouvoir aider un couple. Comme c'est illégal, les gens sont tellement méchants de nos jours... Nous vivons très bien avec notre travail, je voulais juste aider. Mais malheureusement, les gens ne le comprennent pas... Je vous souhaite une très bonne continuation, sincèrement... »

Sur le forum, je retrouve un couple qui a eu affaire à cette femme, et qui lui a fait confiance. Le jeune homme m'envoie la photo du RIB que la fausse candidate à la « maternité pour autrui » lui a transmis. Le couple a versé 3 000 euros par virement. Puis plus rien. Ils n'ont pas envisagé de déposer plainte, ayant conscience de l'interdiction de la pratique en France.

Combien de couples réussissent à mener à bien une maternité pour autrui en France ? Impossible à dire. Celui surnommé « Fabien » dans le reportage *Bébés sur internet : un marché clandestin* a longtemps hésité avant d'entamer la démarche en 2015. Il choisit de rester en France car les États-Unis sont trop chers et parce qu'il tient, dit-il, à ce que son enfant connaisse ses origines biologiques : « Moi j'avais un problème. Ce que j'avais un peu de mal à assimiler, c'est que ma fille chercherait ses origines. Ce n'était pas évident de penser qu'elle aurait les gènes d'une fille qui auraient été mis dans le ventre d'une autre avec laquelle ma fille n'aurait eu aucun patrimoine génétique en commun. Tout ça me paraissait très compliqué dans ma tête à l'époque, il y a sept-huit ans. »

Il m'explique la difficulté à trouver une « mère porteuse » dans l'Hexagone : « Sur l'abondance de mails envoyés par mon mari pendant sa recherche, les trois quarts sont des mails qui arrivent avec plein de fautes d'orthographe, ou des Africaines, voilà il y a un tri énorme. » Au contraire, quand une « mère porteuse » potentielle écrit, « elle reçoit un nombre de mails impressionnant », explique le papa de quarante-deux ans.

Puis son mari découvre le profil d'une candidate potentielle : « À l'époque il est sur "aufeminin" principalement. Et là un jour il me dit "j'en ai une". Il envoie un mail. Elle répond, il envoie un deuxième mail, elle répond, et au troisième mail il me dit "regarde, ça a l'air sérieux" et on tombe sur une fille qui explique clairement qu'elle est mariée, qu'elle a deux enfants, qu'elle a déjà porté un enfant pour un couple homosexuel, il y a de ça deux-trois ans, et que là elle souhaite refaire une grossesse et re-permettre à un couple d'avoir des enfants. » Elle demande 20 000 euros. Un mois durant, les échanges continuent jusqu'à ce que les deux couples se rencontrent. Une petite fille naîtra en 2016.

Les couples qui cherchent à entamer une maternité pour autrui en France ne sont pas rares. Mais les questions qu'ils posent régulièrement sur les réseaux sociaux témoignent de leur intérêt et révèlent qu'ils sont loin d'être aussi à l'aise que leurs compatriotes qui cherchent des GPA à l'étranger. D'ailleurs, malgré mes nombreuses sollicitations, aucun ne répondra à mes questions. Je parviens tout juste à obtenir les confidences de l'amie d'un couple homosexuel : « Mes amis ont peur de parler », explique-t-elle. Les risques sont grands. Si la manœuvre est repérée, l'enfant peut être confié aux services de protection de l'enfance et le couple condamné pour incitation à l'abandon. Ils risquent six mois de prison et 7 500 euros d'amende.

Pourtant, exceptionnellement, certains couples postent publiquement des demandes de renseignements : « Nous souhaiterions que notre amie accouche en France sous X après que mon conjoint a reconnu l'enfant. Nous avons déjà consulté deux avocates (une Belge et une Française) concernant ce sujet. L'adoption sera possible mais longue. Reste à trouver où faire l'insémination ! » L'homme poste ce message sans même dissimuler son identité.

Cet internaute a de la chance. C'est l'emblématique Dominique Menneson qui lui répond : « J'espère que c'est un avocat qui a déjà fait cette procédure. Car ils sont nombreux à donner des avis sans avoir aucune expérience pratique du sujet. Pour info, si l'homme qui a fait la reconnaissance veut garder l'enfant après l'accouchement sous X, la pratique est qu'il y a toujours un signalement aux services sociaux et l'enfant leur est confié. Ensuite, en France, une femme qui est sur l'acte de naissance ne peut renoncer à sa maternité légale. Pesez bien tout ceci avant de vous mettre dans l'embarras. »

Continuons le fil de la conversation, dont on peut dire qu'elle est surréaliste. Il est reproduit ici tel quel. L'homme qui entend utiliser la manœuvre de l'accouchement sous X répond à Dominique Mennesson :

« Merci pour votre message et effectivement il s'agit d'une avocate du droit de la famille « spécialisée » (même si illégal en France) en GPA. Son cabinet fait parler de lui sur ce sujet (qu'on soit pour ou contre). Et c'est sur son avis que nous persévérons dans cette démarche car pour elle il n'y a aucun risque que l'enfant soit récupéré au père biologique s'il n'est pas en danger (maltraitance, manque de soins…). Dans toute sa carrière, un seul enfant a été retiré au père biologique car l'enfant montrait un manque de soins dans les premières semaines (2 papas absents avaient confié la garde à la sœur d'un des 2) puis rendu au père après quelques mois. Mais évidemment, le risque zéro n'existe pas. En ce qui concerne le signalement aux services sociaux, il est fort probable que les services sociaux soient effectivement contactés et même une enquête. Mais apparemment tant que les démarches faites sont faites légalement dans les pays concernés cela ne pose pas de problème (GPA étiques en Belgique, accouchement sous X en France, tout ceci est légal dans chacun de ces pays, en revanche faire une GPA sauvage en France est illégale et même dans ce cas "apparemment" le couple serait inquiété sur le plan pénal mais la garde de l'enfant serait très probablement confié au père biologique). Voilà ce que nous avons appris des 2 avocates (1 Belge et 1 Française) que nous avons choisies, les plus pointues dans le domaine. Mais encore une fois nous ne sommes pas du tout connaisseurs et sommes forcés de faire confiance à un moment ou un autre. Mais je me ferai un plaisir de m'entretenir une nouvelle fois avec vous si vous le voulez bien pour parler de ça plus en détail. Excellente journée et merci encore pour votre aide Mme Mennesson »

Dominique Menesson met finalement en garde le futur père : « Ces affirmations sont manifestement fausses. La GPA est illégale en France quelles qu'en soient les conditions, et même si seulement une partie est faite en France. Ce qui est légal, c'est seulement de faire une GPA intégralement à l'étranger et de rentrer en France après. De plus, nous sommes nombreux à connaître PLUSIEURS cas où l'enfant a été retiré des parents d'intentions et pas du tout pour manque de soin. Vous pourrez même trouver si vous cherchez un peu un jugement où la gestatrice étrangère est venue accoucher sous X en France. »

Toujours est-il que l'on peut retenir de cet échange l'inimaginable : un cabinet d'avocat en France conseille des clients pour un accouchement sous X et les rassure en leur expliquant qu'il y a peu de chances que les services sociaux interviennent. Je contacte cet internaute, qui me donne le nom de l'avocat qui lui a donné un tel conseil : une avocate parisienne spécialisée dans le domaine des « nouvelles familles ». Dans un souci d'honnêteté, et parce que je fais référence à plusieurs reprises à Maître Caroline Mécary dans cet essai, je précise ici qu'il ne s'agit pas d'elle.

Cette révélation est intéressante car elle confirme le rôle central de certains professionnels qui aident des couples français à entamer un parcours de GPA, et particulièrement à l'étranger. Des avocats, mais aussi des médecins. Nombre de jeunes femmes sont par exemple orientées par leur gynécologue vers des cliniques étrangères. L'une d'elles me confie *via* Facebook avoir été orientée par son gynécologue installé à la périphérie de Nantes vers une équipe belge spécialisée dans la GPA. Alexandra, la jeune femme dont j'ai recueilli le récit de GPA en Ukraine, avait quant à elle été incitée par sa gynécologue à recourir à la pratique. La jeune femme ne peut pas porter d'enfant : « Commencez à regarder pour la GPA !, m'a dit ma gynécologue. Et moi je me suis dit : "Mais c'est quoi la GPA ?!" »

En France, les jurisprudences de la Cour de cassation ont délié les langues. D'ailleurs, les agences et cliniques étrangères n'hésitent plus à faire la promotion de la pratique sur le territoire. Plusieurs agences étrangères y organisent régulièrement des réunions. Ce n'est pas nouveau. Dès 2014, des plaintes étaient déposées pour tenter de les faire interdire[1]. Romain Taillandier, le Français installé aux États-Unis chargé de la clientèle francophone du Fertility Center de Las Vegas, se rend régulièrement en France pour organiser des réunions d'information. J'entre en contact avec lui grâce à une annonce postée sur Instagram en vue de recruter des futurs parents français. Le premier échange a lieu par Skype.

Le chargé de clientèle déroule, comme il a l'habitude de le faire, toutes les étapes de la GPA américaine. Par exemple, sur les tests génétiques et médicaux préalables et comparatifs entre la « donneuse » et les futurs parents. « 300 gènes sont testés et comparés. Le but, c'est que la donneuse et les papas n'aient pas les mêmes anomalies génétiques. Les gènes ont deux branches, quand une branche est cassée ou abîmée on a une anomalie génétique. On peut ne jamais déclarer les symptômes d'une maladie en fait. Mais si on ne fait pas le

1. S. Kovacs, « GPA : les agences américaines se bousculent en France », *Le Figaro.fr*, 21 février 2014.

test on ne sait pas qu'on l'a. En revanche, si on se reproduit avec une personne qui a la même anomalie génétique, on va transmettre à son enfant un gène avec deux branches cassées, et là on a une maladie génétique. » L'apprenti généticien m'explique qu'en matière de donneuses, les choix sont ouverts : « Nous avons une base de 80 donneuses », confie l'expert. Mais il est possible d'en choisir d'autres grâce à une agence de donneuses : « c'est un peu un service de conciergerie, "vous dites je veux une blonde aux yeux bleus qui a fait Harvard, potentiellement ils peuvent la trouver". » Comment choisir ? : « Les parents la choisissent sur des critères physiques, d'éducation, éventuellement sur sa santé et celle de sa famille. Mais nous, on s'assure grâce à un généticien qu'elle n'a pas de problèmes génétiques dans sa famille de maladies génétiques ou de cancer. La donneuse aura ensuite rendez-vous avec un psychologue pour être sûr qu'elle est psychologiquement apte à donner ses ovocytes. » Un test qui n'a pas que vocation à anticiper les problèmes que pourrait rencontrer la donneuse, mais aussi à rassurer les futurs parents : « On vérifie qu'il n'y a pas de schizophrénie ou d'addictions dans sa famille qui pourraient éventuellement être transmises. » Finalement, la donneuse est informée du déroulé du traitement et des risques du don d'ovocytes par le médecin et fait une prise de sang pour vérifier « qu'elle ne boit pas, ne fume pas, et ne se drogue pas ». L'entretien d'une heure et demie mériterait d'être retranscrit en entier : on passe des explications sur les chromosomes avec le DPI à la possibilité de choisir le sexe de l'enfant, du « profil PDF des mères porteuses » à – maigre consolation pour les opposants à la GPA – la reconnaissance que l'enfant « a besoin pour son équilibre d'être en contact avec celle qui l'a aidé à naître ». Quoique, précise le père d'un petit garçon né par GPA, « c'est à vous de voir ». Le prix ? 150 000 euros. Et bonne nouvelle, la toute première étape de la GPA américaine, le spermogramme et la prise de sang, est réalisée en France grâce à une ordonnance lambda.

Mais pas de panique, vous pouvez désormais vous faire expliquer tous ces détails en France. Je l'interroge à ce sujet : « C'est pour les personnes qui n'ont jamais eu d'information sur la GPA, c'est plutôt pour éduquer », déclare-t-il alors que je me présente comme l'amie d'un couple homosexuel préférant rester discret. « On va aussi à Paris avec le docteur de la clinique pour des consultations privées et entrer un peu plus dans le concret. » La date de la réunion – le 21 mars à 17 heures – m'est communiquée par Skype, mais l'adresse du lieu – « dans le XVIe arrondissement » – n'est transmise que vingt-quatre heures avant. Le Covid va pourtant venir interrompre mon enquête. Les réunions ont normalement lieu « tous les six mois », m'indique Romain Taillandier, qui déclare suivre une « centaine de couples francophones, belges, suisses, canadiens, et 80 % de Français dont 85 % sont des couples homosexuels ». Heureusement, Romain Taillandier n'est pas le seul à organiser des réunions de renseignements sur la GPA. De nombreuses associations réservées aux couples infertiles évoquent désormais la solution de la GPA à l'étranger dans des réunions sur l'infertilité. Si le sujet est désormais de plus en plus évoqué, les associations sont méfiantes. Plusieurs d'entre elles me demandent de communiquer ma carte d'identité pour m'inscrire.

D'autres ne s'embarrassent plus de telles précautions. Les 5 et 6 septembre 2020, la clinique ukrainienne Feskov montait ouvertement un stand au « Salon Désir d'enfant » pour proposer des GPA aux couples français infertiles à l'espace Champerret, dans le XVIIe arrondissement de Paris. Et puisque les couples homosexuels ne sont pas admis par la législation du pays, « la mère porteuse peut accoucher en Belgique », explique son représentant. D'autres agences sont représentées et proposent, pendant deux journées, des vidéoconférences diverses et variées avec des professionnels de tous horizons – avocats, médecins ou intermédiaires. Des agences américaines, mais aussi canadiennes – la loi canadienne interdit pourtant tout démarchage commercial – rassurent des couples infertiles dans une atmosphère étrangement lourde et impersonnelle. Et pour cause, à l'ouverture du salon, le 5 septembre, le ton est donné : le collectif « Marchons enfants » accueille les premiers arrivants avec des Marianne portant un bonnet phrygien et des charriots de supermarché pour dénoncer la promotion de la PMA et de la GPA[1]. L'événement est largement rapporté par la presse et suscite l'indignation. L'association Juriste pour l'enfance, qui avait demandé dès le 25 août 2020 l'interdiction du salon, dépose plainte au pénal en octobre avec la Manif pour tous et la confédération nationale des AFC après avoir fait constater par huissier plusieurs infractions, notamment le délit « d'entremise en vue de la GPA ». Selon la présidente de La Manif pour Tous, Ludovine de la Rochère, aucune suite n'a pour le moment été donnée à cette plainte. Des cliniques promeuvent désormais publiquement la GPA commerciale sans même être inquiétées. L'hebdomadaire *Marianne* révélait, en janvier 2021, que la clinique ukrainienne BioTexCom recevait des clients à Paris dans des bureaux situés près du Louvre, dans le IIe arrondissement, et entendait débuter un partenariat avec des laboratoires français dès le début de l'année 2021. Les cliniques ukrainiennes ne s'embarrassent plus de quelque prévention que ce soit. Au contraire, elles évoquent ouvertement dans la presse leurs projets à venir, quitte à informer une clientèle potentielle. Où est l'État ? On peut légitimement s'interroger.

---

1. D. Boughezala, « "Bien sûr que je vends" : au salon "Désir d'enfant", le marché de la PMA et de la GPA », *L'express*, 7 septembre 2020.

Un législateur au pied du mur

À plusieurs reprises le gouvernement de la présidence Macron a désigné la GPA comme la « ligne rouge » à ne pas franchir. « Il est hors de question d'autoriser la GPA (gestation pour autrui) en France, je le réaffirme avec force », affirmait avec fermeté l'ancienne ministre de la Justice Nicole Belloubet en janvier 2020 à l'Assemblée nationale alors que les discussions sur le projet de loi bioéthique créaient des crispations chez les opposants à la PMA pour les couples de femmes et pour les femmes célibataires. Selon les chiffres alors communiqués par le ministère de la Justice, 555 enfants seraient nés de GPA à l'étranger entre 2013 et 2019, dont 50 % menées par des couples d'hommes, et 70 % aux États-Unis[1].

Le gouvernement prévoit alors un amendement pour donner un coup d'arrêt à la pratique en revenant sur l'arrêt de la Cour de cassation du 18 novembre 2020 qui valide la transcription intégrale de l'acte de naissance dès lors que celui-ci est conforme à la législation du pays sans recourir à l'adoption. « Cette solution est source de difficultés car elle soustrait les GPA faites à l'étranger au contrôle du juge français, en particulier le contrôle de l'intérêt de l'enfant et de l'absence de trafic d'enfant », précise le gouvernement dans son amendement, estimant que l'acte de naissance doit être apprécié « au regard de la loi française » en réaffirmant que la réalité de la maternité « est celle de l'accouchement ». Le gouvernement entend réduire la transcription de l'acte de naissance au seul parent biologique. Le deuxième parent devra, lui, passer par un processus d'adoption. Pour Nicole Belloubet, cet amendement permet « un équilibre entre

1. L. Besmond de Senneville, « GPA : la justice entérine la reconnaissance automatique des enfants nés à l'étranger », *La Croix*, le 28 novembre 2019.

l'effectivité de l'interdiction de la GPA et l'octroi d'un état civil aux enfants nés d'une telle pratique[1] ».

La loi bioéthique adoptée le 29 juin 2021 restreint donc la jurisprudence de la Cour de cassation. Mais les partisans de la GPA n'entendent pas renoncer dans les années à venir. Face à un député qui l'interpelle sur la pratique le 3 juin à l'Assemblée nationale, le député pro-GPA Jean-Louis Touraine répond : « Certes, une loi de bioéthique n'est qu'une étape ; elle sera suivie par d'autres dans le détail desquelles il ne nous appartient pas d'entrer [...]. Quoi qu'il en soit, n'ajoutons pas du retard au retard. Dans sept ans, dans dix ans, il y aura d'autres étapes[2]. » « Lesquelles ? Dites-le-nous ce soir[3] ! » lance Thibault Bazin, un député Les Républicains fermement opposé à la GPA. « On rediscutera vraisemblablement d'évidences comme la PMA *post mortem*, la ROPA et beaucoup d'autres », répond Jean-Louis Touraine. La ROPA ? « Réception d'ovocyte par la partenaire. » Vous n'en avez jamais entendu parler ? C'est une des toutes dernières innovations médicales. Demain, il sera possible pour les couples de femmes d'être toutes deux les mères de leur enfant. L'une des partenaires du couple portera un embryon créé à partir d'un don de sperme et des ovules de sa partenaire. Elle sera donc la mère biologique de l'enfant – en le mettant au monde – mais pas sa mère génétique – qui sera la deuxième maman.

La ROPA en ligne de mire. Mais aussi évidemment, la GPA, devenue un sujet tabou tant elle franchit la « ligne

1. P. Chaulet, « Filiation et GPA : le coup de frein du gouvernement », 22 janvier 2020, *L'express*.

2. C. Miège, « Demain la GPA en France, grâce à "l'effet domino" ? », 9 juin 2021, *Causeur.fr*

3. www.assemblee-nationale.fr

rouge » tracée par le gouvernement actuel. Même Jean-Louis Touraine, pourtant favorable à titre personnel à la pratique, arrête le débat : « Nous sommes cohérents, puisque nous ne cessons de répéter, à chaque lecture, qu'il n'est pas question de débattre de la GPA durant cette législature. Donc n'en débattons pas ! »

Le débat n'aura donc pas lieu. Pas cette fois-ci. Mais des voix s'élèvent parmi membres du gouvernement ou parlementaires en faveur de la pratique. En avril 2019, alors Secrétaire d'État auprès du ministre de l'Éducation nationale et de la Jeunesse, Gabriel Attal s'est dit favorable à une GPA « éthique », tout comme la secrétaire d'État à l'Égalité femmes-hommes Élisabeth Moreno, qui a déclaré au micro du Grand Jury *RTL-LCI-Le Figaro*, en mars 2021, être « favorable à titre personnel » à la GPA, « mais de manière très encadrée ».

Discrètement, un véritable lobbying est mené par les pro-GPA, et notamment par le couple Mennesson. Voici ce qu'il publie sur le site internet de son association dans le forum adhérents :

> Nous avons eu une réunion avec les députés *Raphaël Gérard* et *Laurence Vanceunebrock* pour discuter des actions à mener lors de la dernière lecture du projet de loi de bioéthique. Il s'agit bien sûr de déposer des amendements de suppression de l'article 4bis. Nos arguments ont convaincu, notamment l'expérience de l'association sur les 500 transcriptions que nous avons déjà obtenues. L'information n'est pas du tout confirmée mais le bruit serait que le vote aurait lieu à partir du 19 mai. Ce qui ferait un travail en commission qui démarrerait début mai. Nous allons vous donner un kit de communication dans les prochains jours pour que vous puissiez échanger avec votre député pour le convaincre de voter les amendements de suppression du 4bis.

Et, en effet, Laurence Vanceunebrock est pour ! Le 29 juin 2021 elle déclare même sur France info : « La GPA est quelque chose vers quoi nous devons tendre. » Tout en respectant la « ligne rouge » du gouvernement, elle rappelle que la loi bioéthique « est révisée tous les sept ans[1] ». Les Mennesson sont entourés : sur une autre page ils évoquent « notre ami le député Raphaël Gérard » en juin 2020.

Puis, toujours dans la partie « Lobbying » du forum CLARA, l'association du couple Mennesson, le 31 mai : « Réunion avec le député Guillaume Chiche ce jour : un autre amendement de suppression est à venir ! Nous avons aussi commencé les échanges avec le groupe PS. Réunion Zoom demain. » Le 3 juin : « Le groupe PS nous a écouté et a retiré son amendement qui visait à supprimer la version du Sénat pour rétablir la version du gouvernement. Il était trop tard pour en déposer un nouveau demandant la suppression de toutes les versions de l'article 4bis. Ce sera fait pour le vote en séance publique. »

Qu'est-ce que l'article 4 bis que tiennent tant à supprimer les pro-GPA ? L'article est adopté en première lecture au Sénat en janvier 2020. Proposé en Commission spéciale par le président du groupe Les Républicains Bruno Retailleau, il prévoit d'interdire purement et simplement la transcription intégrale des actes de naissance des enfants nés de GPA à l'étranger lorsqu'ils mentionnent comme mère une autre femme que celle qui a accouché ou deux pères, allant ainsi à l'encontre des derniers arrêts de la Cour de cassation. L'article ne sera pas supprimé comme le souhaitaient les soutiens de la GPA, mais détourné de son intention initiale. Plutôt que de « donner une portée pleine et entière

1. *France Info* : Adoption de la PMA pour toutes : « La GPA est quelque chose vers quoi nous devons tendre également », estime la députée de la majorité, Laurence Vanceunebrock, 29 juin 2021.

à l'interdiction de la gestation pour autrui en France » sans faire « obstacle à la transcription de jugements d'adoption d'étranger », la loi bioéthique votée le 29 juin 2021 modifie l'article 47 du Code civil et prévoit que la transcription soit « appréciée au regard de la loi française »[1]. Qu'est-ce que cela signifie ? La transcription totale n'est plus possible, mais l'article n'empêche ni la transcription partielle limitée au seul parent biologique, ni la possibilité pour le conjoint du parent biologique d'établir un lien de filiation par l'adoption. Le texte reflète la position du gouvernement : la GPA est une « ligne rouge » à ne pas franchir, mais les enfants nés de GPA à l'étranger doivent être reconnus et protégés par l'État. Une position ambiguë exprimée par le chef de l'État Emmanuel Macron dès 2017 et dénoncée par l'auteure du livre *PMA-GPA Quel respect pour les droits de l'enfant?* Aude Mirkovic dans une tribune publiée dans le *Figaro Vox*[2] :

> Ces enfants disposent d'un état civil établi dans leur pays de naissance. Ils ont une filiation qui découle de leur acte de naissance et cette filiation est bel et bien reconnue en France : sinon, à quel titre les parents d'intention désignés par cet acte pourraient-ils exercer l'autorité parentale sur ces enfants et, notamment, les représenter en justice ?

Face au lobbying pro-GPA, les opposants à la pratique tentent d'unir leurs forces, notamment à l'échelle internationale. Après avoir réussi à fédérer les associations anti-GPA d'Amérique du Sud, qui ont rédigé un manifeste commun pour donner du poids à l'échelle continentale à la

1. Dans le texte provisoire de la loi bioéthique l'article 4 bis est devenu l'article 7. Disponible ici : www.assemblee-nationale.fr/dyn/15/textes/l15t0640_texte-adopte-provisoire.pdf

2. A. Mirkovic, « Macron et la gestation pour autrui : la grande hypocrisie », *Figaro Vox*, 28 février 2017.

lutte anti-GPA, la CIAMS, Coalition Internationale pour l'Abolition de la Maternité de Substitution, entend continuer à agir en Europe en proposant des amendements au Parlement européen. « Le Parlement européen émet chaque année un rapport sur les droits humains et la démocratie dans le monde. En 2015, un amendement a introduit la condamnation de la GPA comme attentatoire à la dignité humaine, l'une des valeurs clefs en Europe. Cet article est une référence de poids à l'extérieur de l'Europe. Il a été abondamment cité par les organisations d'Amérique latine dans leur plaidoyer contre les tentatives d'ouverture à la GPA dans leurs pays, considérant cette position comme exemplaire », indique la présidente de la CIAMS, Marie-Josèphe Devillers.

En France, c'est désormais vers les sondages que les regards se tournent. Dans une enquête Ifop publiée le 7 juin 2021, commandée par les Associations des familles homoparentales (ADFH), 53 % des personnes interrogées se déclarent favorables à la GPA pour les couples homosexuels et 66 % pour les couples hétérosexuels. Que connaissent ces Français de la GPA ? À n'en pas douter les récits individuels émouvants qui résultent de la souffrance de couples infertiles, le discours égalitaire, le besoin pour tous de former une famille par la « parentalité sociale », les discours rassurants sur l'équilibre des enfants nés de GPA et l'argument valorisant la « liberté de procréer ». Mais « quand la vérité n'est pas libre, la liberté n'est pas vraie », écrivait Jacques Prévert. Hâtons-nous donc de l'écrire, cette vérité de la GPA.

3

FUTUR

Le choix en conscience

1

L'obsession génétique

En matière de GPA, il y a la théorie (nous pourrons dire ici *le bluff*) et la pratique. Les idéologues d'un côté, les parents d'intention de l'autre. Et il se pourrait bien qu'il y ait entre les deux un grand malentendu.

En théorie, la GPA repose sur l'idée d'une « parenté sociale », c'est-à-dire fondée sur la « volonté », qui s'opposerait à une « parenté biologique », ou tout simplement naturelle. Une distinction prétendument hermétique défendue par Daniel Borillo, grand défenseur de la GPA. Celui-ci a notamment préfacé le rapport du think-tank ultralibéral Génération Libre en faveur d'une GPA qui rémunère les « mères porteuses ». Dans une tribune publiée dans *Le Monde*, le juriste du CNRS déploie une conception « spirituelle » de la filiation :

> Désormais on peut faire famille à plusieurs dans un cadre hétérosexuel ou homosexuel. Les nouvelles techniques procréatives ont mis le projet parental au cœur du dispositif juridique dans lequel c'est la dimension spirituelle qui compte – la volonté d'être parent – plutôt que les seules compétences corporelles – l'engendrement. La « volonté procréationnelle » devient ainsi la seule source légitime des nouvelles formes de procréation[1].

1. D. Borrillo, « GPA : l'idéologie prohibitionniste mise à mal », *Le Monde*, 8 juillet 2017.

Impressionnant, n'est-ce pas ? Il n'est pas le seul, évidemment. Dans *L'empire du ventre*, la juriste Marcela Iacub fait de la gestation pour autrui le révélateur d'une filiation maternelle fondée uniquement sur l'intention et la volonté.

La réalité est pourtant plus riche et complexe. Dans un essai intitulé *La gestation pour autrui, Fictions et réalité*, la juriste Muriel Fabre Magnan rétablit l'équilibre :

> La filiation est en réalité toujours – et nécessairement – un mélange de biologie et de volonté, et aucun de ces deux éléments ne peut être totalement isolé ou évacué[1].

L'auteur prévient : « Plus on cherche fallacieusement à rabattre la filiation sur l'une ou l'autre de ces deux composantes, et plus l'autre vient soudainement faire irruption. » Et il semble en effet que la GPA ait joué un mauvais tour aux zélotes de la volonté.

Car – oh surprise ! – les chercheurs qui suivent de près la pratique démontrent que la motivation de la plupart des couples ayant recours à la GPA tient majoritairement au désir que l'un de ses deux membres au moins ait un lien génétique avec l'enfant à naître. Ces couples veulent *leur* enfant, c'est-à-dire, selon eux, un enfant qui soit génétiquement le leur. Plusieurs études rapportent notamment que dans le cadre de GPA réalisées par des couples hétérosexuels, les « mères d'intention » avaient invariablement exprimé leur préférence pour une GPA avec les gamètes des deux partenaires du couple, et à défaut, avec les gamètes de l'un des deux partenaires au moins. L'adoption apparaissant comme un ultime recours. Pour certains couples infertiles, il n'était

1. M. Fabre-Magnan, *La gestation pour autrui, Fictions et réalité*, Paris, Fayard, 2013, p. 26.

même pas envisageable de renoncer au lien génétique avec l'enfant à naître[1].

Et quand le lien génétique avec la mère d'intention n'est pas possible – parce qu'elle ne peut utiliser ses propres ovocytes –, c'est la logique de l'*appariement* qui prend le relais. Celle-ci consiste à trouver une donneuse dont les caractéristiques se rapprochent des siennes. Même cheveux, même couleur d'yeux, même carnation, etc. La méthode n'est pas nouvelle, on la rencontre dès les années soixante-dix dans les CECOS avec PMA avec donneur. Objectif: invisibiliser le donneur, en cherchant à créer l'illusion d'une procréation naturelle.

Pour mieux comprendre, revenons au témoignage d'Alexandra, croisée dans la seconde partie de cet essai. La jeune femme a réalisé, avec son compagnon, une GPA en Ukraine et ne pouvait utiliser ses propres ovocytes. Souvenez-vous : quand la trentenaire a choisi une « donneuse », cette dernière a été sélectionnée parce qu'elle lui ressemblait comme « deux gouttes d'eau ». Quand il n'existe pas de lien biologique, à tout le moins faut-il le mimer... Et pour s'assurer du floutage complet de l'ascendance biologique de la donneuse anonyme, le couple l'a choisie aussi selon son groupe sanguin. Une pratique nommée pudiquement « assemblage de groupe sanguin » qui consiste à donner une cohérence au groupe sanguin de l'enfant avec celui des deux parents commanditaires. Quel intérêt ? Notamment celui de réserver à l'intimité familiale les ressorts de la conception de l'enfant, voire éventuellement de cacher à l'intéressé lui-même son mode de conception. Mais nous ouvrons ici un

1. O. B. Van den Akker, « Psychosocial aspects of surrogate motherhood », *Hum Reprod Update*, jan.-fev. 2007 ; 13 (1), p. 53-62.

autre débat, celui de l'origine, sur lequel nous reviendrons. Retenons que dans ce cas précis, Alexandra n'est pas la mère, mais semblera l'être. Tout concourt à mimer la maternité biologique. Seul le futur père a un tel lien avec l'enfant. Et pourtant, le motif même de la GPA – le lien biologique – est refusé à l'enfant. Celui-ci ne connaîtra pas sa mère biologique. La mère, ce sera Alexandra et son intention de l'être.

Mais cette assertion ne concerne pas seulement les couples hétérosexuels. Les couples homosexuels privilégient aussi le lien biologique avec l'enfant à naître. Et pour que ce dernier soit lié avec force aux deux partenaires, l'un donne son sperme quand l'autre déclare être le père légal. Dans le cas de Vincent et Rodolphe qui racontaient dans la seconde partie de cet essai leur GPA, c'est Vincent qui a donné son sperme et Rodolphe qui a déclaré être le père. Un bricolage utilisant deux composantes de la filiation : le droit et la biologie.

Mais d'autres solutions sont couramment employées. Il n'est pas rare que les couples d'hommes souhaitent des jumeaux. Dans ce cas, les deux donnent leur sperme, de sorte que chacun ait son propre enfant. Concevoir des jumeaux de cette manière répond à un désir de symétrie dans le couple, aucun des deux pères n'étant, en quelque sorte, lésé génétiquement. Et quand la GPA ne donne lieu qu'à une seule naissance, ces couples peuvent procéder en concevant leur premier enfant avec un don d'ovules et le sperme de l'un des partenaires, et le second avec le sperme de l'autre membre du couple. Dans son livre-témoignage, Marc-Olivier Fogiel confie être le premier du couple à avoir donné ses gamètes, en raison de « son désir plus ancien de donner la vie »[1]. La seconde fille du couple sera conçue à partir des gamètes de son partenaire.

1. M.-O. Fogiel, *Qu'est-ce qu'elle a ma famille ?*, Paris, Grasset, 2018, p. 33.

Ce n'est pas tout. Quand ils réalisent plusieurs GPA, les couples gays recourent souvent à la même donneuse d'ovocytes, pour que leurs enfants aient un lien génétique entre eux et éprouvent le sentiment d'appartenir à la même famille[1]... sans la mère.

Cette primeur réservée au biologique devient une évidence lorsqu'on se concentre sur les conditions de délivrance de l'acte de naissance dans les « GPA Globish ». En Ukraine, aux États-Unis ou au Canada (ou même dans le projet de réforme au Royaume-Uni), les parents d'intention sont déclarés parents par la juridiction étrangère si l'un d'eux au moins a un lien génétique avec l'enfant à naître.

Le camouflet infligé par le biologique à la volonté ne s'arrête pas là. Les « mères porteuses », elles aussi, ont leur part. Dans la plupart des cas, ces femmes acceptent d'être les « gestatrices » – le vocabulaire est directement issu du vocabulaire de l'élevage – pour la simple et bonne raison qu'elles n'ont aucun lien génétique avec l'enfant qu'elles portent, confirmant en creux l'idée selon laquelle la *vraie* mère l'est en vertu de ce lien. Le biologique est réservé à leurs propres enfants, le non-biologique aux enfants des autres, dont elles ne sont que les « nounous » pendant neuf mois. Malaise ? Pour les fossoyeurs de la famille traditionnelle, c'est l'estocade.

Le paradoxe devient plus inconfortable encore quand c'est au nom de la nécessité du lien génétique que certains parents refusent celui-ci à l'enfant à naître. Imaginons le cas d'une

---

1. M. Gross, B. Rubio, O. Vecho, K. Ellis-Davies, « Paternité gay et GPA : entre lien génétique et lien affectif », *Enfances Familles Générations*, Conseil de développement de la recherche sur la famille du Québec (CDRFQ)/ INRS-UCS, 2018.

GPA d'un couple dans lequel seul le père est lié génétiquement à l'enfant. Ce dernier, qui est conçu au nom du lien biologique avec le sperme du père, sera aussi, juridiquement, l'enfant de la mère d'intention. Mais on lui refuse son lien biologique avec sa mère génétique. C'est pourtant au nom du lien biologique qu'il est conçu par GPA…

Dans la gestation pour autrui, la volonté n'est qu'une parade, une grande mythologie. Et si les idéologues portent l'intention aux nues, c'est peut-être pour dissimuler les motivations réelles, c'est-à-dire génétiques, des couples qui entreprennent une GPA. Comment pourraient-ils décemment défendre le besoin des parents d'avoir un lien génétique avec l'enfant, tout en l'interdisant dans le même temps à celui-ci ?

Dans le discours, la survalorisation de la volonté est à la mesure de l'euphémisation du biologique. Dans les faits, la GPA est une course au lien génétique à tout prix. La volonté dans la GPA, c'est l'obsession de ceux qui en parlent le plus et qui en font le moins. Car, parlons clairement, les nouvelles familles n'ont de nouveauté que les membres qui la composent. Pour le reste, elles se réapproprient avec force les repères de la famille traditionnelle.

Ici, le grand bluff, c'est l'instrumentalisation de la volonté au service de l'obsession génétique. Dans la GPA, le motif véritable est le génétique, la volonté ne venant qu'en surplus. Car enfin, ces couples et ces idéologues n'ont entrepris aucune bataille médiatique d'ampleur pour faciliter l'adoption. La question de l'adoption par les couples homosexuels est passée comme une ombre dans le débat public, sans commune mesure avec la communication déployée en faveur de la GPA. Le fantasme de l'homme auto-engendré (émancipé de toute ascendance qui le contraindrait) de certains ne peut contenir la persévérance d'autres dans leur être, leur besoin absolu de se reproduire. Le *dur désir de durer* sur lequel dissertait Paul Éluard ne disparaît pas avec la GPA. Car si le désir d'enfant n'est pas universel, et quelle que soit l'origine de ce désir, il prend ici des allures de tornade. Or la volonté n'adhère pas au besoin, mais s'en dégage. Dans *Le volontaire et l'involontaire*, Paul Ricœur disserte sur l'« involontaire corporel ». Le besoin, montre le philosophe, n'est pas une *ré-action* mais une *pré-action*, une impulsion que seule la volonté peut dominer. Autrement dit, la volonté n'est pas le désir, mais le barrage au besoin qui s'impose. Sans le savoir, les partisans de la GPA trahissent le sens de la volonté. Elle n'arrête plus le désir impérieux, mais le justifie.

À force de détourner la volonté, c'est le génétique qui s'en trouve paradoxalement renforcé. Car si la filiation classique repose sur une consubstantialité de la volonté et de la biologie, les pratiquants de la GPA font du génétique un leitmotiv démesuré – dissimulé derrière le paravent de la « volonté » – qui justifie la séparation de la mère et de l'enfant, la dislocation du corps de la femme et de la maternité, l'accaparement de la procréation par l'industrie biomédicale et la négation des intérêts de l'enfant.

Le fantasme de la parentalité sociale tient plutôt de la montagne qui accouche d'une souris. On nous berce de discours sur la révolution familiale à l'œuvre, alors que demeure le besoin viscéral de se reproduire et de transmettre une part de soi. « Et derrière les propagandes de la course à la vie, revient l'espoir de ne pas mourir », écrivait Pierre Legendre. Mais l'enfant biologique pour tous les couples n'est pas encore né, et ce malgré toute la volonté du monde.

2

La religion maternelle

Dans la volonté des couples infertiles et des idéologues de faire table rase de tout ce qui ne concerne pas la résolution du désir d'enfant, l'adage juridique *Mater semper certa est* – qui fait de la mère celle qui a accouché – en prend un coup.

Du « trouble dans les normes ». C'est ce que prophétise le sociologue Éric Fassin en défendant le concept de « démocratie sexuelle » qui mise sur « l'extension du domaine démocratique » aux questions de genre et de sexualité. Celui qui fait partie des introducteurs des théories du genre en France – avec Judith Butler – dresse un constat sans appel : la « dénaturalisation du genre et de la sexualité » va bouleverser des « lois naturelles » conçues comme des « emprises ». Et parmi ces emprises, une « maternité naturalisée » dont il décrit les enjeux dans un article déroutant intitulé « La nature de la maternité[1] ». Le sociologue affirme, comme Daniel Borrillo et Marcela Iacub, que la mère qui accouche n'est pas la « mère sociale ». Résumons : d'un côté le fait social (la parenté, la filiation) ; de l'autre la nature (le géniteur/la génitrice, la reproduction).

L'idéologie n'est pas neuve. Elle a une double filiation. Les études constructivistes anglo-américaines inaugurées

1. É. Fassin, « La nature de la maternité », *Journal des anthropologues*, 88-89 | 2002, p. 103-122.

dès les années soixante et, plus modestement, les travaux de l'anthropologue française Françoise Héritier qui redéfinit la parenté, mais – pour le malheur des ultras – ne renonce pas à la « valence différentielle des sexes » dans une reproduction pensée en miroir avec la nature. Pour Éric Fassin, qui s'inscrit dans la ligne d'une « anthropologie de la reproduction » typiquement anglo-saxonne – la plus radicale –, les nouvelles technologies font entrer notre postmodernité dans une « ère "après la nature" ». Le tout reposant sur l'idée non pas qu'il faudrait se *passer* de la nature mais bien s'en *saisir*, comme s'il s'agissait d'une idée – donc en l'idéologisant – ou d'un objet – en la réifiant. On en arrive au fantasme de *maîtrise*. Celui-là non plus n'est pas nouveau.

La GPA est un des outils de ce fantasme. La pratique permet de se saisir du corps de la femme. En résulte, pour le sociologue, une « démultiplication maternelle » – la « mère sociale » qui élève l'enfant, la « mère gestationnelle » et la « mère génétique » – qui rendrait caduque l'adage romain *Mater semper certa est.* Il n'a plus lieu d'être car il entretiendrait la confusion d'une maternité établie en miroir de la conception naturelle. Il s'agit là en quelque sorte de « déverrouiller » l'institution de la filiation – sociale – qui se calque sur les limites naturelles de la procréation pour mener à bien une reproduction séparée du corps lui-même. L'idée, portée à son paroxysme, mènerait à l'ectogenèse, ou « utérus artificiel[1] ». Le procédé, imaginé dès 1923 par un généticien britannique, consacrerait ainsi la séparation entre sexualité et procréation, en faisant se développer l'embryon puis le fœtus dans une poche artificielle hors du corps maternel.

Mais vouloir sortir du carcan que nous impose notre condition naturelle, c'est y retourner encore. Icare, pour

1. H. Atlan, *L'utérus artificiel*, Paris, Éd. du Seuil, 2007.

avoir tenté de s'approcher du Soleil, et Prométhée, pour avoir volé le feu aux dieux de l'Olympe, incarnent dans la mythologie grecque l'*hubris*, cette audace démesurée qui pousse les hommes à leur propre perte. Cette fois, les impétrants de la démiurgie postmoderne que sont certains sociologues, médecins ou philosophes ont une clé inédite en main : les nouvelles technologies de la reproduction assistée. Séparer les termes de la filiation pour construire une humanité à nouveaux frais est techniquement possible. Et avec la GPA, c'est la maternité – la mère *tout court* – qui fait les frais de l'entreprise de séparation.

En France, la partie menée contre les « prêts d'utérus » semblait gagnée après la jurisprudence de 1991 et la loi bioéthique de 1994. Mais c'était sans compter le retour de la pratique, laquelle permet cette fois à la « mère porteuse » de ne plus avoir de lien biologique avec l'enfant. Le match a donc été officiellement relancé au travers de la bataille d'un couple, les Mennesson, pour faire reconnaître leurs jumelles nées en 2000 d'une mère porteuse et d'une donneuse, toutes deux américaines. Si les réserves des féministes quant à la GPA portent dans un premier temps sur l'indisponibilité du corps humain, sa non-commercialisation ou un désir d'enfant qui contrevient à l'ordre public ou à l'intérêt de l'enfant, c'est à partir des années 2010 que les arguments féministes envahissent le débat en abordant spécifiquement les questions du statut socio-économique des « mères porteuses », de la maternité et du corps des femmes[1]. Et c'est peu de dire que les féministes sont divisées. Les débats s'organisent autour de la

1. D. Roman, « La gestation pour autrui, un débat féministe ? », *Travail, genre et sociétés*, vol. 2, n° 28, 2012, p. 191-197.

question du genre, mais aussi du rapport entre conception et filiation.

Dès 2013, la féministe Sylviane Agacinsky publie un essai percutant, *Corps en miettes*, devenu une référence de la culture abolitionniste, et participe à la création du CoRP la même année – Collectif pour l'abolition de la maternité de substitution –, qui réunit d'autres personnalités de gauche comme de droite, pour la plupart universitaires, juristes, philosophes, psychanalystes et médecins. Si la philosophe ne considère pas la différenciation sexuelle comme l'élément essentiel venant définir l'individu, elle défend une organisation sexuelle et naturelle dans la reproduction, liant invariablement la mère à son enfant. Dans son essai, elle s'insurge contre l'idée d'une maternité éclatée : « On dit alors que la femme qui porte l'enfant n'est pas sa "mère génétique". On voudrait l'appeler "mère gestationnelle" ou "gestatrice". Mais la maternité ne se laisse pas ainsi disperser et disséminer sans perdre sa nature propre. » Pour Sylviane Agacinsky, la grossesse n'est pas « détachable » de la femme elle-même. Quant au qualificatif *gestatrice*, il relève pour la philosophe de gauche « d'une ruse rhétorique qui contribue à secondariser la femme portant un enfant, pour en faire un "sac", une sorte de logement temporaire, simple *entrepôt* où stocker l'enfant conçu par d'autres qui en attendront la livraison[1] ».

Marie-Josèphe Bonnet, venue du MLF (Mouvement de Libération des Femmes), cofondatrice des Gouines Rouges et membre du CoRP, dénonce quant à elle la « maternité d'intention » comme étant un « matricide qui n'ose pas dire son nom[2] ». « La notion de "parent d'intention" qui s'est imposée ces dernières années dans les débats sur la GPA est

1. S. Agacinsky, *Corps en miettes*, Paris, Flammarion, 2013, p. 81.
2. M.-J. Bonnet, La *maternité symbolique, Être mère autrement*, Paris, Albin Michel 2020.

une sorte de cheval de Troie qui habitue le public à raisonner sur les biotechnologies sans utiliser le simple mot “mère”. » Pour l'historienne, le complément « d'intention » déplace la maternité « de la grossesse à l'éducation[1] ».

En effet, dans le débat sur la GPA, le courant pragmatique[2], dit aussi régulationniste ou rationaliste, propose d'encadrer la pratique en désignant la mère se trouvant à l'initiative d'une GPA comme la « mère d'intention ». Élisabeth Badinter est la principale figure de ce courant. La philosophe et historienne, de gauche également, se distingue de la neutralité sexuelle promue par les théories du genre et reconnaît l'existence de deux sexes différents et complémentaires. Sa pensée se réclame d'un féminisme de première génération inauguré en 1949 avec *Le deuxième sexe* de Simone de Beauvoir, selon lequel la femme ne peut être seulement assimilée à sa « fonction reproductrice[3] ». Dans la droite ligne de cette école de pensée, la féministe postule, en 1980, dans un ouvrage qui fait date, *L'amour en plus*, que l'instinct maternel n'existe pas et que l'« amour maternel » est un comportement social résultant notamment d'un contexte culturel. C'est relativement à cette thèse qu'Elisabeth Badinter se positionne en faveur d'une GPA dite « éthique ». Selon elle, une femme n'est mère que si elle le décide. Interrogée en 2013 dans le magazine *Elle* sur une question clé de la GPA, « Qui est la mère ? », la philosophe répond :

> Je suis culturaliste, alors je vous réponds sans hésiter : la mère éleveuse. C'est elle qui a le projet d'enfant, qui l'accueille, qui l'aime, qui l'*éduque*. Tout comme la mère est celle qui adopte

---

1. *Ibid.*, p. 214.

2. D. Roman, « La gestation pour autrui, un débat féministe ? », p. 191-197.

3. S. de Beauvoir, *Le deuxième sexe*, t. II, *L'expérience vécue*, Paris, Gallimard, 1949 rééd. en 1976, p. 262.

un enfant et l'élève. Mais on ne pourra plus dire dans le Code civil que la mère est celle qui accouche[1].

Résumons. Sylviane Agacinsky et Élisabeth Badinter se rejoignent quant à un certain culturalisme identitaire – l'individu étant un mélange de féminité et de masculinité – en s'éloignant toutes deux de la radicalité de l'école américaine – inaugurée avec la thèse de Judith Butler intitulée *Le Trouble dans le genre*, en 1990. Mais les deux philosophes se divisent sur la question de la filiation. Sylviane Agacinsky défend une vision naturaliste de la reproduction – que nous pouvons résumer en disant que *l'enfant fait la mère* – quand Élisabeth Badinter se dit culturaliste – *la femme fait la mère*, en ce qu'elle se choisit mère. À la faveur de cette posture, la philosophe rejoint l'idée d'une parentalité sociale défendue par les théoriciens du genre, qui eux font table rase du sexe – qu'il soit question d'identité ou de génération. Le motif premier qui soutient une parentalité sociale n'est donc pas le même. Pour Élisabeth Badinter, il s'agit de ne pas définir son sexe relativement à la parentalité – ne pas réduire la femme à être mère. Pour les théoriciens du genre, il s'agit de ne pas définir la parentalité relativement au genre, la question du sexe étant conçue comme périmée. Selon cette vision radicale, on pourrait par exemple dire que, dans certains cas, le maternel est incarné par un homme. Il peut être difficile de l'appréhender, mais il s'agit de dire que « maternel » et « paternel » sont des conceptions devenues hors-sol, des constructions, qui peuvent donc être incarnées par tout un chacun.

On trouve ainsi un culturalisme à trois degrés : le premier, concentré uniquement autour de la question identitaire (Agacinsky) ; le second, relevant de la question identitaire

1. I. Duriez, V. Toranian, « Élisabeth Badinter : "Je suis pour une GPA éthique" », *Elle*, 8 mars 2013.

et parentale (Badinter) ; et un troisième, radical et absolu, faisant table rase de l'idée de sexe dans la définition de l'individu, de la parentalité mais aussi de la reproduction.

Dans la GPA, l'entreprise des défenseurs de la parenté sociale consiste donc à séparer les termes de la filiation entre parenté sociale d'une part et la génitrice/le géniteur d'autre part. Mais à défaut d'éliminer la « norme » qu'est l'adage romain *Mater semper certa est*, etc., les apprentis sorciers de la filiation ne sont parvenus qu'à en inverser les polarités... Souvenez-vous. *Mater semper certa est, pater is est que nuptiae demonstrant.* On trouve aussi *Mater semper certa est, Pater semper incertus est*[1]. La mère est toujours certaine, le père toujours incertain. La GPA vient donc renverser la table. Nous pouvons dire désormais : *Pater semper certa est, mater semper incertus est.* Et dans la pratique, lorsque l'on sort du pur fantasme idéologique, la mère n'est jamais épargnée. Quelle que soit la GPA, les termes de la maternité sont séparés en deux – lorsque la mère d'intention donne ses ovocytes (mère d'intention + mère porteuse) – soit en trois lorsqu'une « donneuse » intervient (donneuse + porteuse + intention) ; soit enfin la mère n'existe plus, dans le cas de couples masculins.

Cette inversion des polarités est loin d'être anodine. À tel point que le père non plus n'en sort pas indemne. Les culturalistes ont beau jeu d'affirmer que dans la GPA le « père génétique » est aussi le « père social », que les gènes n'ont rien à voir avec la paternité et que l'enfant se préoccuperait seulement de savoir « à qui il ressemble » (faut-il préciser qu'il s'agit là d'une demande de visage, et donc d'humanité ?), on aboutit inéluctablement à un constat :

1. K. Fiorentino, A. Fiorentino (dir.), *Mater semper certa est? Passé, présent, avenir d'un adage*, Paris, Bruylant, 2018.

dans la GPA, la paternité n'est pas sécable. Et si le père est préservé de l'expérimentation *sociale* de la filiation, il n'en ressort pas pour autant victorieux. Car le père qui perdure est réduit à sa fonction reproductive : l'état liquide (le sperme). Une liquéfaction qui fait sombrer avec elle la paternité tout entière.

Une preuve ? Lorsque l'on sort d'une démarche purement consumériste réduisant la « mère porteuse » au seul statut de prestataire de services, la GPA est d'abord une entente – provisoire – entre femmes. C'est une évidence qu'il convient de rappeler. Dans le cas de couples hétérosexuels, c'est toujours parce que la femme ne peut pas mettre un enfant au monde que la GPA a lieu. Il n'est pas rare de voir ainsi deux femmes échanger entre elles dans un rapport fusionnel – la mère d'intention animée par son désir de maternité, et la femme porteuse – aux côtés d'un homme plus discret voire mutique. Les partisans de la GPA conceptualisent cette fusion, invoquant l'expression de « patiente hybride », faite de deux mères, parfois utilisée par le corps médical pour construire l'idée d'une naissance « fruit de la collaboration de deux femmes[1] ». Il en est de même dans un couple d'hommes, avec celui des deux partenaires qui sera le « principal pourvoyeur de soins[2] », incarnant une sorte de substitut maternel.

En séparant le terme social du terme biologique de la filiation, les idéologues de la GPA ont opéré une révolution copernicienne de la filiation. En droit, nous l'avons vu, mais plus généralement de manière symbolique. La mère

1. G. Delaisi de Parseval, C. Collard, « La gestation pour autrui », *L'Homme* [En ligne], 183 | 2007, mis en ligne le 1er janvier 2009, consulté le 30 avril 2019.

2. M. Gross, B. Rubio, O. Vecho, K. Ellis-Davies, « Paternité gay et GPA : entre lien génétique et lien affectif », 2018.

désincarnée (car divisée) s'en trouve paradoxalement sacralisée, quand le père est marginalisé, réduit au masculin pur.

Marcel Gauchet, dans *La fin de la domination masculine*, postule un modèle sociétal en devenir dans lequel le « modèle paternel » est « purement et simplement désaffecté », du fait d'un long processus, en même temps que survient un maternel vécu comme « une sorte de troisième terme vis-à-vis de la dualité des sexes, un pôle à part, un pôle en soi, avec lequel les femmes ont évidemment un rapport privilégié [...] ». Dans ce cadre, « l'enfantement acquiert une image d'une affaire essentiellement, si ce n'est exclusivement féminine, dans lequel le rôle masculin se réduit à celui de fournisseur de spermatozoïdes[1] ». La GPA matérialise cette théorie, et la dépasse, dans la mesure où l'on n'y trouve plus de mère incarnée. Le titre d'un documentaire diffusé sur TF1, que nous avons déjà évoqué, intitulé « Les enfants d'Émilie », est particulièrement équivoque. On peut légitimement s'interroger sur les raisons de l'éviction dans le titre du nom du mari de la jeune femme, car c'est le couple – et non la jeune femme seule – qui se lance *à deux* dans un parcours de GPA aux États-Unis.

On est loin de l'horizon égalitaire et de la dé-essentialisation femme-mère tant défendue par les tenants de la parentalité sociale. Paradoxalement, la GPA sacralise la figure maternelle et fait disparaître la figure paternelle au profit d'un masculin réduit à sa seule semence. Et parce que seule la femme peut porter un enfant, elle est dans la GPA, plus que jamais, définie par son ventre. On ne demande

1. M. Gauchet, « La fin de la domination masculine », *Le débat* 2018/3, n° 200, p. 75-98.

qu'une seule chose à la « mère porteuse » : prêter sa « fonction reproductive », son utérus. Et c'est souvent au nom de leur amour pour la grossesse, au nom de leur glorification de la maternité que ces femmes acceptent de porter un enfant pour le donner à d'autres. C'est la femme réduite à sa fonction reproductive qui est valorisée dans la GPA. Pour qui ? Pour le besoin incontrôlable d'enfant d'une autre femme. Dans l'article intitulé « L'enfant du désir[1] », Marcel Gauchet l'écrit sans ambiguïté :

> Autre secret de polichinelle que nul n'ignore parmi les professionnels, mais guère abordé dans les travaux officiels : le désir d'enfant est fondamentalement féminin, et il fait tension, voire clivage au sein des couples.

La GPA, c'est donc l'histoire de deux femmes incapables de refréner leur désir de maternité. On a vu mieux en matière d'« émancipation »...

Et si le désir d'enfant, et qui plus est d'hérédité, est bien là, comme nous l'avons vu précédemment, il se fait donc au prix d'une femme réduite à son envie de maternité et d'un homme tombant dans la *servitude volontaire* en n'opposant aucune résistance à son éviction.

---

1. M. Gauchet, « L'enfant du désir », *Champ psychosomatique*, 2007/3, n° 47, p. 9-22.

3

Droit des parents : un devoir d'enfant

« Cours vite, le vieux monde est derrière toi ! » Le slogan de mai 68 envoie valser le vieux monde, et la famille traditionnelle avec. Elle est considérée comme liberticide. Cinquante ans plus tard, il faut pouvoir la reconstituer. À tout prix. Le mot est à propos lorsqu'on en vient à la GPA. Que s'est-il passé pour que survienne cette révolution, *stricto sensu*, ce retournement intégral ?

Dans *Le recul de la mort*, le sociologue Paul Yonnet soutient que la baisse de la mortalité infantile et maternelle a contribué à l'avènement de l'enfant du désir qui fonde la société moderne. Et si la naissance de l'individu moderne résulte d'un long processus inauguré au XVIIIe siècle, il se révèle véritablement à partir des années soixante. Jusqu'alors, le Code civil est fidèle à l'esprit de ses rédacteurs. C'est entre 1964 et 1975 que tout bascule. Pas moins d'un tiers du Code est récrit : le législateur tend à égaliser les droits de l'homme et de la femme mariés, la « puissance paternelle » devient autorité parentale, le statut des filiations naturelles et légitimes est mis à égalité, le divorce par consentement mutuel est adopté en 1975. Deux autres lois vont contribuer à bouleverser le domaine de la procréation comme jamais auparavant : en 1967, la loi Neuwirth permet l'accès à la contraception pour les femmes, et l'avortement est légalisé en 1975. Émerge l'idée selon laquelle l'enfant ne résulte plus du fait naturel : il naît *d'abord* du désir de ses parents, il est *l'enfant et le fruit du désir d'enfant*[1]. Le changement est considérable : sexualité et procréation sont déliées. Le célèbre slogan des années soixante-dix résume parfaitement cette révolution : « Un enfant, si je veux, quand je veux. »

Et pour Yonnet, ce qui préside à ces changements est tout aussi inédit. À partir de 1965, l'art et la manière de légiférer prennent un nouveau *pli*, selon le sociologue : la réforme législative s'entoure de sondages d'opinion, de faits, de statistiques. Le droit doit désormais *traduire* les faits sociaux. Et si cette nouvelle donne est supposée être provisoire – les réformateurs en sont en tout cas persuadés –, visant un nouvel ordre familial, les « rénovations du droit de la famille » inaugurent un mouvement qui ne s'arrêtera plus. La réforme familiale des années soixante-soixante-dix close, l'idéal atteint, une nouvelle ère de stabilité devait s'ouvrir. À la place, une mécanique s'enclenche, qui ne s'arrêtera plus : « Une porte atteinte ouvre sur une autre, voire sur plusieurs autres », résume le sociologue. En l'espace de dix ans, le fond et la forme ont fait table rase du passé.

Soixante ans plus tard, c'est la « porte » GPA qui demande à être ouverte. Elle n'émane pas d'une demande sociétale homogène, mais participe à l'identité d'une communauté, une « tribu » telle que l'a conceptualisée le sociologue Michel Maffesoli dès la fin des années quatre-vingt dans *Le temps des tribus*[2]. Au modèle familial unique qui s'imposait jusque dans les années soixante, se sont ajoutés, dans une « logique

1. P. Yonnet, *Le recul de la mort. L'avènement de l'individu contemporain*, Paris, Gallimard, 2006.

2. M. Maffesoli, *Le temps des tribus. Le déclin de l'individualisme dans les sociétés postmodernes* (1988), Paris, Éd. de La Table Ronde, 2000.

contradictionnelle[1] », une *mosaïque* de systèmes familiaux. Pour exister, se définir, être soi, il faut s'unir à une communauté – une parmi d'autres – qui se définit elle-même au travers d'une demande de droits spécifiques. Pour la communauté homosexuelle, cette identité va notamment se cristalliser autour de la demande d'enfant.

Pourquoi l'enfant ? Marcel Gauchet l'explique avec clarté dans son article « L'enfant imaginaire[2] » : ce n'est plus une famille-institution qui crée l'enfant, mais « l'enfant qui fait famille ». Dans une tribune publiée dans *Le Monde*, Daniel Borrillo affirmait ainsi : « Désormais, on peut *faire famille* à plusieurs dans un cadre hétérosexuel ou homosexuel[3]. » L'enfant incarne l'union de deux individus autonomes – le couple amoureux –, explique ainsi Gauchet, et crée l'unicité d'une sphère privée considérée comme le seul lieu possible d'expression des émotions et de la réalisation de soi. La venue de l'enfant « vaut naissance de la cellule où la vraie vie peut être vécue, à part de l'indifférence anonyme de la grande société ». L'enfant est la condition d'existence de la famille, désormais lieu d'épanouissement et de reconnaissance de l'individu.

D'autant que se construit en parallèle l'idée d'un enfant réclamé au nom de ce qu'Alexis de Tocqueville identifie dès le XIXe siècle comme « l'égalité des conditions ». Avec la prescience qui le caractérise, il décèle le nouvel impératif de l'État : remédier aux inégalités naturelles. « Le gouvernement ayant pris la place de la Providence, il est naturel que chacun

1. A. Bétemps, M. Maffesoli, « La postmodernité marque la fin de la République une et indivisible », Philitt.fr, 23 mars 2015.

2. M. Gauchet, « L'enfant imaginaire », *Le Débat*, 2015/1, n° 183, p. 158-166.

3. D. Borillo, « GPA : l'idéologie prohibitionniste mise à mal », *Le Monde*, 8 juillet 2017.

l'invoque dans ses nécessités particulières. On lui reproche jusqu'à l'intempérie des saisons[1] », écrit-il. Bien entendu, le philosophe politique ne pouvait aller jusqu'à imaginer l'apparition d'une assistance médicale à la procréation offrant la possibilité de sortir des limites de la procréation naturelle, mais il a tout de même identifié la naissance, sous ses yeux, d'un État qui doit désormais remplacer la Providence. Au hasard tout-puissant, on substitue le politique. À l'infertilité, on substitue la GPA. Dans son rapport, le think-tank Génération Libre en appelle au « droit à l'engendrement » ou encore au « droit de fonder une famille » au nom de l'article 16 de la Déclaration universelle des droits de l'homme. Mais faut-il le rappeler ? Aucune législation n'interdit ni d'engendrer, ni de fonder une famille. La Nature pose une limite. Mais pour certains, c'est à l'État d'en répondre. Une phrase prononcée dans le reportage « Les enfants d'Émilie » dans l'émission de *Sept à huit* en est l'éclatant exemple. Émilie et son mari entament un parcours de GPA pour réaliser leur désir d'avoir une famille nombreuse. Le couple a déjà un petit garçon quand Émilie, enceinte de son second enfant, a un violent accident de voiture. Le fœtus de huit mois meurt sur le coup. Émilie doit subir une ablation de l'utérus. Une situation tragique évoquée ainsi par la mère de famille : « On a dû faire le deuil de ce petit être que l'on a perdu alors qu'on l'aimait et qu'on l'attendait. Moi j'ai fait le deuil de pouvoir porter un nouvel enfant. *Et l'État français nous impose un triple deuil qui est celui de ne plus avoir d'enfant en interdisant la GPA.* » On ne peut qu'être ému par l'histoire du couple, néanmoins, il est étonnant de voir la jeune femme accuser l'État de circonstances qui relèvent bel et bien du sort, du hasard. L'imprévisible doit être pris en charge par l'État. Un

1. A. de Tocqueville, *L'Ancien Régime et la Révolution*, Paris, Flammarion, 1988.

État censé remplacer le hasard – donc tout-puissant –, qui est *en même temps* et *immédiatement* désavoué par le contournement de sa législation qui interdit la GPA. En réalité la loi semble avoir désormais comme étalon les choix, les droits, les désirs individuels. L'État organise, régit les droits dictés par les individus. Dans le cas qui nous concerne, c'est donc l'enfant que les couples infertiles désirent. Un désir qui devrait avoir force de loi.

L'enfant du désir l'est à tel point qu'il incarne l'*utopie*, nous dit Gauchet. Les grandes espérances en l'avenir qui caractérisaient les totalitarismes du XXe siècle ont laissé place à un présent qu'il faut optimiser à tout prix. L'*homo festivus* de Murray peut maintenant avoir un enfant, « devenu le seul canal convenable » vers l'avenir. L'« ici et maintenant » a trouvé un sauf-conduit.

Non seulement l'enfant a désormais la charge de représenter le couple parental, mais il doit incarner un présent-utopie, quitte à ce que les parents y ajoutent leur grain de sel. Comment ? Nous l'avons vu au cours de notre tour du monde de la GPA, les parents d'intention, grâce aux nouvelles technologies de la reproduction assistée, en viennent à bousculer le hasard. Pour s'immiscer dans le mystère de la naissance, une technique est désormais employée de manière quasi-systématique dans les GPA : le DPI, « diagnostic pré-implantatoire ». Nous l'avons déjà dit, il est autorisé en France dans des conditions très restreintes. Mais cette législation stricte n'est pas celle de tous les pays. Et sous couvert de prévention, on entre dans le domaine de l'eugénisme. Oubliez Galton, qui fonde la « nouvelle religion » de l'eugénisme et la théorie de « l'augmentation de la race », oubliez Hitler et son « Stérilisez les inaptes ! », toute cette sombre histoire est bien poussiéreuse… Désormais l'eugénisme est politiquement correct. Et si la technique du DPI trouve une légitimité dans un cadre médical restreint, comme c'est le cas en France, elle devient inquiétante lorsqu'il s'agit de couvrir un spectre plus large. D'ailleurs, le doux nom d'« eugénisme libéral » qu'il trouve désormais n'a rien pour rassurer. Il est des domaines dans lesquels on préférait que la liberté aille voir ailleurs. Mais pour les partisans français de la GPA, cet eugénisme – qu'ils n'ont pas encore osé qualifier d'*éthique* – est justifié par une nécessaire « amélioration des conditions de vie biologique des individus[1] ».

Mais comme c'est souvent le cas lorsqu'on entre dans le domaine des faits, la réalité est brutale. Car le DPI offre des possibilités considérables, au risque de devenir un véritable cheval de Troie de la sélection embryonnaire. Un exemple ? Dans la GPA, la sélection du sexe du futur bébé est déjà très répandue et n'a rien d'une pratique marginale réservée aux cliniques les plus en pointe. En Ukraine, la proposition est même systématique. Et contrairement à ce que l'on pourrait croire, les parents dans les pays autorisant des GPA prétendument éthiques ne sont pas en reste. Dès le début des années 2000, un médecin expert en stérilité britannique brisait le tabou dans un article du *Guardian* :

> Même si la Grande-Bretagne interdit la sélection du sexe, ça va devenir une routine. J'ai déjà aidé quatre familles qui en avaient le projet. Ça leur a coûté 4 000 livres, plus les billets d'avion. Ce n'est pas hors de prix et ce sera bientôt moins cher[2].

1. D. Borrillo, « La GPA pour tous et ses ennemis. Penser la gestation pour autrui (GPA) : Aspects juridiques, philosophiques et sociologiques », octobre 2018, hal-01874041.
2. A. Browne, R. McKie, « We'll have that one – it's perfect », *The Guardian*, 8 octobre 2000.

Les jeux de la manipulation génétique et de l'augmentation humaine sont déclarés ouverts! Et si la sélection de la couleur des cheveux et des yeux est encore rare, ce n'est qu'une question de temps avant que le « service » ne soit accessible en termes de coûts. Un bébé avec la *bonne* couleur d'yeux pour 2 000 dollars? Le rêve absolu pour certains parents. Et l'éthique n'aura qu'à bien se tenir.

Et que dire des modes de sélection de la « donneuse » d'ovocytes? Nous l'avons vu, dans les GPA, ces soi-disant « donneuses » – futures « mères génétiques » – sont souvent choisies sur catalogue, selon une approche purement consumériste et mercantile. Si les photos sont complétées par des détails sur l'entourage de la jeune femme, ses goûts et ses habitudes, on s'approche bien plus de l'habillage factice visant à donner quelques gages d'humanité que d'un intérêt véritable pour cette femme. Un don aussi essentiel pour la conception d'un enfant peut-il se satisfaire d'un catalogue mentionnant qu'une « donneuse » de 25 ans aime le rock et possède deux chats, joue au tennis et regarde *Games of Thrones*? L'unique objectif de ces mises en scène se résume à soulager de tout questionnement moral des consciences fragiles dont la seule intention est de choisir les futures caractéristiques physiques de l'enfant à naître.

Tenter d'orienter le sexe de son enfant n'est pas nouveau. Aristote indiquait déjà au IVe siècle avant Jésus-Christ que les vents du Nord étaient plus favorables que ceux du midi pour engendrer un garçon[1]. Remèdes et astuces ont toujours été prodigués par les mères, les guérisseurs, les médecins; aujourd'hui, les conseils sans fondement scientifique pullulent sur internet. Quelle différence alors quand la sélection tant recherchée devient effective grâce à de

1. ARISTOTE, Problèmes, I, 24, 862 a 27 s.

nouvelles techniques biomédicales? Finalement, qu'y a-t-il de choquant à choisir le sexe de l'enfant que l'on a tant espéré, dès lors que cela est possible?

Dans un essai court et percutant intitulé *Contre la perfection*, dans lequel il interroge les sciences du génie génétique à l'aune de la question morale, le philosophe américain Michael Sandel isole la problématique posée par la logique de la sélection génétique rendue possible grâce aux nouvelles technologies de la reproduction assistée. Sandel développe son raisonnement à partir du travail de Jürgen Habermas, philosophe politique allemand, qui énonce le premier l'idée d'un « eugénisme libéral » mettant à mal les principes d'*autonomie*, d'*égalité* et de *liberté* de la personne humaine. Pour Habermas, dans l'eugénisme libéral, l'enfant n'est pas son propre auteur – il n'est plus *autonome*, il est en dette à l'égard de ses parents –, ce qui donne lieu à une situation asymétrique et *inégale*. Sandel disqualifie ces deux premiers arguments : pour le philosophe américain, l'éducation est une forme de modelage de la personnalité de l'enfant qui ne permet en sus aucune réciprocité. En revanche, Sandel relève la force de l'argument d'Habermas quant à la question – fondamentale – de la liberté : « Pour pouvoir nous penser comme êtres libres, nous devons être capables de situer nos origines dans "un point de départ qui n'est pas non plus à notre disposition"[1]. » Un argument déjà avancé par Hannah Arendt qui voit la « "natalité", le fait que les hommes sont *nés* et non pas *faits*, comme la condition de leur capacité à initier l'action[2] ». La contingence est condition de l'existence libre.

1. M. Sandel, *Contre la perfection, L'éthique à l'âge du génie génétique*, Paris, Vrin, 2016, p. 61.

2. H. Arendt, *The Human Condition*, Chicago, University of Chicago Press, 1958, p. 8-9, et 177-178, dans *ibid.*, p. 61.

Les conséquences de la manipulation génétique ? Non seulement l'enfant naît redevable d'avoir été optimisé, mais l'origine métaphysique de son existence se réduit désormais au projet d'un ou plusieurs individus. L'enfant *désigné, façonné*, n'est plus le fruit du hasard, ni même l'enfant du désir, il est la caricature de « l'enfant tel que je le désire » de l'hypermodernité dont Marcel Gauchet tire le portrait[1]. À n'en pas douter, les parents veulent *le meilleur* pour leur enfant. C'est bien plutôt l'enfer qui se profile. Le Sisyphe de Camus pouvait être esclave ou maître de lui-même – c'est à cette condition que l'écrivain l'imaginait heureux malgré l'absurdité de sa condition. L'ordre métaphysique est un support vertigineux et silencieux dont ne disposeront plus les nouveaux suppliciés de l'« eugénisme libéral ». Au hasard se substituent le visage et la voix identifiés des parents démiurges. Et avec la fin du hasard, la dépendance viscérale, celle de l'existence physiologique et psychique de l'individu à l'égard de ses créateurs. Contrairement à Sandel, le sociologue ne laisse pas de côté les questionnements soulevés par Habermas quant à la capacité du futur individu à être autonome. *L'enfant tel que je le désire* que dessine Gauchet ne peut s'extraire de l'amour parental qui l'idéalise – c'est pourtant à cette condition que l'on devient soi-même parent –, vit plus que jamais dans la servitude du regard de ceux qui l'ont voulu, avec la crainte de décevoir – suis-je conforme au souhait ? – et face à la contingence que représente sa venue au monde dont dépend seul le désir parental – j'aurais pu ne pas être si ceux-là précisément ne m'avaient pas désiré. Cet enfant *tel que je le désire* restera éternellement sur le qui-vive, dans le besoin constant d'être rassuré sur la légitimité de son existence, quitte à revenir sans cesse à la question de *ses origines*, prévient Gauchet.

1. M. GAUCHET, « L'enfant du désir », p. 98-121.

« Fantasme ! » Pourrait-on rétorquer. C'est pourtant déjà une réalité. Car nous y sommes. L'eugénisme est une porte que l'on a *déjà* ouverte, et qui s'ouvre plus concrètement avec la GPA. Le choix d'une donneuse d'ovocytes sur catalogue réduite à des critères physiques et les DPI couvrant un spectre de maladies très étendu sont des pratiques quasi-systématiques. Quant à la sélection du sexe du futur bébé, elle est de plus en plus répandue. Mais on entend déjà l'antienne des pro-GPA : « en France, tout cela sera encadré, limité, éthique ! » Gageons une réponse pragmatique à ceux qui aiment tant l'être : tous les couples ne trouveront pas de « mères porteuses » en France (*l'offre* des pays de GPA prétendument éthiques ne suffit pas à satisfaire *la demande*). Encouragés par une validation morale de la GPA du fait d'une légalisation française, des couples de plus en plus nombreux se tourneront vers l'étranger, où les pratiques eugénistes sont considérées comme des options parmi tant d'autres. De plus, ces propositions biotechnologiques participent à façonner nos mentalités : à mesure qu'elles se répandent et se systématisent, elles *semblent* plus acceptables. Choisir le sexe de l'enfant vous semble aujourd'hui incongru ? Qu'en sera-t-il demain si ce choix devient banal et accessible ?

4

L'enfant a un instinct maternel

Voici les mots d'Élisabeth Badinter dans le magazine *Elle* en mars 2013 lorsqu'on l'interroge sur le lien entre la mère porteuse et l'enfant qu'elle porte :

> Ce n'est pas son enfant, et elle le sait. Avant d'aller plus avant, il faut préciser que je suis bien consciente que tout ce que je vous dis est absolument impensable et inaudible pour toutes les personnes – et elles sont nombreuses – persuadées que les femmes ont un instinct maternel. Si l'on est convaincu que toutes les femmes aiment l'enfant qu'elles portent dès qu'elles se savent enceintes, que cet attachement est viscéral et que c'est une loi universelle, alors on ne peut entendre ce que je dis sur la GPA[1].

La philosophe féministe formule cette thèse pour la première fois en 1980 dans son essai *L'amour en plus*. En postulant le désintérêt et l'indifférence des femmes à l'égard de leur progéniture avant la seconde moitié du XVIIIe siècle, la philosophe réfute l'idée commune d'*instinct maternel*, qui aurait selon elle été formulée à la fin du même siècle pour inciter les femmes à s'occuper de leurs enfants en vue de satisfaire une politique nataliste aux finalités productivistes.

---

1. I. Duriez, V. Toranian, « Élisabeth Badinter : "Je suis pour une GPA éthique" », *Elle*, 8 mars 2013.

Le développement économique national ne peut se faire sans croissance démographique. Dès lors, les mères sont incitées à s'occuper de leur enfant, en s'appuyant sur l'idée, selon la philosophe, d'un lien naturel inaliénable. Pour Badinter, l'amour maternel est un comportement social variable selon l'époque, la société et la femme qui met l'enfant au monde. Sa thèse est précédée d'autres : dès 1960, l'historien Philippe Ariès, sans aborder précisément la question de l'amour maternel, montre que c'est seulement à partir du XVIIIe siècle que se forme un noyau familial chaleureux. Quinze ans plus tard, dans *The Making of the Modern Family*, l'Américain Edward Shorter explique la mortalité infantile élevée par l'indifférence des mères à l'égard des moins de deux ans[1].

Si le XVIIIe siècle est bien le théâtre d'une rupture dans les comportements à l'égard de l'enfant, des historiens médiévistes ont montré que la préoccupation et l'amour parental, et notamment maternel, ont précédé l'apparition de la famille moderne. Dans un article passionnant, l'historienne Marie-France Morel relativise les thèses de Shorter et Badinter :

> S'il est certain que l'amour maternel a changé dans ses manifestations, sinon dans son intensité, entre hier et aujourd'hui, il ne faut pas condamner les attitudes d'autrefois au nom de nos critères contemporains. Les manifestations de l'amour maternel, comme l'amour entre les époux ou tout autre sentiment humain, doivent être relativisées en fonction de leur temps, ce qui implique une patiente reconstruction des valeurs de chaque société[2].

1. M.-F. MOREL, *L'amour maternel : aspects historiques*, Paris, Érès, 2001/2 n° 18, p. 29-55.
2. *Ibid.*, p. 32.

Pour illustrer son propos, l'historienne rapporte notamment le travail de Jacques Gélis :

> L'intérêt ou l'indifférence à l'égard de l'enfant ne sont pas vraiment la caractéristique de telle ou telle période de l'histoire, les deux attitudes coexistent au sein d'une même société, l'une l'emportant sur l'autre à un moment donné pour des raisons culturelles et sociales qu'il n'est pas toujours aisé de démêler[1].

La GPA est faite de cela. De manière presque caricaturale, voire schizophrène, puisque ces deux *attitudes* – c'est l'expression de Gélis – vont habiter une seule et même femme. La très grande majorité des « mères porteuses » sont déjà mères – ont leurs « propres » enfants, rectifierait un partisan de la GPA. D'ailleurs, on pourrait disserter longtemps sur les conséquences d'une grossesse pour autrui sur les « propres » enfants de la « mère porteuse », qui pourraient selon plusieurs chercheurs craindre d'être abandonnés, ayant constaté qu'un enfant – qui est porté par leur mère tout comme eux – est « donné[2] ».

Certaines le disent : ce sont des « nounous », des « cigognes », des « fées » ou encore des « hôtes », des « gardiennes » ou des « fours[3] », et l'enfant qu'elles portent pendant neuf mois durant est celui des parents demandeurs. Dans son étude sur la GPA aux États-Unis, la sociologue Heather Jacobson relève l'idée communément répandue parmi les « mères

1. J. Gélis, « L'individualisation de l'enfant », *Histoire de la vie privée*, t. III, p. 311-330, Paris, Éd. du Seuil, 1986.

2. O. B. A. van der Akker, « Psychological aspects of surrogate motherhood », *Human reproduction Update*, vol.13, 2007, n° 1, p. 53-62.

3. Y. S. Hemalal, C. Librach, « Not my child to give away : A qualitative analysis of gestational surrogates'expériences », *Women Birth*, mai 2020, 33 (3), p. 256-265.

porteuses» selon laquelle elles «prennent soin» du futur enfant des parents demandeurs avant de «le leur rendre» après la naissance. Mais ces discours se fondent sur des arguments aux antipodes de ceux défendus par les partisans de la GPA. «Alors qu'il existe un large éventail de formes de familles aux États-Unis, incluant plusieurs parcours vers la parenté (par exemple, génétique, l'adoption, le don de gamètes et les familles d'accueil), la parenté génétique est idéalisée comme étant la plus pure, la plus naturelle[1] », nous explique Heather Jacobson.

Paradoxalement, ces « mères porteuses», comme nous l'avons vu, tendent à confirmer la primauté du génétique, non seulement sur la volonté, mais également sur le biologique (le processus de la grossesse). Pour ces femmes, la mère n'est ni celle qui *veut* l'enfant, ni celle qui le met au monde, mais celle qui est liée génétiquement à lui... Il semble donc y avoir ici un hiatus, si ce n'est un grand malentendu, entre la théorie et la pratique.

Dans certains cas, pourtant, certaines « mères porteuses» ont un lien génétique avec l'enfant, et le confient de leur plein gré à la naissance aux parents d'intention. On pourrait dire ici que ces mères donnent leur nouveau-né, mais elles ne le formulent pas ainsi. Faut-il considérer qu'il s'agit d'une GPA? Nous dirons que non. Selon la loi française actuelle, il s'agit là d'une incitation à l'abandon et d'une vente ou d'un abandon d'enfant. Ce qui nous intéresse ici est de signaler que ces femmes choisissent délibérément de porter un enfant *pour* le donner, et ce quelles qu'en soient les raisons. Cette pratique, communément appelée « maternité pour autrui», est toutefois de moins en moins pratiquée. Au Canada par

1. H. Jacobson, *Labor of Love*, New Jersey, Rutgers University Press, 2016 p. 58.

exemple, les cliniques rechignent à accueillir ce qu'elles appellent des « GPA génétiques » ou « GPA partielles » du fait des risques juridiques pour les futurs parents, mais aussi compte tenu des potentielles et imprévisibles conséquences psychologiques sur celle que nous nommerons ici la mère[1]. Pour les parents demandeurs et les acteurs de la GPA, le risque majeur est bien sûr de voir la mère refuser de donner l'enfant à sa naissance. L'affaire « Baby M » a servi d'avertissement.

Il y a en effet tout lieu de s'interroger, tant la variable est trouble. La même femme se dit la mère pour certains des enfants qu'elle met au monde, et non pour d'autres. On aura beau chercher, examiner, tenter de comprendre, psychologiser, on en revient à une forme de mystère, à l'intimité profonde, à laquelle la « mère porteuse » elle-même n'a peut-être pas toujours accès. Nous nous arrêterons aux faits. Pour des raisons très différentes, ces femmes décident de porter un enfant pour le donner. L'éventail de leur discours va du sentiment profond d'accomplissement, de la joie d'avoir aidé un couple, de l'amour, à la puissance *(empowerment)* et à la fierté[2]. Des études montrent que les « mères porteuses » se séparent des enfants qu'elles portent sans difficulté car elles considèrent qu'il n'est pas le leur[3]. D'autres regrettent parfois leur décision dès la naissance de l'enfant en refusant de le donner. Mais ces cas sont rares (ou rarement rapportés). Comment savoir si ces femmes regretteront ou non leur acte ou le vivront comme un accomplissement tant cela dépend du for intérieur de chaque « mère porteuse » ?

---

1. *Ibid.*
2. *Ibid.*
3. E. Samama, « Within Me, But Not Mine : Surrogacy in Israel », *New Cannibal Markets : Globalization and Commodification of the Human Body* [en ligne]. Paris, Éd. de la Maison des sciences de l'homme, 2015 (généré le 25 juin 2021).

Mais si la question du lien que développe ou non la « mère porteuse » avec l'enfant à naître est essentielle, il en est une qui nous intéresse ici davantage. Que l'on discute ou non l'existence d'un instinct maternel – des femmes ont toujours refusé d'être mère ou méprisé leur maternité –, toutes ces femmes ont mis un enfant au monde. Un enfant qui, lui, a besoin de sa mère, ou à défaut, mais à défaut seulement, d'une autre, pour survivre. Caricaturons : s'il n'y a pas d'instinct maternel chez la femme, *il y a un instinct maternel chez l'enfant.* L'enfant a un instinct maternel. L'affirmation fera hurler ou frémir les partisans de la parenté sociale. On aura compris que pour ces militants, le corps ne peut être au cœur du lien. S'il est admis que la survie et le bon développement de l'enfant dépendent des soins que l'adulte lui apporte, pour certains, il est désormais sujet à caution d'affirmer que l'enfant se développera au mieux avec sa mère biologique, celle qui le met au monde (dès lors qu'elle ne le rejette pas, cela va de soi). Et pour cause, un tel lien constitue un obstacle majeur à la GPA. Alors mieux vaut affirmer le contraire.

Une démonstration mérite que l'on s'y attarde tant sa malhonnêteté est frappante. Revenons au « Que sais-je ? » *PMA et GPA* déjà tant dénoncé au début de cet essai. Un « Que sais-je ? » qui, rappelons-le, est issu d'une collection dont la vocation est de fournir une information un tant soit peu équilibrée à destination du grand public. On se trouve malheureusement plus près de la propagande que de la vérité scientifique. Que nous dit Caroline Mécary sur la mère et le nouveau-né ?

Dans une démonstration parfaitement fallacieuse, l'avocate, qui s'improvise psychologue, plie le sujet en trois paragraphes en détournant les références utilisées. Surréaliste. Si elle reconnaît, dans un premier temps, l'importance de relations intra-utérines entre la mère et le fœtus et admet

« une continuité, une identité entre le temps de la gestation et le temps de la naissance et ses suites », elle relativise ces affirmations en s'appuyant sur le travail du psychanalyste René Diatkine publié dans les Actes du colloque *Génétique, procréation et droit*, publiés en 1985. Le professionnel y expose qu'il ne faut pas donner une « importance mythique » à la « vie nerveuse fœtale ». C'est ce sur quoi s'appuie l'avocate. Elle omet toutefois une grande partie de la démonstration du spécialiste, qui se montre extrêmement précautionneux et pointe l'indigence de la recherche, notamment quant aux conséquences de l'état psychique de la « mère de substitution » (c'est-à-dire la mère porteuse) et sur l'enfant à naître. L'avocate dénature l'intention du psychanalyste. Dans son article, René Diatkine multiplie les préventions à l'égard de la pratique et conclut ainsi son propos :

> Ce qui vient d'être exposé, sous forme de questions et non d'affirmations, justifie la prudence de nos conclusions. L'introduction de nouvelles techniques de fécondation et de procréation multiplie indiscutablement les incertitudes sur l'avenir psychique des enfants ainsi engendrés, sans que l'impossibilité de prévoir ne constitue en soi une raison d'interdire[1].

On est loin du blanc-seing. Laissant de côté toutes préventions, l'apprentie psychologue enchaîne en invoquant la plasticité cérébrale du nourrisson. Sa source ? Un article de vulgarisation publié sur la page internet d'une psychologue n'évoquant à aucun moment ni la séparation mère-nouveau-né ni la gestation pour autrui[2]. Dans son texte

1. R. Diatkine, « Fécondation *in vitro*, Congélation d'embryons et mères de substitution. Le point de vue d'un psychanalyste », Actes du colloque *Génétique Procréation et Droit*, Arles, Actes Sud, 1985 p. 279-284.

2. L'avocate donne la référence suivante : www.celinealvarez.org/plasticite-cerebrale-4-regles-dor

qui s'intéresse principalement aux méthodes d'apprentissage de l'enfant, la professionnelle s'appuie sur une étude portant sur des enfants de sept mois à trois ans. Aidons donc Maître Mécary et ses acolytes à se faire une idée des conséquences potentielles de la séparation du nouveau-né de sa mère grâce à des travaux *récents* et portant sur le sujet qui nous occupe. Et puisque nous ne pouvons nous improviser psy ou neuro-psy, laissons à d'autres le soin de nous en dire plus, sans troncature.

Quatre éminents professionnels s'y sont attelés dans *GPA ou L'Abandon sur ordonnance*. Dans cet ouvrage destiné au grand public, Marie-Claire Busnel, chercheur en physiologie du fœtus et du bébé, le professeur René Frydman, gynécologue obstétricien, la pédopsychiatre et psychanalyste Myriam Szejer et le psychanalyste Jean-Pierre Winter alertent sur les dangers de la gestation pour autrui pour l'enfant comme pour la mère. Ils pointent notamment du doigt l'importance de l'épigénétique sur le développement physique et psychique de l'enfant à naître. Un stress trop intense ou de longue durée serait nocif, à la fois pour le « développement du système nerveux » et pour « la stabilité psychophysiologique de l'enfant ». Or, nous expliquent ces professionnels :

> dans le cas de gestations pour autrui, aux stress habituels de la grossesse, s'ajoute le conflit émotionnel, chez la mère porteuse, entre l'envie d'établir un lien avec le bébé qu'elle porte et celui de ne pas devoir s'y attacher, puisqu'à la naissance elle devra l'abandonner[1].

1. M.-C. Busnel, R. Frydman, M. Szejer, J.-P. Winter, *GPA ou l'abandon sur ordonnance*, Paris, Maison d'Édition du langage, 2019, p. 34

S'ajoute à cela une séparation dès la naissance qui s'apparente à une coupure :

> Selon les données actuelles sur l'apprentissage sensoriel prénatal, le nouveau-né qui quitte la mère qui l'a porté pour être confié à sa mère adoptante perd l'engramme et les repères qu'il a mémorisés au cours des derniers mois de la vie fœtale. Or ces repères sont des éléments rassurants et sécurisants parce que reconnus.[1]

Ils ajoutent plus loin :

> Les avancées de la recherche en matière de compétences périnatales et du développement du psychisme infantile ne cessent de nous montrer combien il est préjudiciable de séparer le tout-petit de sa mère et de lui supprimer ainsi ses repères. On lui fait vivre alors un véritable chaos[2].

Et ils préviennent :

> N'oublions pas que l'amnésie infantile n'efface pas mais refoule pour les nécessités du développement psychique de chacun[3].

Heureusement pour nous, les pro-GPA se montrent très rassurants. Caroline Mécary nous conseillerait même la GPA par rapport à tout autre mode de conception :

> Toutes les études comparatives de développement psychosocial menées depuis des décennies montrent que les enfants nés de GPA sont souvent psychologiquement plus solides que

1. *Ibid.*, p. 38.
2. *Ibid.*, p. 47.
3. *Ibid.*

la moyenne, parce que le désir de leurs parents a été un facteur déterminant dans leur venue au monde[1].

Eh bien… Faisons comme à notre habitude, regardons-y de plus près. Caroline Mécary appuie son propos non sur *toutes* les études comme elle l'affirme mais sur celles de la chercheuse britannique Susan Golombok, directrice du Centre de recherche familiale de l'université de Cambridge. Et s'il est vrai que cette chercheuse publie des conclusions favorables concernant le développement des enfants nés de gestation pour autrui, elle se montre plus nuancée que l'auteure du « Que sais-je ? ». Dans une étude très récente[2], Susan Golombok fait la synthèse de plusieurs années d'études portant sur des enfants nés de dons de gamètes et de gestation pour autrui. Selon elle, si aucune question problématique ne se pose pendant les premières années, à partir de l'âge de sept ans toutefois, commençant à comprendre la nature de leur conception, les enfants nés de GPA montrent un niveau de « difficultés psychologiques » plus élevé que d'autres. Un niveau qui s'observe aussi chez les enfants adoptés à l'international. Des difficultés qui, selon elle, se résolvent avant l'âge de dix ans pour réapparaître à l'adolescence. Les enfants s'interrogent alors sur leur lien génétique avec une potentielle donneuse, mais aussi sur les probables frères et sœurs qu'ils pourraient avoir et ne jamais connaître.

Les enfants nés de gestation pour autrui font face aux mêmes défis (que les enfants nés d'un don de gamètes, je précise) concernant leur lien gestationnel avec la « mère porteuse »

1. C. Mécary, *PMA et GPA*, Paris, PUF, coll. « Que sais-je ? », 2019, p. 118.

2. S. Golombok, « Love and Truth : What Really Matters for Children Born Through Third-Party Assisted Reproduction », *Child Dev Perspect*, 2021, 15, p. 103-109.

et leur lien génétique avec elle s'ils ont été conçus avec les ovocytes de la mère porteuse, tout comme le lien gestationnel ou génétique avec les enfants de la « mère porteuse ».

En France, la jeune Clémence, née des « prêts d'utérus » du Docteur Sacha Geller en 1987, avait ainsi médiatisé en 2019 la recherche de sa « mère porteuse » qui est sa mère génétique. La jeune femme découvre sur le tard les circonstances de sa naissance, dissimulée par ses parents, grâce aux documents d'adoption. Ils décident de la rejeter pour une raison obscure. La jeune femme cherche désormais sa « mère porteuse », entend faire un test ADN pour tenter de la retrouver, et déclare dans un article de *Midi Libre* : « Elle doit avoir entre 50 et 65 ans. Toutes devaient avoir eu un enfant avant. J'ai donc un demi-frère ou une demi-sœur[1] ! »

Dans son étude, Susan Golombok souligne que l'adolescence est aussi associée à un nombre plus important de conflits, particulièrement quant au désir d'une plus grande autonomie, ce qui peut révéler de plus grandes difficultés dans les familles créées grâce aux techniques de reproduction assistées, dans lesquelles les parents tendent à être très impliqués dans l'éducation de leurs enfants. Et si la chercheuse constate que pour la plupart, les adolescents n'accordent pas beaucoup d'importance à leur mode de conception, une majorité d'entre eux désire connaître leur « mère porteuse » ou la « donneuse d'ovocytes[2] » :

> Plus globalement, le fait que les adolescents nés de dons de gamètes et de gestation pour autrui aillent bien ne veut pas dire

1. C. Froelig, « Clémence, née à Montpellier en 1987, cherche sa mère "porteuse" », *Midi Libre Actu*, 13 mai 2019.
2. S Zadeh, E. C. Ilioi, V. Jadva, S. Golombok, « The perspectives of adolescents conceived using surrogacy, egg or sperm donation », *Human Reproduction*, vol. 33, Issue 6, juin 2018, p. 1099-1106.

que leur donneuse ou « mère porteuse » ne compte pas pour eux. Certains adolescents manifestent peu d'intérêt à l'idée de connaître leur donneur. Mais d'autres cherchent des informations sur Internet[1].

Ce qui intéresse ces adolescents ? Les « ressemblances physiques et des traits de personnalité », « connaître leurs ancêtres » et l'histoire de leur conception plus précisément. Une curiosité exacerbée lorsque se pose la question d'une potentielle fratrie. D'autres exprimeraient le souhait de rencontrer leur donneuse et/ou mère porteuse sans pour autant les considérer comme leur mère. Malgré toutes ces réserves, la chercheuse conclut son étude très positivement :

> Dans l'étude, les adolescents de tous types de familles (toutes issues de la reproduction assistée, N.D.L.R.) montrent de hauts niveaux d'adaptation, d'estime personnelle et de bien-être psychologique.

Contrairement au travail de Caroline Mécary, cette étude a le mérite de la rigueur. Elle pose néanmoins question à plusieurs égards. Peut-on considérer qu'à l'âge de quatorze ans – âge qu'atteignent les enfants dans l'étude – la question de la venue au monde est réglée pour l'intéressé ? Les experts que nous convoquions plus haut, auteurs de *GPA ou l'abandon sur ordonnance*, soutiennent précisément le contraire :

> Les douleurs périnatales engrammées dans l'inconscient ne seront pas toujours décodables lorsqu'elles s'exprimeront sous forme de dépression, d'angoisses, de somatisations diverses, de sentiments d'insécurité ou d'envies suicidaires. C'est souvent

1. S. Golombok, « Love and Truth : What Really Matters for Children Born Through Third-Party Assisted Reproduction », *Child Dev Perspect*, 2021, 15, p. 103-109.

à l'adolescence qu'elles se trouvent réactualisées car il s'agit là d'une nouvelle naissance, la venue au monde adulte[1].

Par ailleurs, si la chercheuse britannique conclut que l'environnement familial est plus déterminant pour l'enfant que la manière dont la famille s'est formée, elle précise tout de même :

> Puisque dans cette étude les parents sont majoritairement Blancs et issus d'une classe socio-économique moyenne ou supérieure, les résultats pourraient ne pas être pertinents concernant des familles plus diverses, qui peinent à financer des traitements de fertilité, ou dont les appartenances ethniques ou religieuses n'acceptent pas les techniques de reproduction assistée, obligeant les parents à garder le secret sur l'origine des enfants[2].

Cette précision est loin d'être anodine. Elle pose même un problème méthodologique majeur qui concerne la majorité des études sociologiques portant sur le sujet. Peut-on évaluer correctement le bien-être d'enfants nés de gestation pour autrui et issus d'une catégorie sociale précise en le comparant à des données sur la population générale ? Il convient d'aborder les études sur ce sujet avec un regard critique.

Et que dire de la question vite balayée des origines, que l'étude met par ailleurs en lumière ? Ces interrogations sont-elles seulement anecdotiques ? On l'observe aujourd'hui avec les enfants nés de PMA, nés sous X ou même les enfants

---

1. M.-C. Busnel, R. Frydman, M. Szejer, J.-P. Winter, *GPA ou l'abandon sur ordonnance*, Paris, Maison d'Édition du langage, 2019, p. 46.
2. S. Golombok, « Love and Truth : What Really Matters for Children Born Through Third-Party Assisted Reproduction », *Child Dev Perspect*, 2021, 15, p. 103-109.

adoptés. Ne pas connaître l'identité de la personne qui a donné son sperme et ses ovocytes n'a rien d'anodin. Selon l'individu, la question peut être indolore comme dévastatrice.

L'objection du « Que sais-je ? » ? La mère porteuse est heureuse de porter l'enfant, donc rien ne contreviendra à son bon développement. Vraiment ? Peut-on considérer que l'investissement émotionnel de la mère sera le même si elle considère que c'est *son* enfant ou celui d'une autre ? On peut légitimement en douter. Et sur la question des origines ? Il dépendrait « du choix du législateur[1] », indique Mécary. Et après ? Peut-on raisonnablement considérer qu'un nom et/ou une photographie remplacent un individu en chair et en os, qui plus est une mère, et le lien avec celle-ci ?

Car on l'a vu précédemment, si des liens sont parfois conservés avec la « mère porteuse », il est beaucoup plus rare que l'enfant ait accès à l'identité de la donneuse d'ovocytes – le don étant souvent anonyme. On retrouve là une contradiction profonde de la GPA. Si la nécessité du lien génétique justifie l'accomplissement de la pratique du point de vue des parents, elle dénigre du même coup l'importance de ce lien pour les enfants. Ceux-là n'auront pas moins besoin que les autres de connaître non seulement celle(s) qui l'ont conçu, mais aussi leurs frères et sœurs. Contrairement à ce que voudraient nous faire croire les partisans de la parenté sociale, cette demande n'est pas anodine. Il s'agit là d'une demande de réhabilitation par l'enfant de son lien inaliénable avec celle qui l'a mis au monde. Un lien qui ne débute pas à la naissance de l'enfant mais dès sa conception. « Il faut être culturaliste dès que la culture survient ! », pourrait-on rétorquer aux passionarias de la culturalité.

1. C. Mécary, *PMA et GPA*, Paris, PUF, coll. « Que sais-je ? », 2019, p. 55.

« Durant les trois derniers mois de la grossesse, le fœtus est capable de différencier deux locuteurs, deux syllabes, deux mots, deux phrases ou deux langues », expliquent les auteurs de *GPA ou l'Abandon sur ordonnance*. Il est aussi à même de reconnaître des mélodies souvent entendues au cours de la gestation : il présente une décélération du rythme cardiaque à l'audition d'une comptine souvent répétée, alors qu'une chanson nouvelle provoque une accélération de ce rythme[1].

Plus loin encore : « Les rythmes maternels sont donc mémorisés durant la vie fœtale et reconnus après la naissance[2]. »

Le bruit de la socialisation commence là. L'attachement commence là. Le lien commence là. Dans le ventre de la mère. Et résonnera à jamais, imperceptiblement, tel un écho. Et c'est compter sans les découvertes toujours plus nombreuses en matière épigénétique qui viennent confirmer l'ampleur des échanges entre la mère et l'enfant pendant la grossesse.

Si des situations accidentelles conduisent à nier cette signature originelle en séparant la mère de son enfant – dans les cas d'abandon, de mort de la mère, de naissance sous X –, légaliser la GPA revient à ériger cette coupure en norme. Peut-on décemment l'envisager ?

---

1. M.-C. Busnel, R. Frydman, M. Szejer, J.-P. Winter, *GPA ou l'abandon sur ordonnance*, Paris, Maison d'Édition du langage, 2019, p. 30.
2. *Ibid.*, p. 31.

5

L'amour rend aveugle, sourd et muet

Bienvenue dans le monde merveilleux de la GPA. Bienvenue dans le monde des « anges », des « miracles », des « cadeaux », des « rêves qui se réalisent », de la solidarité, de la gentillesse, de la douceur et du « don ». Nous l'avons étudié, à chaque pays sa GPA, à chaque pays sa législation. Et pourtant, les mêmes mots, les mêmes discours reviennent à travers le monde, comme une antienne. Un discours normé, balisé, dont dépend une industrie entière. Partout, même aux États-Unis, sa mère-patrie, la pratique est sujette à caution. Face aux accusations qui dénoncent, notamment, l'exploitation de femmes et la vente d'enfant, l'industrie de la GPA a bâti un discours lisse, esthétisé et uniforme, se rapprochant bien plus d'une stratégie communicationnelle que d'un discours sincère. Que ce soit au Canada, au Mexique, aux États-Unis ou même dans les pays où la logique exploitative a été poussée à l'extrême comme en Inde, « mères porteuses », « donneuses » d'ovocytes, parents demandeurs, médecins, et agences chantent en chœur le même refrain. Écoutons-le, pour en comprendre les contours et les enjeux.

Peut-être est-ce du fait de sa naissance au pays du Western ? Le discours qui prévaut dans la GPA est purement manichéen. D'un côté des femmes altruistes, douces, compréhensives, généreuses solidaires voire sacrificielles, qui donnent l'image idéale – et traditionnelle – de la maternité ; de l'autre, des femmes financièrement fragiles, intéressées, dénués d'empathie, dont les objectifs sont purement égoïstes, des personnes donc susceptibles d'exercer un chantage sur les parents demandeurs une fois enceintes. Étrangement, l'ambivalence, la nuance, n'ont pas leur place. Un discours moralisateur valorisant la *bonne* « mère porteuse » au détriment de la *mauvaise*.

Dans son enquête étayée sur la GPA aux États-Unis, la sociologue Heather Jacobson, auteure de *Labor of Love*, relève les tics langagiers de la GPA aux États-Unis. Les mères porteuses sont de *bonnes* personnes, veulent *aider*, et *aiment* être enceintes[1].

> Elles aiment sentir les mouvements du fœtus qui se développe, elles aiment leur *baby bump* [voir leur ventre s'arrondir], elles aiment l'attention que les autres leur portent, et elles adorent les sentiments que leur procure une grossesse. Elles parlent d'être « énergisées » quand elles sont enceintes[2].

Ces femmes soulignent particulièrement l'importance de leur propre enfant dans leur vie, leur sens de la famille, considèrent la maternité comme une « bénédiction » et expriment une grande aménité à l'égard de ceux qui veulent être parents mais ne le peuvent pas. La sociologue y décèle un message uniforme :

> C'est une rhétorique importante dans le discours qui entoure la GPA : ces contrats ne sont pas motivés par le besoin d'argent ou la cupidité mais par le désir d'aider les autres[3].

---

1. H. Jacobson, *Labor of Love*, New Jersey, Rutgers University Press, 2016, p. 56.
2. *Ibid.*, p. 54.
3. *Ibid.*, p. 60.

Et pour cause, celles « uniquement » motivées par l'argent sont désignées comme les *bad surrogates*, de « mauvaises mères porteuses ».

Une mise en parole simpliste, déconstruite par le travail précis de Jacobson qui révèle l'ambivalence des motivations des « mères porteuses » et les contraintes lourdes auxquelles elles doivent faire face. La sociologue postule d'ailleurs que pour ces femmes, la GPA est en réalité un « travail dissimulé ». Si une grande partie des « mères porteuses » cherchent à développer une relation forte avec les parents demandeurs, rares sont celles prêtes à s'engager dans la GPA sans être rémunérées. Pourtant, et malgré (à cause ?) d'une industrie hyper-rémunératrice, la question de l'argent est taboue. C'est le « Ça n'a rien à voir avec l'argent » qui règne. « Le contexte organisationnel de la gestation pour autrui et la norme culturelle à l'égard de la reproduction produit un script clair qui valorise l'altruisme, sur lequel les acteurs insistent[1] ». Celles qui refusent de suivre la figure imposée « ne sont pas recrutées par les agences ». C'est ce que la sociologue nomme « la règle de l'argent ». On en gagne, mais on n'en parle pas. D'ailleurs, les agences conseillent aux parents d'intention et aux « mères porteuses » protagonistes de ne pas aborder directement la question ensemble. Dans un contexte culturel où la maternité est perçue « comme naturelle et sacrée », l'argent n'est pas le bienvenu. Heather Jacobson relève pourtant toutes sortes de motivations : purement financières, ambivalentes – ces femmes veulent aider un couple mais souhaitent en faire bénéficier leur propre famille... Quoi qu'il en soit, un seul discours est *audible* : celui de l'altruisme.

1. *Ibid*, p. 163.

C'est d'ailleurs aussi le cas lorsqu'on en vient au « don » d'ovocytes :

> L'idée selon laquelle des motivations à la fois altruistes et égoïstes ne peuvent exister en même temps peut rendre la tâche difficile aux destinataires, aux donneuses et à d'autres de reconnaître que pour un grand nombre de donneuses c'est n'est pas l'un ou l'autre – altruisme ou la compensation financière – mais plutôt les deux qui influencent la décision de la donneuse[1].

Et pourtant, explique l'auteure de l'étude intitulée « Donner jusqu'à ce que ça fasse mal : le don d'ovocytes et les coûts de l'altruisme », les agences « attendent des donneuses d'ovocytes qu'elles expriment des motivations altruistes et minimisent leurs motivations financières dans le but d'être, selon la perspective de l'agence, “vendables” aux parents destinataires[2] ». Les agences et cliniques « accentuent constamment l'altruisme au détriment de la compensation financière ». Pour la sociologue, qui évoque une rhétorique de « l'émotion, du soin, de la gentillesse », ces intermédiaires sont « les gardiens » – les Cerbères ? – « du monde de la donation d'ovocytes et jouent un rôle important dans la compréhension du don d'ovocytes par les donneuses ».

On retrouve un schéma similaire au Mexique, où les « mères porteuses » sont sélectionnées selon le discours qu'elles tiennent. Dans un pays où la pauvreté sévit, les candidates à la gestation pour autrui, motivées en premier lieu par des arguments financiers, « réalisent » ou « apprennent » à voir la pratique sous un jour plus altruiste après des conversations avec les recruteurs des agences. C'est en tout cas ce que révèle

1. A. Curtis, « Giving 'til it hurts: Egg donation and the costs of altruism », *Feminist Formations* 22 (2), 2006, p. 80-100.

2. *Ibid.*, p. 80-100.

une enquête scrupuleuse sur la fabrication d'un discours moral sur le marché mexicain de la GPA publiée en 2019[1].

> Le discours consistant à « aider des parents à réaliser leurs rêves » est si omniprésent qu'il est possible que les mères porteuses disent ce qu'on leur a dit de dire ou en usent avec stratégie pour gagner la confiance des parents ou de l'agence.

Pour rassurer la conscience morale de clients internationaux sensibilisés par les médias à la menace d'exploitation des femmes dans la GPA, les agences mexicaines promeuvent un discours altruiste presque caricatural distinguant là aussi les bonnes « mères porteuses », concentrées sur le projet des parents en souffrance, dignes de confiance, désintéressées financièrement, des mauvaises, uniquement motivées par l'argent et *donc* moralement douteuses.

Et souvenez-vous… Un tel discours avait cours en Inde avant l'interdiction de la GPA, en décembre 2018. Dès 2004, le docteur Nayana Patel, interviewée dans un reportage diffusé lors d'une émission d'Oprah Winfrey, présentait les « mères porteuses » choisies par sa clinique comme « dévotes, sincères, n'ayant aucun vice, étant religieuses et spirituelles »…

Quel que soit le territoire que l'on aborde, les mêmes rhétoriques manichéennes sont à l'œuvre. Elles trouvent toutefois quelques nuances, notamment lorsqu'on en vient au discours du « gagnant-gagnant ». Ce *win-win* typiquement américain trouve deux formes. D'une part celle du « travail social » qui permet d'un côté aux femmes pauvres de bénéficier d'un apport financier important « grâce » à un couple qui de l'autre obtient l'enfant tant attendu. On a

1. A. Hovav, « Producing moral palatability in the Mexican surrogacy market », *Gender and Society*, vol 33, n° 2, avril 2019, p. 273-295.

alors ouvertement affaire à un vocabulaire qui relève de l'économie tertiaire. Ce discours est utilisé dans les Suds, ces pays dans lesquels les niveaux de vie sont particulièrement bas. La rhétorique prend alors la forme de l'altruisme réciproque : un généreux couple occidental vient apporter un revenu financier à une femme concernée par leur souffrance et en situation de précarité. Une stratégie efficace pour fermer les yeux sur la question de l'exploitation des femmes. La GPA, nouvel humanitaire ?

L'autre « gagnant-gagnant » est, lui, fondé sur une rhétorique altruiste et réciproque d'un autre genre. Les parents qui veulent un enfant trouvent cette fois satisfaction grâce à une femme qui *se réalise* en renouant avec le bonheur d'être enceinte et en s'épanouissant grâce à sa bonne action. On trouve d'ailleurs les termes « don de gestation » ou « don d'engendrement », qui tentent très maladroitement de détourner le regard du véritable *objet* d'échange : l'enfant. Cette rhétorique est majoritairement présente dans les Nords, les pays les plus riches et dans lesquels le libéralisme est confronté à ses contradictions. Nous allons y revenir. C'est notamment pour cette raison que la GPA américaine est parfois désignée comme « éthique » bien que les « mères porteuses » y soient rémunérées. On pourrait le résumer ainsi : « Bien que rémunérées, puisque ces femmes sont dans une démarche de réalisation personnelle, c'est éthique. » Nous ne sommes plus à une absurdité près.

Interprétons cette *absurdité* pour mieux appréhender la nature véritable de la GPA. Si l'argent ne pèse pas – en apparence –, c'est bien le « don » qui est valorisé. C'est lui qui a le plus de *valeur*. Ce discours vient rejoindre celui que l'on entend dans les pays dans lesquels la rémunération des « mères porteuses » est interdite, comme au Canada ou au Royaume-Uni, mais aussi dans le débat public français. La psychanalyste Geneviève Delaisi de Parseval, favorable à la légalisation de la GPA en France, s'exprimait ainsi dans les colonnes de *Libération*[1] :

> Une autre source de résistance à la compréhension de la gestation pour autrui vient du pseudo-argument de la marchandisation du corps de la femme. Là encore, la clinique parle. La théorie aussi, l'anthropologie en l'espèce qui, depuis Marcel Mauss, a montré qu'il n'y a pas de don sans contre-don. Si des mères font un don de gestation au terme d'un consentement libre et éclairé, il est absurde et condescendant de penser qu'elles ne comprennent pas ce qu'elles font ! À elles de savoir, mieux que personne, où existent leurs contre-dons personnels qui se situent bien au-delà du « dédommagement raisonnable » [formule officielle qui est celle des lois ou réglementations au Canada, aux États-Unis, en Grande-Bretagne, en Grèce pour désigner l'indemnisation que ces mères reçoivent]. Il existe nombre de publications internationales documentées sur ce sujet. Encore faut-il en prendre connaissance.

Face à l'accusation de « marchandisation », la psychanalyste se sert donc dans l'anthropologie, et plus particulièrement du don/contre-don développé par Marcel Mauss dans son célèbre *Essai sur le don* publié en 1925.

Laissons au philosophe et phénoménologue Jean-Luc Marion le soin de lui répondre. Dans l'ouvrage *Étant donné – Essai d'une phénoménologie de la donation*, le philosophe clarifie le système réciproque du « donner, recevoir, rendre » et éclaire le phénomène du don – et plus exactement de la donation. Pour le philosophe, le don véritable reste *inconnu*.

1. « Avec la gestation pour autrui, revoyons la notion même de parentalité », G. Delaisi de Parseval, 22 février 2018, *Libération.fr*.

> D'ailleurs un don authentique peut en effet excéder toute connaissance qu'en prendrait le donataire, donc le dispenser de reconnaissance pour un don qu'il ne connaît pas ; dans bien des cas, sans doute les plus déterminants, le don reste inconnu, comme la vie donnée (et peut-être aussi la mort), l'amour (parfois la haine) ; le donataire ne sait pas et n'a pas à connaître quel don lui advient, précisément parce qu'un don peut et doit surpasser toute claire conscience[1].

Le système décrit par Mauss ne relève pas du *don*, mais de l'*échange* et *donc* de l'*économie*, nous dit l'auteur. Un « don » économique qui suppose des revers déjà soulignés par l'anthropologue : « Donner, c'est manifester sa supériorité », écrivait Mauss. Une dérive narcissique qui n'est pas étrangère à la GPA. Dans son étude sociologique, Heather Jacobson relève la tendance de certaines « mères porteuses » à être de plus en plus égocentrées. Une tendance qui s'observe sur les réseaux sociaux – et plus particulièrement Instagram – où les jeunes femmes sont nombreuses à médiatiser leur *surrogacy journey* en publiant des photos d'elles prenant la pose à toutes les étapes de la GPA.

L'autre revers du système d'échange mis en exergue par Jean-Luc Marion chez Marcel Mauss concerne ses protagonistes :

> L'interprétation économique de la donation comme système d'échange non seulement fige donateur et donataire en agents d'un commerce, mais soumet aussi le don échangé au regard qu'ils posent ; or ce regard échangeur n'y fixe qu'un objet d'échange ; c'est donc la visibilité permanente du don, réifiant la donation en une objectivité subsistante,

1. J.-L. Marion, *Étant donné, Essai d'une phénoménologie de la donation*, Paris, PUF, 1997, p. 129.

qui scelle le système d'échange et en exclut la donation en tant que telle[1].

En réalité, nous dit Marion, le don interdit l'échange – il est sans retour –, et outrepasse l'objet.

Qu'il s'agisse d'une GPA dans laquelle la mère et rémunérée ou non – elle a ses *contre-dons personnels*, nous dit Geneviève Delaisi de Parseval –, la réciprocité et la rhétorique maussienne du don contre-don entre la « mère porteuse » et les « parents demandeurs » tant mise en avant par les partisans de la GPA est la preuve même que nous sommes là, *systématiquement*, dans une logique d'échange économique qui fait de l'enfant un *produit* de l'échange, et donc un objet. Et puisque la femme met à disposition son corps en vue de cet échange, ce sont bien l'enfant *et* la femme *ensemble* qui sont objets d'échange.

Cette marchandisation ne s'arrête pas aux corps. Elle se saisit aussi des fors intérieurs. Car enfin, on peut s'interroger : pourquoi employer un discours du tout-amour, du don, de la compréhension puisqu'il s'agit d'une prestation de service, sinon d'une vente ? On peut distinguer deux raisons principales. Nous avons déjà abordé la première. Les domaines de la maternité et de l'enfance ne font pas bon ménage avec l'argent et le commerce. La naïveté du discours a pour fonction de dissimuler le malaise suscité par la financiarisation et la commercialisation de ces deux domaines. Il faut dédramatiser. Ainsi, la « mère porteuse » n'est pas « payée », elle est « indemnisée ». L'euphémisme ne fait en réalité que révéler l'ampleur du malaise, et le déni qui en découle.

La seconde raison d'être de ce discours esthétisé renvoie cette fois à son versant purement commercial. Elle concerne

1. *Ibid.*, p. 131.

ceux qui en tireront des bénéfices commerciaux : cliniques, agences et intermédiaires de tous poils. Dans le secteur, la concurrence est rude. Il s'agit de se montrer compréhensif, sympa, cool, ouvert, à l'écoute. La GPA est aussi un réseau qui dépend du bouche-à-oreille. Les futurs parents qui se « lancent dans l'aventure » – c'est souvent le vocabulaire employé – sont souvent conseillés par d'autres parents qui leur conseillent une clinique ou une agence. Le comportement de l'intermédiaire est donc fondamental pour développer une clientèle. C'est la version américaine de la socialité – chacun s'appelle immédiatement par son prénom, se confie, s'exprime, se comprend.

Parlons trivialement : dans la GPA le client – ou plus exactement le *fellow* ou *friend* – est roi. Et le client, ici, appartient à la classe moyenne ou supérieure, est éduqué et a accès à une information qui l'incite à s'interroger sur l'exploitation des femmes et la vente d'enfant dans la GPA. Le souci principal de l'industrie de la reproduction assistée, et plus particulièrement de celle de la GPA, est donc de rassurer des futurs parents inquiets. Faut-il le rappeler ? Les couples hétérosexuels qui en arrivent à la GPA sont au terme d'un parcours procréatif souvent lourd et psychologiquement éreintant. La GPA constitue une *dernière chance* pour réaliser leur désir d'avoir un enfant génétique – la seule pour les couples homosexuels. Une grande inquiétude à laquelle s'ajoute un investissement financier important – le tout reposant entre les mains d'une agence, d'une clinique, et sur les épaules, ou le ventre, d'une femme qu'ils ne connaissent ni d'Ève ni d'Adam. C'est à partir de cette fébrilité psychologique et financière que va se construire un discours rassurant à l'extrême, dont on pourrait dire qu'il prend tous les contours de l'infantilisation. En réalité, on fait de la gestion des émotions et de l'apaisement des esprits des arguments de vente. Les futurs parents n'achètent pas seulement un service ou même un enfant. Ils achètent aussi une reconnaissance, un blanc-seing moral, une écoute attentive et un entourage compréhensif, qui ne risquent pas de les contredire, compte tenu des sommes en jeu.

Dans un essai profondément original intitulé *Les sentiments du capitalisme*, la sociologue israélienne Eva Illouz revient sur la généalogie du « nouveau sentimentalisme » qui s'immisce dans nos sociétés dans le cadre de ce qu'elle nomme le « capitalisme émotionnel », dans lequel pratiques économiques et relations émotionnelles et interpersonnelles sont consubstantielles[1]. Pour la sociologue, l'apparition au cours du XXe siècle d'un discours thérapeutique (apparu avec Freud et qui valorise la « réalisation de soi »), a glissé peu à peu de la seule sphère privée à la sphère économique (on le retrouve avec le management). Deux discours plus tard complétés dans les années soixante-dix par une rhétorique féministe émancipatrice, qui a contribué – dans un processus complexe que nous ne décrirons pas ici – à l'apparition d'un nouveau modèle : celui d'une communication qui privilégie l'expression neutre d'émotions par nature insaisissables. Une mise à distance des émotions décisive : « Dans la culture du capitalisme émotionnel, les émotions sont devenues des entités évaluables, examinables, discutables, quantifiables et commercialisables[2] », écrit Eva Illouz. Les émotions sont donc désormais « une nouvelle forme de capital », qui se traduit dans les transactions économiques par « une sensibilité culturelle sans précédent à la gestion linguistique des émotions, en faisant de celles-ci le foyer de stratégies de dialogue, de reconnaissance, d'intimité et d'émancipation du moi »[3].

1. E. Illouz, *Les sentiments du capitalisme*, Paris, Éd. du Seuil, 2006.
2. *Ibid.*, p. 193.
3. *Ibid.*, p. 194.

Dans l'économie de la GPA les émotions sont non seulement *vendues* – les agences et cliniques mettent à disposition un discours émotionnel qui va déterminer le choix des parents-clients –, mais elles sont également *achetées*. Les parents demandeurs recourent à une « mère porteuse » qui maintient un langage normé et réprime ses émotions et ses sentiments pour les préserver, les rassurer, et même les soutenir. N'oublions pas, *a good surrogate* se réalise lorsqu'elle est enceinte, ce qui laisse peu de place à un discours critique ou nuancé. Ce discours *vendu* comporte pourtant un revers pour ces femmes. L'altruisme tant valorisé par les agences décourage les « mères porteuses » et les « donneuses » d'ovocytes de négocier leurs gages. On pourrait alors les soupçonner d'être intéressées, ce qui ferait d'elles des *mauvaises* « mères porteuses » ou de *mauvaises* « donneuses ». Aux États-Unis, la rhétorique « de l'amour et du sacrifice », montre Heather Jacobson, permet des « gages bas, peu de prestige, et des conditions de travail peu ou pas idéales ». Au Mexique, « les mères porteuses qui cherchent à tirer un bénéfice financier de la pratique et prennent les devants pour s'assurer des gages équitables, en négociant par exemple leurs honoraires, sont jugées immorales », conclut la sociologue April Hovav[1]. Les donneuses d'ovocytes, quant à elle, pressurisées par un discours altruiste omniprésent, se détournent de préoccupations plus « égoïstes » relevant non seulement de leurs gages, mais aussi de leur santé[2]. Résulte de ces comportements émotionnels normés ce que la sociologue américaine Arlie Hochschild a nommé « travail émotionnel ». Un travail qui « requiert de l'individu de provoquer ou de supprimer

1. A. Hovav, « Producing moral palatability in the Mexican Surrogacy Market », *Gender and Society*, vol 33, n° 2, avril 2019, p. 273-295.

2. A. Curtis, « Giving 'til it hurts: Egg donation and the costs of altruism », *Feminist Formations*, 2010, 22 (2), p. 80-100.

une émotion en vue de maintenir une apparence extérieure conforme à l'état d'esprit attendu[1] ».

L'apparence. Le *bluff*. La GPA donne à voir ce qu'elle renie profondément. En *apparence*, la GPA est un échange consenti et réciproque entre une « mère porteuse » et des parents demandeurs. C'est en réalité toujours un échange économique. En *apparence*, la GPA permet la *réalisation de soi*, d'un côté, comme de l'autre. C'est pourtant toujours une aliénation. La « mère porteuse » vend son corps et ses émotions, quand les parents-clients cèdent à l'infantilisation en étant bercés, choyés et rassurés à outrance et détournés de la réalité de la pratique. Sous couvert de compréhension et d'ouverture, les « mères porteuses » sont rendues muettes et doivent maintenir un comportement conforme à l'idéal traditionnel d'une femme épanouie par sa grossesse – quitte à user de tous les clichés qui l'accompagnent –, quand les parents-clients entrent dans un déni qui les rend sourds et aveugles à toutes les préventions morales. Pour eux, résoudre la souffrance causée par l'infertilité est prioritaire et justifie le contournement de questions fondamentales, quitte à en faire un discours politique fondé sur l'égalité et la liberté.

« La vérité, en l'évitant, on l'embrasse », écrivait Hegel. Crier à la vertu, c'est montrer le vice du doigt. Dans la GPA, l'argent est au cœur. Il touche à l'intimité corporelle et psychologique. En voulant se détourner avec énergie du versant commercial de la GPA, ces parents-clients contribuent à la construction d'un discours candide qui réprime l'expression d'émotions sincères – toujours riches, nuancées et ambivalentes. Entendre que la motivation des femmes est

1. A.R HOCHSCHILD, « Emotion Work, Feeling Rules, and Social Structure », 1979, *American Journal of Sociology* 85 (3), p. 551-575.

la plupart du temps financière, et qu'il s'agit là d'une transaction marchande, n'est pas audible. La « mère porteuse » vit un moment de grâce, elle ne court aucun risque pour sa santé, elle s'épanouit « en aidant un couple à réaliser son rêve », la question du lien avec l'enfant ne se pose pas. Point. Qui paye le prix d'un tel discours ? Les parents demandeurs en étant entretenu dans un imaginaire – ils semblent y trouver leur compte –, mais surtout les « mères porteuses » qui, en plus de mettre leur santé physique et psychologique en jeu, doivent en répondre à une industrie qui leur impose un script auquel elles doivent adhérer si elles souhaitent renouveler l'expérience – ce qui est souvent le cas, et notamment pour des raisons économiques.

La GPA est un jeu de dupes visant à masquer la marchandisation du corps de la femme – son *intimité* corporelle –, celle de l'enfant – qui est réduit à un objet d'échange –, mais aussi la marchandisation des esprits, des fors intérieurs. *Cui prodest ?* À une industrie toute puissance : elle seule a les compétences techniques pour réaliser des GPA, elle seule donne le ton, elle seule maîtrise l'offre – le recrutement des « mères porteuses » et les catalogues de « donneuses » – et la demande – des clients prêts à dépenser sans compter pour avoir un enfant. Mais détournez les yeux, il n'y a rien à voir…

6

« Liberté de procréer » et tyrannie procréative

Voilà un des arguments de la campagne menée en faveur de la GPA en France qui semble faire mouche : la « liberté de procréer ». Nous l'avions déjà évoqué dans le développement sur le *devoir de l'enfant.* Il est étonnant de voir formuler un argumentaire tel que celui de la « liberté de procréer » : d'une part, aucune loi ne limite la procréation, et d'autre part, cette revendication donne très paradoxalement à l'État un pouvoir nataliste dont il ne disposait plus. Procréer ne dépendrait plus directement des personnes mais de l'État. Ce n'est plus une affaire privée mais publique. Cela revient tout bonnement à demander à la puissance publique la permission de concevoir. Étrange argumentaire pour défendre la liberté.

Pour mieux appréhender ces paradoxes, revenons aux sources. De la liberté, et du droit. Dans un essai essentiel, tant il apporte une clarté idéologique sur les fondements du débat politique actuel, Jean-Claude Michéa analyse la généalogie de la liberté, dont procède selon nous cette « liberté de procréer ». Dans son essai *L'empire du moindre mal*, le philosophe déploie l'historicité de l'idéologie libérale fondée d'une part sur un « Idéal de la Science » comme nouvelle autorité venant apporter un traitement scientifique au problème politique et, d'autre part, sur une « hantise de la guerre civile » développée au cours des XVIe et XVIIe siècles. Des guerres plus meurtrières – du fait du développement d'armes nouvelles et d'innovations tactiques et stratégiques – et dont la motivation est profondément nouvelle à ce degré d'intensité : « à savoir la guerre civile *idéologique* dont la forme principale, à l'époque, est la guerre de religion[1]. » Des guerres dévastatrices desquelles naît l'idée d'un « état de nature » de l'homme où régnerait nécessairement « la guerre de tous contre tous ».

De là découle, selon Jean-Claude Michéa, la nécessité de la *conservation de soi* dans un univers où la défiance et la mort violente menacent l'individu, et qui va aboutir au besoin impérieux d'une existence « enfin tranquille et pacifiée ». Pour les Modernes, instituer « les progrès de la Raison » et définir les conditions du « sortir de la guerre » va constituer une « configuration *indissolublement politique et psychologique* » dans laquelle la mort sera refoulée et la guerre comprise comme « le pire des maux ».

> Ce qui permet d'expliquer que la seule « guerre » qui demeurera concevable, dans un tel dispositif philosophique, sera la *guerre de l'homme contre la nature*, conduite avec les armes de la science et de la technologie ; *guerre de substitution*, dont les Modernes vont précisément attendre qu'elle détourne vers le travail et l'industrie la plus grande partie des énergies jusque-là consacrées à la guerre de l'homme contre l'homme[2].

Nous trouvons ici un indice précieux pour comprendre l'idéologie qui fonde la GPA.

Quel est donc le visage de cette nouvelle idéologie ? Elle *neutralise* – *stricto* et *largo sensu* – les causes des « passions belliqueuses », à savoir, explique Michéa « la prétention à

1. J.-C. Michéa, *L'empire du moindre mal, Essai sur la civilisation libérale*, Paris, Flammarion, 2010, p. 23.
2. *Ibid.* p. 27.

détenir le Vrai et celle à incarner le Bien ». L'État sera donc philosophiquement neutre – il ne dira plus ce qui est bien ou mal – et chacun sera « *libre*[1] d'adopter le style de vie qu'il juge le plus approprié à sa conception du devoir (s'il en a une) ou du bonheur ; sous la seule et unique réserve, naturellement, que ses choix soient compatibles avec la liberté correspondante des autres[2] ». Des libertés désormais concurrentes harmonisées par l'instance du Droit, renommée Justice par l'idéologie libérale. Une justice dont n'émane plus une « Vérité », mais qui est chargée d'« ajuster » les droits, écrit l'auteur, et de « maintenir l'équilibre des libertés rivales » en leur imposant le moindre coût existentiel pour définir un *modus vivendi*. Typiquement, dans la GPA, on peut légitimement s'interroger sur les droits concurrents des protagonistes : comment ajuster le principe d'« intérêt supérieur de l'enfant », les droits du parent biologique, des parents dits d'intention et la prévention des atteintes à l'ordre public ? L'État est désormais « sans idées et sans valeur », écrit Michéa. Seule compte la régulation du Droit et du Marché. Le seul critère du Droit libéral ? « Les exigences de la liberté elle-même ; lesquelles se résument pour l'essentiel, à la seule nécessité de ne pas nuire à autrui[3]. » C'est là que le bât blesse, selon le philosophe. Car si le seul critère du droit – celui du licite et de l'illicite – est le *consentement, de quel droit* empêcher l'individu de se nuire à lui-même ? Si Michéa illustre la problématique avec l'exemple de la prostitution, on peut l'appliquer de la même manière à la GPA. De quel droit peut-on interdire à une femme de céder son corps à un échange marchand et de prendre des risques pour sa santé dès lors qu'elle y consent ? Interroger le statut du

1. Je souligne.
2. *Ibid.*, p. 34.
3. *Ibid.*, p. 38.

corps humain et sa marchandisation au nom d'un principe supérieur et commun revient pour les libéraux à limiter la liberté individuelle. Mais concrètement, de quelle manière et dans quelle mesure la « donneuse » d'ovocytes – que l'on oublie trop souvent – et la « mère porteuse » se nuisent-elles à elles-mêmes ?

Commençons par la « donneuse » d'ovocytes. La plupart des femmes qui vendent ou donnent leurs ovocytes sont jeunes et originaires de Roumanie, de Russie, des États-Unis, d'Ukraine, d'Afrique du Sud ou de Géorgie[1]. La procédure est loin d'être anodine. Il s'agit dans un premier temps de stimuler la production ovarienne. Pendant trois semaines, la donneuse s'injecte du Lupron, un médicament qui supprime chimiquement la production ovarienne et provoque une ménopause artificielle et provisoire pour empêcher la perte d'ovocytes. Les symptômes sont ceux de la ménopause classique : bouffées de chaleur, insomnies et difficultés de mémoire à court terme. Puis la donneuse change de médicament : elle s'injecte pendant une semaine du Pergonal et du Metrodin qui permettent cette fois une hyperstimulation ovarienne et la production en abondance d'ovocytes. En dernier lieu, la donneuse reçoit une injection de gonadotrophine humaine (hCG) en vue de l'extraction des ovules trente-quatre à trente-six heures plus tard, soit lors d'une laparoscopie qui nécessite une anesthésie générale – moins répandue – soit par ultrasons, une procédure qui permet une anesthésie locale, dans laquelle le médecin insère une aiguille placée sur une sonde endovaginale destinée à passer au travers de la paroi vaginale pour atteindre et aspirer

1. M. Davies (éd.), *Babies for sale – Transnational surrogacy, human rights and the politics of reproduction*, Londres, Zed Books, 2017.

les follicules ovariens, sortes d'enveloppes qui protègent les ovocytes et contiennent d'autres cellules ainsi que du liquide folliculaire[1].

La procédure est douloureuse. Les donneuses en sont souvent informées. Elles le sont moins lorsque l'on en vient aux conséquences potentielles à court, moyen et long terme sur leur santé. L'information est souvent rappelée par les chercheurs de tous horizons : les études indépendantes portant sur les conséquences potentielles du don d'ovocytes sont rares. Le risque principal pour la donneuse réside dans la quantité importante d'hormones qui lui sera administrée. Les conséquences immédiates peuvent aller du simple inconfort à la stérilité et au décès en raison d'un syndrome d'hyperstimulation ovarienne. En 2005 et 2006, deux jeunes femmes sont décédées à la suite d'un tel syndrome au Royaume-Uni. Ces cas sont rares mais on ne peut les ignorer. Au-delà de ces cas tragiques, il existe une véritable zone grise autour des cas dont les conséquences immédiates sont légères ou modérées, qui vont de la triade prise de poids-nausées-diarrhée à l'augmentation du rythme cardiaque, difficultés respiratoires, torsion ovarienne, hémorragies, atteinte des reins, du foie ou encore thrombose.

Dans un documentaire disponible en ligne intitulé *Eggsploitation*, la militante américaine anti-GPA Jennifer Lahl a ainsi réuni les témoignages de jeunes femmes qui alertent sur les dangers potentiellement graves du « don » d'ovocytes. Pour connaître la fréquence des syndromes d'hyperstimulation ovarienne, les estimations se basent sur des études concernant les femmes suivant un traitement de fertilité pour leur propre grossesse. Au total, le risque de

1. M. L. Shanley, « Collaboration and Commodification in Assisted Procreation : Reflections on an Open Market and Anonymous Donation in Human Sperm and Eggs », *Law and Society Review* 36 (2), p. 257-284.

développer des symptômes est évalué à 1 à 10 % des cas. Selon les défenseurs du don d'ovocytes, ce taux est réduit dès lors que le traitement hormonal n'est pas accompagné d'une grossesse. C'est pourtant l'exact contraire. Du fait d'un âge moyen plus bas, les donneuses, qui sont en moyenne plus jeunes que les femmes suivant des traitements pour leur propre grossesse, sont en réalité plus réceptives à la stimulation hormonale et donc plus à risque. Or, plus la stimulation est forte, plus le nombre d'ovocytes prélevés sera important, et plus le risque pour la santé des donneuses sera élevé.

Une autre problématique mérite que l'on s'y attarde. Selon une étude britannique, si moins de vingt ovocytes sont prélevés, les risques d'hyperstimulation ovarienne sont très faibles. En revanche, au-delà de vingt ovocytes prélevés, les donneuses sont confrontées à des symptômes divers, menant dans 15 % des cas à une hospitalisation[1]. Une solution évidente apparaît : ne jamais prélever plus d'une vingtaine d'ovocytes ! Oui, mais… Il ne faut pas oublier que nous sommes face à une logique de marché dans laquelle la demande est plus importante que l'offre. Une étude publiée en 2010 par le Système de surveillance des technologies de la reproduction assistée national américain rapportée dans un ouvrage collectif intitulé *Babies for sale* rend compte d'une information inquiétante : dans 40 % des cas, plus d'une vingtaine d'ovocytes sont prélevés. Des prélèvements importants dont témoignent régulièrement les donneuses. Et pourtant, les taux de survenance de syndromes d'hyperstimulation ovarienne plus ou moins graves rapportés par les cliniques, agences et centres de fertilité sont étrangement bas. Dans une étude indépendante menée sur 287 donneuses, les chiffres rendent compte d'une réalité

1. M. Davies (éd.), *Babies for sale – Transnational surrogacy, human rights and the politics of reproduction.*

tout autre : 11,6 % des donneuses avaient été hospitalisées ou avaient dû subir une paracentèse en raison d'un syndrome d'hyperstimulation ovarienne grave ; 16,8 % d'entre elles avaient constaté des perturbations de leur cycle menstruel et 9,6 % avaient fait face à des problèmes de fertilité – à ceci près que l'auteure précise qu'on ne peut affirmer catégoriquement que ces complications sont la conséquence directe du « don[1] ». Des chiffres très éloignés de ceux avancés par les cliniques – ramenés, tous risques confondus, à environ 2 %. Même le Nobel Robert Edwards, père de la FIV, a exprimé dès 1996, puis en 2007, ses inquiétudes quant aux stimulations ovariennes excessives. On ne recensera pas ici les informations inquiétantes autour des hormones administrées pour le « don », Lupron en tête. Utilisée à l'origine dans le traitement du cancer de la prostate chez l'homme puis autorisée chez la femme pour traiter l'endométriose, l'hormone réunit aujourd'hui contre elle de plus en plus de témoignages de femmes[2] concernant plusieurs effets indésirables à long terme, notamment révélés récemment par le *New York Times* dans un article sur les hormones utilisées pour bloquer la puberté chez les enfants et adolescents transgenres[3].

Pour la chercheuse en sociologie Anna Curtis, dont le travail a déjà contribué à éclairer cet essai, les donneuses seraient en quelque sorte victimes de la rhétorique altruiste valorisée par les cliniques et les agences, qui contribueraient à minimiser ou éteindre leurs interrogations – légitimes – quant

1. W. Kramer, J. Schneider, N. Schultz, « US oocyte donors : a retrospective study of medical and psychological issues », *Human reproduction* 24 (12), 2009, 3144-3149.

2. C. Jewett, « Women fear drug they used to halt puberty led to health problem », *Kaiser health news*, 2 février 2017.

3. L. Wilson, « What are puberty blockers ? », *New York Times*, 11 mai 2021.

aux risques à court et long terme sur la santé[1]. Et si l'on connaît (très) mal les risques à long terme, cela ne peut signifier qu'il n'y en a tout simplement pas. On peut s'en douter, ce défaut d'information est exploité par l'industrie comme une preuve d'absence de risques. Un rapport de 2007 de l'Institut de Médecine des États-Unis pointe tout de même deux dangers potentiels à long terme : peut-être des cancers (du sein, des ovaires, de l'endomètre) et des problèmes de fertilité. Il n'en reste pas moins que de toutes les études menées à long terme sur le sujet ressort la difficulté d'établir un lien évident entre le traitement et les complications survenues par la suite.

Venons-en aux « mères porteuses ». On touche là à une question épineuse tant elle met directement en danger l'argumentaire des pro-GPA. Car quand bien même une femme consentirait à prendre des risques en toute connaissance de cause, les conséquences effectives sur le corps d'autrui ne sont jamais acceptables, surtout lorsqu'on ambitionne de construire un récit merveilleux. À en croire les partisans de la gestation pour autrui, la grossesse-GPA ne diffère aucunement d'une grossesse classique. C'est simple, la plupart du temps la question est tout bonnement évacuée. Et pourtant, elle est abordée par plusieurs études, rendant l'information relativement accessible. L'une d'elles rapporte le suivi de soixante-trois transferts d'embryons dans le cadre de GPA aux Pays-Bas ayant donné lieu à 34 naissances, toutes uniques (pas de jumeaux ni de triplets). Et les conclusions sont claires : les grossesses poursuivies dans le cadre de GPA présentent un risque accru d'hypertension artérielle

1. A. Curtis, « Giving 'til it hurts : Egg donation and the costs of altruism », *Feminist Formations* 22 (2), 2010, p. 80-100.

– observé dans 20,6 % des cas – et d'hémorragies du post-partum – constatées chez 23,5 % des « mères porteuses[1] ». Et les auteurs de l'étude préviennent : « Le programme conçu a été prévu pour obtenir le risque le plus bas dans le cadre de grossesses-GPA. » *Exit* les doses d'hormones élevées, *exit* les grossesses multiples. Or… Dans la GPA telle que pratiquée par l'industrie, la grossesse unique est loin d'emporter les faveurs des parents commanditaires.

C'est même un des points noirs des grossesses-GPA. Parmi les mauvaises habitudes prises dans le cadre des nouvelles pratiques de procréation assistée, on peut recenser celle consistant à transférer plusieurs embryons conçus *in vitro* dans l'utérus de la mère porteuse. La pratique a pour objectif de multiplier les chances de réussite de la FIV, et pour conséquence d'aboutir – volontairement ou non – à une grossesse gémellaire. Rappelons-le ici tant c'est essentiel : les transferts sont hors de prix, il faut donc maximiser les chances de réussite. Les couples demandeurs souhaitent souvent plusieurs enfants et, parlons vulgairement, la demande valorise le *deux pour le prix d'un*. Comme le rapportait Rodolphe dans son récit de GPA au Mexique : « On ne s'imaginait pas avoir un seul enfant… Et repartir dans un autre processus… Financièrement il faut tenir la route. » En réalité, les risques que font courir ces parents demandeurs à la « mère porteuse » dépendent moins de leur « éthique » personnelle que des moyens financiers qu'ils peuvent/veulent consacrer à cette éthique. Deux grossesses GPA pour deux enfants sont moins risquées, mais beaucoup plus onéreuses. Nous reviendrons plus tard sur cette question.

---

1. H. E. Peters ; R. Schats, M. O. Verhoeven, V. Mijatovic, C. J. M. de Groot, J. L. Sandberg, I. P. Peeters, C. B. Lambalk, « Gestational surrogacy : results of 10 years of experience in the Netherlands », *Reprod Biomed Online*, décembre 2018, 37 (6), p. 725-731.

Aux États-Unis, une étude de 2016 révèle que 80 % des transferts effectués dans le cadre de gestations pour autrui comprenaient le transfert de deux embryons ou plus et que moins de 20 % des parents optaient pour une GPA avec grossesse unique[1]. Ces transferts ne donnent pas toujours lieu à des grossesses multiples. Un seul des embryons parvient parfois à se maintenir. Mais entre 1999 et 2013, les CDC américains – qui, rappelons-le, recensent les données des cliniques et centres de traitement de la fertilité des États-Unis – avaient rapporté que 53,4 % des enfants nés de GPA pendant cette période étaient des jumeaux, des triplets ou des grossesses avec un nombre plus important d'enfants encore, ce qui représente 9 819 enfants sur 18 400 nés en quatorze ans de pratique. Or, les grossesses multiples présentent toujours – même hors GPA – des risques accrus d'accouchement prématuré, de diabète gestationnel, d'hypertension artérielle, de pré-éclampsie, de césariennes ou de complications de tous ordres. Lorsque la grossesse se complique, la réduction fœtale peut être pratiquée pour réduire les risques pour la santé de la mère. Parfois sans même en informer les parents. Mais à ces risques s'ajoutent ceux d'une grossesse par GPA, qui en sus, nécessite tout comme pour la « donneuse » d'ovocytes, la prise de médicaments et d'hormones. Des médicaments dont on connaît d'ailleurs encore peu les effets sur le fœtus. Et c'est compter sans les risques psychologiques potentiels et dont on peut dire qu'ils dépendent de chaque femme individuellement. Mais là encore, les études manquent, tant à court qu'à long terme, tant sur les conséquences potentielles sur le fœtus que sur la « mère porteuse ».

En réalité, les risques peuvent être multiples et parfois imprévisibles. Des « mères porteuses » sont mêmes décédées,

1. A. Whittaker, *International Surrogacy as Disruptive Industry in Southeast Asia*, New Jdrsey, Rutgers University Press, 2019.

rappelle la présidente du CoRP, Ana-Luana Stoicea-Deram, dans un article publié dans *Marianne*[1]. L'une d'elles, Michelle Reaves, est morte le 15 janvier 2020 à San Diego à la suite de son accouchement. Premila Vaghela, une « mère porteuse » indienne, est décédée à huit mois de grossesse. Brooke Brown, une jeune femme américaine, est décédée en 2015 à la suite de complications causées par sa troisième grossesse-GPA.

Et si le consentement apparaît comme valeur absolue parmi les défenseurs de la GPA, il est opportun de rappeler que, à l'instar des « donneuses » d'ovocytes, les « mères porteuses » sont rarement pleinement informées des risques qu'elles encourent. Une étude canadienne publiée en 2020[2] est particulièrement éclairante à cet égard. Voici ce qu'elle révèle :

> Les mères porteuses ont décrit vouloir de la transparence sur les conséquences médicales inattendues et les effets secondaires de la grossesse. Elles rapportaient que les cliniciens utilisaient un jargon médical et délivraient des informations médicales limitées concernant les procédures et les interventions.

Et pour cause… Selon l'auteure de cette étude portant sur vingt-et-une GPA, « toutes les mères porteuses ont rapporté des effets secondaires avec des complications physiques ou psychologiques non anticipées ».

On peut légitimement s'interroger. À l'heure où la société s'inquiète des conséquences des médicaments à la suite de scandales sanitaires, à l'heure de l'écologie, de la demande

1. A.-L. Stoicea-Deram, « On l'oublie, mais on peut mourir lors d'une GPA », 21 janvier 2020, *Marianne*.

2. S. Fantus, « A Report on the Supports and Barriers of Surrogacy in Canada », *Journal of Obstetrics and Gynaecology Canada*, vol. 42, Issue 6, 2020, p. 803-805.

sociétale valorisant la transparence quant à l'origine des produits – qu'il s'agisse de produits alimentaires ou pharmaceutiques ; en somme, ce que nous ingérons –, comment peut-on contourner la question majeure des hormones utilisées à haute dose dans le cadre de « dons » d'ovocytes et des grossesses GPA ? Comment ne pas s'inquiéter des conséquences potentielles des techniques biomédicales sur la santé, qui plus est lorsqu'elles sont utilisées pour le « bonheur d'être parent » de quelqu'un d'autre ?

Pour mieux comprendre cette attitude paradoxale, attardons-nous sur la théorie développée par le philosophe allemand Harmut Rosa. Dans son exploration de ce qu'il nomme la « modernité tardive », et notamment dans un essai majeur pour la compréhension de notre temps intitulé *Accélération*, le philosophe et sociologue postule une accélération sociale qui s'exprime sous trois formes : l'*accélération du changement social*, l'*accélération de l'augmentation du rythme de vie* et l'*accélération technique*[1]. Une accélération multiforme qui ne peut aller que dans le sens de l'accroissement, rendant le monde toujours plus disponible. Une accélération constatée par la sociologue Céline Lafontaine dans *Le Corps-marché*, essai très documenté sur la marchandisation de la vie humaine :

> Concrètement, les techniques de fécondation in vitro ont pour but d'accélérer et d'intensifier artificiellement la production d'ovules afin de les extraire et de maximiser ainsi leur potentiel de fécondité[2].

---

1. H. Rosa, *Accélération, une critique sociale du temps*, Paris, La Découverte, 2013.

2. C. Lafontaine, *Le Corps-marché, La marchandisation de la vie humaine à l'ère de la bioéconomie*, Paris, Éd. du Seuil, 2014, p. 161.

Dans un développement passionnant, la sociologue démontre de quelle manière les procédés biomédicaux aujourd'hui utilisés sur le corps des femmes pour traiter l'infertilité ont été directement tirés des technologies développées dans le cadre de l'élevage industriel des années 1970 et 1980, telles l'insémination artificielle et la fécondation *in vitro*. Et avec les techniques, la pensée qui les accompagne : « Il faut bien voir qu'à travers ce transfert technologique ce sont les valeurs productivistes de l'économie industrielle qui ont été transférées », écrit l'auteure, qui considère que le corps féminin est transformé en « une usine à produire » et la grossesse, *via* la FIV, en processus technique valorisant un enfant biologique au prétexte duquel *tous les risques* doivent être pris.

Dans un essai précieux publié en 2018 intitulé *Rendre le monde indisponible*, Harmut Rosa rend compte des quatre dimensions de la disponibilité du monde[1]. Étudions ces dimensions sous l'angle du corps : le *rendre visible* – grâce à l'échographie par exemple –, *atteignable* ou *accessible* – grâce aux techniques gynécologiques –, le rendre *maîtrisable* – la FIV permet de séparer les éléments du corps pour les manipuler –, et enfin le *rendre utilisable* – le corps n'est plus seulement sous contrôle, il devient l'instrument de nos fins. Les « mères porteuses » en sont un parfait exemple. L'expression communément répandue, et abusive, selon laquelle la GPA serait une « technique de reproduction médicalement assistée » est très révélatrice et vertigineuse : la technique ne sert plus l'homme/la femme ; la femme est désormais part au processus technique. Le *sujet* femme disparaît, elle est un instrument, un outil, un *objet* technique. En cherchant à faire du corps un objet façonnable, en le rendant performant, « nous augmentons sa valeur comme *capital utilisable* », écrit Rosa dans un

1. H. Rosa, *Rendre le monde indisponible*, Paris, La Découverte, 2020.

autre essai monumental, *Résonance*[1]. Le corps est non seulement instrument, mais ressource. La mère porteuse n'est pas qu'une « nounou », une « cigogne » qui accueille un fœtus pendant neuf mois comme peuvent le soutenir des rhétoriques dualistes. La grossesse est un processus physiologique qui suppose la totalité du corps et entraîne des échanges entre le fœtus et sa mère, notamment par le cordon ombilical. Les découvertes récentes en matière d'épigénétique en sont le parfait exemple. La « mère porteuse » transmet tout simplement *la vie*. C'est cette capacité à transmettre la vie qui est désormais exploitée comme ressource.

Pour Harmut Rosa,

> L'indisponibilité de la naissance marque encore sensiblement la genèse de la nouvelle vie, mais la médecine reproductive moderne la talonne : de la fécondation jusqu'à la gestation pour autrui, et sous une autre forme au droit et au marché de l'adoption, la société moderne a trouvé des moyens de rendre les enfants « disponibles »[2].

Sans porter de jugement moral, le sociologue poursuit en abordant le deuxième aspect de la nouvelle disponibilité du domaine de la naissance : la question de la « qualité génétique ou biologique de l'enfant ou de l'embryon ». Grâce au DPI – on peut ajouter au *façonnage* de l'enfant – on peut désormais maîtriser en partie la santé de l'enfant à naître. « Ici, effectivement, écrit Rosa, c'est la vie et la mort qui sont rendues disponibles. » Une troisième *disponibilité* est rendue possible : celle de l'accouchement lui-même. On peut le programmer, avec césarienne ou non. Il est désormais préparé

1. H. Rosa, *Résonance, une sociologie de la relation au monde*, Paris, La Découverte, 2018, p. 110-111.
2. H. Rosa, *Rendre le monde indisponible*, p. 78.

grâce à des manuels, des stages, des stratégies physiques ou psychologiques.

Rien n'est laissé au hasard. Si bien qu'apparaissent très paradoxalement, estime l'auteur, de nouveaux sentiments d'impuissance et d'insécurité lorsque ce qui est *potentiellement* disponible ne l'est pas. Pour Harmut Rosa, la *disponibilité* du monde comporte un « revers paradoxal » :

> Le monde rendu disponible sur les plans scientifique et technique, économique et politique semble se dérober et se fermer à nous d'une manière mystérieuse ; il se retire, devient illisible et muet, et plus encore : il se révèle à la fois menacé et menaçant, et donc au bout du compte *constitutivement indisponible*[1].

Un retour de l'indisponible qui s'exprime d'une manière nouvelle, radicale, « monstrueuse ». En morcelant le corps, en tentant de le dominer, en l'exploitant, il nous échappe d'une manière inédite. Avec la technique, le corps ne nous appartient plus. « Notre corps devient pour nous indisponible sur le plan pratique[2] », écrit Harmut Rosa. L'illusion de maîtrise et de puissance pourrait bien laisser place à l'aliénation et à l'impuissance.

Dans un ouvrage incontournable intitulé *La technique ou l'enjeu du siècle*, l'historien, sociologue et théologien Jacques Ellul synthétisait ainsi les problématiques soulevées par « les techniques de l'homme » :

> La recherche porte alors dans deux directions : d'un côté, comment faire coïncider l'homme et la technique, ce qui conduit à assouplir cette dernière – de l'autre, comment tenir

1. Ibid., p. 27.
2. *Ibid.*, p. 136.

compte suffisamment de l'homme pour qu'il ne soit pas écrasé par la technique et ne devienne de ce fait un obstacle[1].

Mais dans les faits, l'auteur dénonce un humanisme dévoyé. Voici *in extenso* un paragraphe qui pourrait éclairer à merveille le débat public sur la GPA :

> L'homme n'est pris en considération que pour autant qu'il gêne la technique, et comme objet technique. Mais celle-ci est réellement intelligente. Elle permet de déceler que l'homme a une vie sentimentale, une vie morale, etc., qui ont une influence très réelle sur le comportement matériel de l'homme. La technique conseille donc, en vue de fins techniques, de tenir compte de ces facteurs, absolument humains certes, mais si on trouve un moyen d'agir sur eux, de les rationaliser, de les conformer, on ne s'en fera pas faute. Il n'y a là nul intérêt pour l'homme. Après que ce travail est entrepris, les professionnels de l'humanisme s'en rendent compte et préparent le baptême de l'opération. Celle-ci rencontre en effet avec tout le courant des littérateurs, des moralistes, des philosophes, qui s'inquiètent de la situation de l'homme dans le monde actuel. Quoi de plus naturel de dire ? « Voyez comme nous nous occupons de l'homme ? » Et les littérateurs admiratifs de répondre : « Enfin, voilà un humanisme qui sort des idées et qui entre dans les faits ! » Mais historiquement et dans tous les cas, l'on peut constater que cette opération se place *après* l'intervenion des techniciens. Alors que, s'il s'agissait d'un véritable humanisme, elle devrait se placer *avant*. En définitive, il s'agit d'une manœuvre traditionnelle d'« explication justificative »[2].

La « liberté de procréer » est de cet *humanisme*-là. Il a été baptisé récemment « progressisme ». Sous couvert d'une

---

1. J. Ellul, *La technique ou l'enjeu du siècle*, Paris, ECONOMICA, 1990, réimp. 2008, p. 305.

2. *Ibid.*, p. 307.

liberté qui se révèle tenir bien plus de la demande de *droits*, les progressistes cèdent progressivement et de manière aveugle à une technique qui maîtrisera demain toutes les étapes du processus procréatif. Et en morcelant le corps, c'est aussi le psychique que l'on atteint.

Demain, ne frémirons-nous pas en imaginant concevoir un enfant sans passer par la validation médicale alors que cela est possible ? L'ectogenèse – l'utérus artificiel dont rêve la Silicon Valley – ne viendra-t-elle pas nous murmurer que la grossesse est folie ? Sera-t-il considéré comme *responsable* de faire un enfant sans réaliser un DPI pour le *protéger* de la survenance de maladies génétiques dont le spectre sera de plus en plus étendu ? À mesure que la sélection du sexe de l'enfant, de ses caractéristiques physiques et peut-être un jour intellectuelles seront elles aussi disponibles et accessibles financièrement, ne serons-nous pas confrontés à une incitation sociale désireuse de *fabriquer* un enfant beau, fort, et intelligent ? Pourrait-il en résulter de nouvelles castes constituées d'individus plus ou moins fabriqués sur-mesure ? Ces questions vertigineuses ne sont plus de l'ordre du fantasme. Elles méritent aujourd'hui d'être abordées. Il ne s'agit pas de rejeter la technique par principe, mais de la placer au service de l'homme. Pierre Legendre l'avait énoncé avec clarté : « L'humanité ultramoderne exige l'humanité[1]. »

1. P. Legendre, *La fabrique de l'homme occidental*, Paris, Éd. des Mille et une nuits, 2000, p. 27.

Conclusion

LA GPA « ÉTHIQUE » EST UNE GPA CYNIQUE

La GPA « éthique », « altruiste » ou encore « responsable ». Voici les très belles propositions que nous livrent les partisans de la GPA pour « encadrer » la pratique. Force, déjà, est de constater que la GPA, sans qu'on lui ajoute un complément, n'est pas acceptable. Mais ce modeste argument pèse bien peu face à l'intense campagne communicationnelle menée en faveur de la GPA « éthique ». Y aurait-il donc une *bonne* GPA ?… Absolument pas. Étudions de près les arguments de nos adversaires. De quoi s'agit-il exactement ? Difficile de le savoir, tant les gépéistes eux-mêmes semblent avoir du mal à s'accorder.

Dans son entretien au magazine *Elle*, la philosophe Élisabeth Badinter recensait, en 2013, les critères d'une « GPA éthique[1] ». Elle serait décidée et surveillée par des juges et des psychologues, justifiée par une raison médicale (pour les couples hétérosexuels seulement, suppose-t-on). La « mère porteuse » aurait au moins 35 ans, serait déjà mère, aurait « un niveau de vie convenable » (notion floue) et ne pourrait être « mère porteuse » qu'une seule fois. Enfin, précise Élisabeth Badinter, « tout le processus serait bénévole » :

1. I. Duriez, V. Toranian, « Élisabeth Badinter : "Je suis pour une GPA éthique" », *Elle*, 8 mars 2013.

pas de rémunération des intermédiaires, ni de la « mère porteuse », pour « s'assurer de la logique du don ». Des frais pourraient toutefois lui être remboursés :

> Ses frais de santé, le suivi de la grossesse, son arrêt de travail seraient pris en charge, mais elle n'en tirerait aucun bénéfice financier. En Angleterre, par exemple, le dédommagement ne peut dépasser l'équivalent de 10 000 €. Les juges sont très stricts à ce sujet.

Nous l'avons étudié lors de notre « Tour du monde de la GPA », au Royaume-Uni, l'indemnisation des « mères porteuses » suscite la controverse. Dès 1998, le rapport Brazier mettait en garde contre des « dépenses raisonnables » – prévues par la loi – pouvant dissimuler de véritables rémunérations. D'ailleurs, pour « encadrer » de potentiels excès, la Commission des lois, chargée depuis 2019 de réformer la GPA outre-Manche, a proposé de créer un « forfait » pour la « mère porteuse », preuve que la rémunération, bien qu'interdite, existe parfois.

Enfin, pour Élisabeth Badinter, la GPA « éthique » doit accorder six semaines de délai à la « mère porteuse » après la naissance de l'enfant pour revenir sur sa décision de le donner. Cette disposition est actuellement à l'étude pour être largement réformée au Royaume-Uni : désormais les parents demandeurs pourraient être désignés parents légaux dès la naissance de l'enfant, et la « mère porteuse » ne disposerait plus que de quelques jours pour garder l'enfant. Rien n'a encore été voté, mais le sens de ces propositions contredit l'esprit de la pratique défendue par Élisabeth Badinter. Cette version de la gestation pour autrui « éthique » rejoint à peu de choses près les propositions présentées dans le rapport du Sénat en 2008. La féministe y fait d'ailleurs référence.

Pourtant, Élisabeth Badinter semble avoir été doublée. Il y a plus libéral que la philosophe féministe parmi les partisans de la GPA. C'est désormais une tout autre version de la « GPA éthique » qui semble peu à peu s'imposer dans les médias. Cette nouvelle déclinaison est en quelque sorte un copier/coller de la GPA commerciale américaine. En un tournemain, la GPA éthique qui supposait la non-rémunération des « mères-porteuses » est devenue une GPA commerciale/éthique. Une preuve saillante que le terme « éthique » est un véritable fourre-tout sémantique. À chacun son éthique, à chacun sa GPA.

Dans son livre témoignage *Qu'est-ce qu'elle a ma famille ?*, publié en 2018, Marc-Olivier Fogiel annonce bel et bien avoir réalisé une « GPA éthique » aux États-Unis, pays dans lequel les « mères porteuses » sont pourtant rémunérées. Quelle en est sa définition ?

> Il existe des pays qui ont une expérience relativement longue de la GPA, et qui ont réussi à imposer un certain nombre de conditions pour que le processus se déroule dans le meilleur cadre possible [...]. Un cadre juridique très précis entoure cette pratique dans la dizaine d'États où elle est légalement autorisée[1].

Un autre critère est « déterminant » selon le père de deux filles nées de GPA : la distinction entre maternité pour autrui et GPA et donc la dissociation entre la « femme qui donne les ovocytes » et l'autre qui « porte l'embryon ». Et donc ? C'est le lien génétique qui fait la mère ? Apparemment oui.

Des femmes « que leur altruisme pousse à faire cet incommensurable don d'elles-mêmes ». Le père de famille avance

1. M.-O. Fogiel, *Qu'est-ce qu'elle a ma famille ?*, Paris, Grasset, 2018, p. 20.

d'autres arguments : « un dédommagement qui paraît assez dérisoire : environ 20 000 dollars » au regard de ce que « cette aventure humaine exige d'elles, ne serait-ce que d'arrêter de travailler, dans certains cas pendant un an ». Il ajoute plus loin : « il existe des femmes qui pourraient être tentées de louer leur ventre pour de l'argent, mais aucune des femmes éligibles ne pourrait le faire pour 20 000 dollars[1] ». Pourquoi ? Car elles seraient choisies selon des conditions drastiques qui « écartent celles que la misère pousserait à louer leur ventre » : « Être majeures, avoir eu au moins un enfant qu'elles élèvent, ne jamais avoir perdu d'enfant, ne pas dépendre des aides sociales et avoir une situation financière stable[2]. » Ces arguments viennent rejoindre ceux du président d'une agence de « mères porteuses » américaine dans une tribune, qui frôle le publi-communiqué, publiée dans l'hebdomadaire *Le Point* en mars dernier, intitulée « Pour une GPA éthique ». Le businessman y déployait des arguments similaires :

> Aux États-Unis, dans un processus très souvent encadré, être femme porteuse et faire cet incroyable cadeau de porter un enfant pour d'autres exige des qualités exceptionnelles, car il s'agit de bien plus que d'une simple grossesse : grande empathie et désir d'aider à la création d'une famille, stabilité psychologique et financière, vie de famille épanouie, soutien de l'entourage et du conjoint, dossiers médicaux probants, condition d'âge, niveau de vie confortable, etc. Des critères rares pourtant essentiels. La compensation – si elle a lieu – ne doit pas être disproportionnée avec les revenus habituels et ne doit pas être nécessaire pour payer des besoins primaires, tels qu'un loyer ou l'école des enfants. Les parents d'intention se doivent aussi de répondre à certains critères : pas de GPA dite

1. *Ibid.*, p. 29.
2. *Ibid.*

> de complaisance, mais raison médicale avérée ou biologique, condition d'âge minimum et maximum, vie commune pour les couples, stabilité émotionnelle, forte envie de fonder une famille, soutiens extérieurs, envie de construire une relation forte et soutenante avec la mère porteuse, etc. Altruisme et liens humains seront toujours prépondérants dans un projet réussi. Quand l'ensemble de ces aspects sont présents, c'est la liberté de choix qui prédomine et qui est préservée. C'est aussi le choix d'une relation suivie et inscrite dans la durée entre parents et famille de la femme porteuse, afin que l'enfant issu de cette rencontre ait un accès direct à son histoire et construise pleinement son identité[1].

Entendons-nous bien. Nous sommes là au cœur de la réalité gépéiste : un vocabulaire de l'altruisme, de la compréhension, du lien, de la liberté, de l'intérêt de l'enfant – bref, de la compréhension jusqu'à plus soif –, le tout délivré par un businessman ultralibéral. Étrangement, les premières contradictions qui pourraient être opposées à l'argumentation du président d'agence de « mères porteuses » viennent des gépéistes français eux-mêmes, et on l'imagine, bien malgré eux.

Dans son rapport publié en septembre 2018, le think tank libéral Génération Libre proposait une « GPA responsable ». Le texte est symptomatique de la schizophrénie qui résulte de la rencontre de libertés concurrentes tant dans le domaine politique qu'économique. Le think tank se dit par exemple opposé « à l'institutionnalisation du secret des origines concernant les femmes porteuses », reconnaissant en creux la nécessité pour l'enfant de connaître celle qui l'a porté. Mais au paragraphe suivant on trouve :

1. S. Hyde, « Pour une GPA éthique », *Le Point*, 25 mai 2021.

> La femme porteuse pourra donc, si elle le souhaite [en gras dans le texte] demander que la référence du jugement de GPA soit mentionnée sur l'acte de naissance de l'enfant. Ce qui permettra à ce dernier d'accéder à ses origines[1].

« Si elle le souhaite ? »… Tout en reconnaissant l'importance pour l'enfant de connaître sa mère biologique, le think thank suggère que la décision dépend de la « femme porteuse »… Et si elle refuse ? Tant pis pour l'enfant ?! On trouve une absurdité du même ordre quelques lignes plus loin. Le think tank reconnaît le droit fondamental des enfants à accéder à leurs origines, génétiques cette fois-ci. Les rédacteurs le motivent ainsi :

> L'organisation du secret des origines a historiquement structuré le droit français de la filiation avec donneurs. Ce modèle « ni vu, ni connu », décrit et analysé par la sociologue du droit Irène Théry a ainsi privé de nombreux enfants de l'accès à leurs origines[2].

Et au paragraphe suivant :

> Nous considérons que l'accès aux origines des personnes issues de dons de gamètes et de gestation pour autrui est un droit, conditionné à l'accord du donneur (de gamète ou de la femme porteuse en ce qui la concerne)[3].

On pourrait croire un instant à un bon mot de Sacha Guitry. Mais non. L'État a interdiction d'interdire, c'est désormais la liberté individuelle qui prend le relais.

---

1. F. A. Papon, *Pour une GPA responsable en France*, septembre 2018, Rapport du think tank Génération Libre, p. 57.
2. *Ibid.*, p. 65.
3. *Ibid.*

Deuxième exemple de cyclotymie politique ? Le think tank propose d'instituer le droit, pour la « femme porteuse », « à être protégée de la marchandisation » tout en proposant une rémunération dont les termes ne sont pas clairement établis. Le think tank se réserve « trois options » pour l'organiser : soit un « honoraire minimum[1] » , soit un « honoraire maximum » – sans que Génération Libre n'avance un seul montant –, soit l'option consistant à « laisser le marché réguler les prix », quitte, s'il est « défaillant », à tenter un « encadrement »… Pas de « marchandisation », hum ? Comprendra qui voudra. La schizophrénie continue au paragraphe suivant, dans lequel le think tank relève les « deux types de critiques » qu'on pourrait opposer à ses propositions. Une *critique féministe* qui pourrait dénoncer un encadrement des honoraires arbitraire tant les femmes ont le droit de disposer de leur corps et donc d'évaluer elles-mêmes une rémunération. Et une *critique économique* qui opposerait à la proposition de l'honoraire maximal l'argument de la « spoliation de la richesse créée par la femme porteuse » et « une entente illégale sur les prix[2] ». On l'aura compris, le think tank libéral est aux prises avec des contradictions qui poussent le libéralisme dans ses retranchements. Et c'est un euphémisme.

Ces contradictions sont celles des GPA américaines. On peut imaginer ainsi le dialogue de sourds : « Oui, à l'intérêt de l'enfant et son besoin de connaître la “donneuse” et la “mère porteuse” » *et en même temps*, « Oui à l'anonymat de la donneuse si elle le souhaite ». Tant pis pour l'enfant ! « Oui à la liberté de disposer de son corps » *et en même temps* « Oui au contrat qui régente la vie physiologique de

1. *Ibid.*, p. 62.
2. *Ibid.*, p. 59.

la “mère porteuse” ». Que faire quand la « mère porteuse » refuse d’avorter malgré un contrat qui donne tout pouvoir décisionnel aux « parents d’intention[1] » ? « Oui à la liberté d’être rémunérée » *et en même temps* « Oui à la limitation de la rémunération ». « Oui à l’altruisme pur » *et en même temps* « Oui au droit d’être rémunéré ». « Oui au lien entre les parents et la “mère porteuse” » *et en même temps* « Oui au choix de maintenir ou non ce lien ». On pourrait continuer longtemps ainsi. Tenons-nous-en plutôt aux faits.

Comme le rapporte la sociologue Heather Jacobson dans *Labor of love*, les agences vérifient souvent que les « mères porteuses » ne sont pas en situation de précarité. Mais la sociologue le note très précisément dans son étude : toutes appartiennent à la classe ouvrière ou à la classe moyenne. Même dans les pays dans lesquels la GPA est considérée comme « altruiste », le niveau de revenu moyen des « mères porteuses » est bien en deçà de celui des couples demandeurs. Dans l’étude canadienne que nous avons déjà évoquée[2], les quinzc parents demandeurs avaient un revenu individuel annuel moyen compris entre 81 000 et 120 000 dollars et 73 % d’entre eux étaient des urbains. Quant aux « mères porteuses », 33 % d’entre elles vivaient en banlieue, 33 % en milieu rural et disposaient en moyenne d’un revenu individuel de moins de 40 000 dollars.

Pour ces femmes, dont la majorité travaille, 20 000 dollars, ce n’est pas rien. Loin de là. D’ailleurs, souligne Heather Jacobson, l’altruisme n’est pas leur seule motivation. Nous l’avons étudié, l’argent est un tabou à juste titre. La grande

1. S. Kovacs, « Aux États-Unis, une mère porteuse a refusé d’avorter », 18 mars 2013, *Le Figaro.fr*.

2. S. Fantus, « A Report on the Supports and Barriers of Surrogacy in Canada », *Journal of Obstetrics and Gynaecology Canada*, vol. 42, Issue 6, 2020, p. 803-805.

majorité des femmes ne seraient pas « mères porteuses » si elles n'étaient pas rémunérées. Pas « indemnisées ». Rémunérées. Les cas de « mères porteuses » qui ne souhaitent être ni rémunérées ni indemnisées sont rarissimes. Et si les « mères porteuses » font ces GPA, c'est bel et bien aussi pour améliorer leurs conditions de vie. Rappelons-le, car cela sert ici notre propos, Élisabeth Badinter faisait elle aussi de la non-rémunération des « mères porteuses » une ligne rouge. Seule la « logique du don » pouvait, selon la féministe, être audible.

Ce que la « GPA éthique » version américanisée propose, c'est la possibilité pour une femme d'utiliser son corps pour améliorer sa situation financière, quitte à prendre de graves risques pour sa santé. Dans la patrie du *self-made-man* et de la responsabilité individuelle portée à son paroxysme, des individus vendent leur sang, parfois plusieurs fois par semaine, au mépris de leur santé, pour survivre à la précarité[1]. Faut-il aller plus loin dans l'énumération du pire ? Notre société peut-elle décemment permettre qu'une femme puisse proposer son corps comme source de revenus en prenant des risques pour sa santé ? « Des femmes se prostituent bien ! » peut-on déjà entendre. Oui, mais… La GPA ne peut pas exister sans l'intermédiaire d'une médecine procréative qui dispose *seule* du pouvoir de diviser la maternité et le processus procréatif. Pas de technique, pas de GPA. Nous ne sommes pas face à un phénomène qui évolue et se répand sans que l'on n'y puisse rien faire. Interdire l'intervention médicale, c'est mettre fin à la GPA. « Reste la maternité pour autrui », me direz-vous. Certes. Mais à mesure que l'*obsession génétique* grandit, la vision de la maternité évolue. Comme c'est le cas aux États-Unis, la « mère porteuse » ne s'estime pas mère de l'enfant qu'elle porte, au prétexte qu'elle n'a pas de lien génétique

1. S. Roy, « Enquête sur le business du sang aux États-Unis », 22 février 2017, *Le Figaro.fr*.

avec lui. Ce qui renforce la croyance selon laquelle la mère est seulement celle qui donne ses ovocytes. De moins en moins de « mères porteuses » acceptent de porter un enfant avec lequel elles ont un lien génétique.

On en vient à un autre argument qui fragilise encore un peu plus la « GPA éthique ». Le nombre restreint de « mères porteuses », mais aussi, ne les oublions pas, de « donneuses d'ovocytes ». Même lorsqu'elles sont rémunérées, ces femmes ne sont pas assez nombreuses. Nous l'avons étudié, aux États-Unis les rémunérations des « donneuses » sont de plus en plus élevées. Il faut attirer les jeunes étudiantes coûte que coûte et prélever un grand nombre d'ovocytes – quitte à mettre en danger leur santé – pour répondre à la demande mondiale. Dans les pays prétendument éthiques, dans lesquels la donneuse n'est pas rémunérée mais seulement indemnisée, les « dons » manquent. Il n'y a jamais assez de « donneuses ». Conséquence ? Au Royaume-Uni, comme au Canada, deux pays portés aux nues par les partisans de la GPA, les « ovocytes » viennent du monde entier. CAN-AMCryo services, qui se présente comme « le distributeur de donneurs de sperme ainsi que d'ovules le plus important du Canada », met à disposition à prix d'or les ovules de femmes du monde entier, et ce sans aucune prévention éthique. C'est l'eugénisme assumé. Choisissez la couleur des yeux, des cheveux, la taille, l'origine ethnique, et hop ! Découvrez le prix des ovocytes de votre « donneuse ». Pour les ovules de Katie, blonde aux yeux bleus de 1,70 m présentée comme « allemande-portugaise » et « non-anonyme », comptez 16 500 dollars. Ou 21 900 dollars pour le numéro « 115 », une Asiatique qui souhaite rester anonyme. Voilà l'idéal éthique canadien.

Mais le choix de donneuses internationales n'est pas seulement lié à un manque de donneuses nationales. Parfois les parents demandeurs choisissent *spécifiquement* une donneuse étrangère. Pourquoi ? Dans l'intérêt de l'enfant, le Royaume-Uni permet à l'enfant d'accéder à l'identité de sa mère biologique à l'âge de 18 ans. Ces préventions existent également dans plusieurs États australiens. Mais que font de nombreux parents demandeurs ? Ils se tournent vers l'étranger pour contourner cette disposition ! « L'idée de l'identification de la donneuse provoque de grandes anxiétés », note la chercheuse en sciences sociales Catherine Waldby dans l'ouvrage *The oocyte economy*. « La figure de la donneuse identifiée représente deux menaces : elle pourrait souhaiter exercer ses droits maternels et briser la famille, et pourrait attirer plus tard l'enfant vers elle, en dehors de la famille et dans la recherche inconsidérée et illusoire d'une mère génétique[1]. » D'autres raisons poussent les parents demandeurs issus de pays pratiquant la GPA « éthique » à se tourner vers l'étranger : des listes d'attente très longues compte tenu du faible nombre de donneuses, et des ovocytes de meilleure qualité dans des pays où les « donneuses » sont plus jeunes et plus pauvres. Des pays où les questions « éthiques » sont secondaires.

Selon la chercheuse australienne, le marché transnational des ovocytes est déjà bien organisé. En Amérique du Sud, c'est l'Équateur qui fournit les ovocytes pour répondre à la demande en « peaux claires » de ses voisins ; en Asie du Sud-Est, les femmes vietnamiennes vendent leurs ovocytes et sont « mères porteuses » pour les futurs parents thaïlandais, quand les parents demandeurs australiens recrutent des donneuses afrikaners à la peau claire en Afrique du Sud. Ce n'est pas terminé. Au Moyen-Orient, l'Arabie Saoudite sunnite interdit le « don » d'ovocytes, obligeant les futurs parents à se rendre dans l'Iran chiite voisin. En Europe, les citoyens

1. C. Waldby, *The oocyte economy, The changing meaning oh Human eggs*, New Jersey, Duke university Press, 2019.

britanniques, français, allemands, hollandais ou scandinaves se dirigent vers le Sud et l'Est : en Espagne, Grèce, Chypre, Ukraine, Pologne ou République tchèque.

Comme nous l'avons vu, on retrouve de tels trajets lorsque l'on affaire au marché des « mères porteuses ». Aux États-Unis, la classe moyenne et ouvrière doit se rendre dans les pays où l'offre est moins chère. Un grand nombre s'est rendu en Inde avant que le pays n'interdise l'accès aux couples étrangers. C'est désormais vers le Laos, l'Ukraine, le Mexique ou encore certains pays africains que se tournent ces couples. Faute d'un nombre suffisant de « mères porteuses », les Canadiens et les Britanniques se dirigent vers les États-Unis ou des pays plus « low-cost ». Les pratiques eugénistes ne s'arrêtent pas, elles non plus, aux frontières. Certaines cliniques brésiliennes ont rapporté avoir répondu à la demande de Britanniques désireux de faire un Diagnostic pré-imlantatoire (DPI) interdit au Royaume-Uni pour la somme de 4 000 livres. Une clinique espagnole a déclaré avoir répondu à la demande d'un spécialiste de la fertilité londonien de pratiquer une analyse chromosomique et sexuelle pour 6 000 à 7 000 livres[1].

Maintenir un cadre prétendument « éthique » est tout simplement intenable. D'ailleurs, nous pourrions mettre les partisans de la GPA encadrée face à leurs contradictions : ils nous disent d'une part que la GPA est incontournable car les frontières sont poreuses. D'ailleurs, affirment-ils, les Français se rendent déjà à l'étranger ! Et *en même temps*, ils nous expliquent par A + B qu'ils érigeront des règles éthiques nationales hermétiques qui nous protégeront contre les excès de la GPA. Imparable. On pourrait paraphraser Pascal : « Éthique en deçà des frontières, erreur au-delà. »

---

1. D. L. Spar, *The baby business, How money science and politics drive the commerce of conception*, Harvard Business School Press, 2006.

Qu'en conclure ? La GPA « éthique » est une *GPA cynique.* Il n'y a pas de GPA éthique, il n'y a qu'*une* GPA. Légaliser la « GPA éthique », c'est donner l'autorisation tacite aux couples infertiles de se rendre dans des pays où des règles prétendument éthiques également s'opposent frontalement aux principes qui sont les nôtres. L'idée d'une GPA « éthique » autarcique est candide. Les « candidates » à la GPA ne suffiront pas à répondre au nombre important de couples demandeurs. Et c'est compter sans le nombre restreint de « donneuses » d'ovocytes, qui en France ne répond déjà pas à la demande des couples pour la PMA. Il nous faut être lucides. Légaliser une version encadrée de la GPA en France consiste à alimenter un marché des ovocytes et un marché des corps, et à participer à la diffusion et à la banalisation de pratiques eugénistes. Une GPA éthique n'est pas viable. Elle va *nécessairement* faire appel à des « ressources » extérieures : aux donneuses étrangères plus jeunes, aux techniques biomédicales interdites en France, aux « mères porteuses » disponibles parce que rémunérées.

Et quand bien même nous serions à l'intérieur de frontières parfaitement hermétiques – ce qui n'est pas tenable –, que dire de cette GPA ? Les femmes ne seraient pas rémunérées ? Elles seraient protégées de la marchandisation ? Vraiment ? Comme au Royaume-Uni, comme au Canada, où la « mère porteuse » peut trouver un moyen d'être rémunérée si elle le souhaite quand bien même c'est officiellement interdit ? Accepterions-nous que des femmes prennent des risques pour leur santé alors même que nous ne connaissons pas – et elles non plus – les conséquences à long terme de certains traitements hormonaux ? Est-il acceptable de diviser le processus procréatif et de fait, de faire disparaître LA mère ? Est-il opportun d'écarter ainsi le père ? Pouvons-nous admettre de faire naître un enfant en le séparant de celle qui l'a porté sans s'interroger plus avant sur les liens qui se créent pendant la grossesse ? Voulons-nous permettre à la technique médicale de se saisir peu à peu du processus procréatif ?

Et une fois la « GPA éthique » légalisée ? Trois arguments sont actuellement utilisés dans les pays de la « GPA éthique » en faveur de la rémunération des « mères porteuses » : 1. Il n'y a pas assez de « mères porteuses », c'est injuste pour les couples infertiles. 2. Ne pas rémunérer les « mères porteuses » est injuste car ce sont elles qui prennent le plus de risques ; elles sont les seules à ne pas en tirer profit financièrement (les médecins, cliniques et agences sont en effet grassement rémunérés). 3. Les paiements sont dissimulés donc autant « encadrer »... La « GPA éthique », c'est donc *aussi* la porte ouverte à la GPA commerciale.

En réalité, faire un pas vers la GPA, c'est s'y engouffrer totalement. Si nous n'y prenons pas garde, l'égalité, la « liberté de procréer » pourraient devenir les paravents de l'eugénisme, de la saisie du corps par la technique *et* l'économie.

Il nous faut être tout à fait clairs : la GPA, c'est faire entrer la naissance et la procréation dans un système économique et médical dans lequel *la raison du plus fort*, et qui plus est *du plus riche, est toujours la meilleure*. C'est entrer dans une logique libérale telle que les libertés ne sont plus seulement *concurrentes* mais *totalitaires*. Le droit de l'un (le parent) d'avoir un lien génétique avec l'autre (l'enfant) n'est pas réciproque : c'est l'adulte qui décide désormais si oui ou non il accordera à l'enfant le droit de connaître ses origines. Les « mères porteuses », quant à elles, incarnent les marchepieds de la technique. Elles sont aujourd'hui portées aux nues par l'industrie biomédicale... Demain, on s'interrogera sur la clarté d'esprit de ces femmes qui « aimaient » tant être enceintes pour défendre une innovation plus séduisante encore : l'utérus artificiel. Aujourd'hui, on découvre « l'option » du choix du sexe de l'enfant, l'« option » du contrôle génétique grâce au Diagnostic pré-implantatoire (DPI). Demain, peut-être, vous vous interrogerez sur le risque que vous faites courir à votre futur enfant *en ne choisissant pas* le DPI.

Voici ce qu'est la GPA. Vous pouvez désormais choisir en conscience.

Table des matières

Introduction. Il n'y a pas de GPA française 7

1

PASSÉ

Fantasmes et histoire récente

1. **Fantasmes** 13
   La nouvelle exégèse 15
   À Rome, fais comme les Romaines ? 31
   Le XIXe altruiste ? 43
   L'exotisme progressiste 54
   Le dictionnaire GPA 64

2. **La GPA, un bébé des *eighties*** 71
   Le XVIIIe siècle s'ouvre aux mystères de la reproduction 72
   Merci les vaches laitières ! 74
   La première génération de « mères porteuses » 76
   Made in USA 76
   Des États-Unis au Vieux Continent 86
   Le cas de la France 89

2

PRÉSENT

Le tour du monde de la GPA

1. **Une mosaïque étrangère** 109
   Amériques : des Nords aux Suds 110
   Les États-Unis 110
   Le Canada 132
   Amérique du Sud et Mexique 140
   Asie du Sud-Est : La naissance d'une hydre 150
   L'Inde : la formule low-cost 150
   Thaïlande, Népal, Laos… 155
   L'Europe tiraillée 164
   L'Ukraine : la GPA cynique 165
   Le Royaume-Uni : la GPA version « éthique » ? 177
   GPA encadrée : l'exemple d'Israël 184
   La GPA *Globish*, rejeton de la mondialisation 188

2. **La France prise à partie** 201
   Les médias parfois militants 203
   L'entrée par le Droit 212
   Les réseaux français de la GPA 218
   Un législateur au pied du mur 238

3

FUTUR

Le choix en conscience

1. **L'obsession génétique** 247

2. **La religion maternelle** 255

3. **Droit des parents : un devoir d'enfant** 265

4. L'enfant a un instinct maternel 275

5. L'amour rend aveugle, sourd et muet 291

6. « Liberté de procréer » et tyrannie procréative 305

Conclusion. La GPA « Éthique » est une GPA cynique ... 323

Remerciements

Je tiens à remercier Frère Renaud Escande, Jean-François Colosimo et Arthur Chevallier pour leur confiance.

Merci à Gilles Boutin pour ses conseils précieux et sa relecture minutieuse ainsi qu'à Alexandre Devecchio pour son soutien.

Merci à tous ceux qui ont accepté de m'éclairer, et particulièrement à mes anciens professeurs Madame Anne Daguet-Gagey et Monsieur Jérôme de Gramont.

Merci de tout cœur à mes amis.

Merci à Luce d'avoir toujours été là.

Merci à ma mère,
à mon père,
et au hasard.

Composition réalisée par Soft Office

Imprimé en France par CPI Firmin-Didot
en avril 2024
N° d'impression : 179559
Dépôt légal : septembre 2021